清代中央司法审判制度

那思陆 著

图书在版编目(CIP)数据

清代中央司法审判制度/那思陆著.—北京:北京大学出版社,2004.8
(法史论丛·3)
ISBN 7-301-07652-5

Ⅰ.清… Ⅱ.那… Ⅲ.审判-司法制度-中国-清代 Ⅳ.D929.49

中国版本图书馆 CIP 数据核字(2004)第 069754 号

书　　　名：清代中央司法审判制度
著作责任者：那思陆　著
责 任 编 辑：李　力　李　霞
标 准 书 号：ISBN 7-301-07652-5/D·0934
出 版 发 行：北京大学出版社
地　　　址：北京市海淀区中关村北京大学校内　100871
网　　　址：http://cbs.pku.edu.cn　电子信箱：pl@pup.pku.edu.cn
电　　　话：邮购部 62752015　发行部 62750672　编辑部 62752027
排 版 者：北京军峰公司
印 刷 者：三河新世纪印刷厂
经 销 者：新华书店
　　　　　　650mm×980mm　16 开本　16.75 印张　300 千字
　　　　　　2004 年 8 月第 1 版　2006 年 1 月第 2 次印刷
定　　　价：26.00 元

未经许可,不得以任何方式复制或抄袭本书之部分或全部内容。
版权所有,翻版必究

自　序

我对清代司法审判制度发生兴趣，开始很早。早在政治大学就读期间（1969—1973年），看到陶希圣先生写的《清代州县衙门刑事审判制度及程序》，就想研究这个课题。1978年，我考入中兴大学法商学院（现已改制为台北大学）法律研究所，即以《清代州县衙门审判制度》为硕士论文题目。取得硕士学位后，于1988年，应聘至空中大学任教。从那年起，我开始搜集有关清代中央司法审判制度的史料，撰写相关论文。1992年，《清代中央司法审判制度》在台北出版发行。

今年二月，北大历史系硕士生李典蓉同学热心接洽北京大学出版社，希望出版发行本书的简体字版，我欣然同意。借着这个机会，我把本书做了一些修订。除了更正错字、删除少许文字外，我把本书中有关"刑之执行"的三个段落抽出，合并为一篇单独的论文《清代各类人犯的刑之执行》，作为本书的附录。我作这样的修订，是因为：

一、我对司法审判一词，改采狭义的定义，即仅有侦查与审判两部分，刑之执行不在其内，原则上应予删除。

二、刑之执行虽不在司法审判的范围内，但仍与司法审判关系密切，是司法案件定案后的续行程式。本书修订时，如果概予删除，未免可惜。

十二年前，撰写本书时，我采取"史料学派"的方法，"上穷碧落下黄泉，动手动脚找材料"，"有一分史料，说一分话"。本书是法史学的著作，我认为法史学研究的是古代法律或法学的历史（包括法律制度史与法律思想史），所以法史学基本上是史学。但正因为它研究的是古代的法律或法学，它与法学的关系极为密切。因此，法史学也有法学的成分。古代的法律与当代的法律尽管在表面上差异很大，但两者的本质仍然是相通的，而且当代的法律很快就会变成古代的法律。

史学不是科学，法学也不是科学，所以结合了两者的法史学当然也不是科学。用三段论来表述：史学不是科学，法史学是史学的一支，所以法史学不是科学。正因为法史学不是科学，所以它更重要。但必须说明的是，法史学的研究仍然必须运用科学方法。以司法审判来比方，法院进行司法审判时，必须先确定民刑案件的事实真相，也就是必须先发现案件的事实真相，才能适用法律。法史学关切的就是案件的事实真相，唯有运用科学方法，正确发现案件的事实真相,再加上正确的适用法律,公平正义的司法审判才可能达到。

在历史研究上,依据史料,才有可能推断事件的历史真相。同样的,在司法审判上,依据证据,才有可能推断案件的事实真相。在历史研究上,史料不足或真伪难辨时,就难以推断事件的历史真相。同样的,在司法审判上,证据不足或真伪难辨时,就难以推断案件的事实真相。

法史学工作者需要的是史料,不需要任何史观。摆脱一切史观的束缚,史料会说话,历史真相才有可能自然浮现。这就像法院在审理案件时,应该摆脱一切意识形态,案件的事实真相才有可能被发现。

我是史料学派的支持者,我怀疑一切史观学派。换句轻松的话来说,"我是拼图派,我不是画图派"。所有的史观学派都喜好创造一个大理论,透过这个大理论描绘过去的历史,而且大胆的预测未来,他们几乎成了全能全知的上帝。从历史的观点来看,伟大的理论常会制造出伟大的错误。

回忆十二年前,撰写本书时,内子罗台娜女士协助抄录本书底稿,以便打字出版,倍极辛劳,附志于此,以示衷心感谢之意。

那思陆　志
2004 年 3 月 1 日
于台北市新生南路寓所

目　录

第一章　绪论 ……………………………………………………（1）
　第一节　清代司法审判制度的研究价值 ……………………（1）
　第二节　清代司法审判制度的历史分期 ……………………（5）
第二章　清入关前司法审判制度 ………………………………（9）
　第一节　清入关前司法审判制度的特征 ……………………（9）
　第二节　清入关前司法审判机关 ……………………………（11）
　　一　万历四十三年以前的司法审判机关 …………………（12）
　　二　天命元年以后的司法审判机关 ………………………（14）
　　三　天命十一年九月以后的司法审判机关 ………………（17）
　　四　天聪五年七月以后的司法审判机关 …………………（18）
　第三节　清入关前司法审判程序 ……………………………（28）
　　一　总论 ……………………………………………………（28）
　　二　审前程序 ………………………………………………（32）
　　三　审理程序 ………………………………………………（36）
　　四　判决程序 ………………………………………………（39）
第三章　清代中央司法审判机关 ………………………………（44）
　第一节　三法司 ………………………………………………（44）
　　一　刑部 ……………………………………………………（44）
　　二　都察院 …………………………………………………（50）
　　三　大理寺 …………………………………………………（56）
　第二节　其他机关 ……………………………………………（59）
　　一　议政衙门 ………………………………………………（59）
　　二　内阁 ……………………………………………………（64）
　　三　军机处 …………………………………………………（73）
　　四　吏部 ……………………………………………………（79）
　　五　户部 ……………………………………………………（81）
　　六　礼部 ……………………………………………………（82）
　　七　兵部 ……………………………………………………（84）
　　八　工部 ……………………………………………………（86）

九　理藩院 …………………………………………………… (87)
　　十　通政使司 ………………………………………………… (89)
　　十一　八旗都统衙门 ………………………………………… (90)
　　十二　步军统领衙门 ………………………………………… (93)
　　十三　五城察院 ……………………………………………… (96)
　　十四　宗人府 ………………………………………………… (98)
　　十五　内务府 ………………………………………………… (99)
　　十六　总理各国事务衙门 …………………………………… (100)
　　十七　顺天府 ………………………………………………… (102)
　　十八　其他 …………………………………………………… (102)

第四章　清代中央司法审判程序之一——各省
　　　　案件复核程序 ………………………………………… (107)
　第一节　各省案件司法审判程序概说 ………………………… (107)
　　一　各省司法审判机关及审级管辖 ………………………… (107)
　　二　各省案件司法审判程序 ………………………………… (109)
　第二节　各省案件之咨部、具题与具奏 ……………………… (111)
　　一　徒流军罪案件之咨部 …………………………………… (112)
　　二　寻常死罪案件之具题 …………………………………… (112)
　　三　情节重大死罪案件之具奏 ……………………………… (113)
　第三节　各省案件复核程序之一——各省
　　　　　徒流军罪案件之复核 ………………………………… (115)
　　一　各省徒流军罪案件之咨部 ……………………………… (115)
　　二　刑部对咨部之各省徒流军罪案件之处理 ……………… (116)
　第四节　各省案件复核程序之二——各省死罪
　　　　　案件之复核 …………………………………………… (122)
　　一　各省死罪案件之具题或具奏 …………………………… (122)
　　二　法司复核(定拟判决、会核及会题) …………………… (125)
　　三　法司定拟判决 …………………………………………… (127)
　　四　内阁票拟或军机大臣会商拟办 ………………………… (132)
　　五　皇帝裁决 ………………………………………………… (135)
　第五节　秋审 …………………………………………………… (142)
　　一　沿革 ……………………………………………………… (142)
　　二　秋审程序 ………………………………………………… (144)

第五章　清代中央司法审判程序之二——京师案件现审程序 ………………………………………………… (150)

第一节　京师案件司法审判程序概说 …………………… (150)
　　一　京师司法审判机关及审级管辖 ………………… (150)
　　二　京师案件司法审判程序 ………………………… (151)
第二节　五城察院及步军统领衙门审理程序 …………… (153)
　　一　总论 ……………………………………………… (153)
　　二　审前程序 ………………………………………… (163)
　　三　审理程序 ………………………………………… (172)
第三节　刑部现审程序（附三法司会审程序）…………… (179)
　　一　总论 ……………………………………………… (179)
　　二　审前程序 ………………………………………… (182)
　　三　审理程序 ………………………………………… (184)
第四节　朝审 ……………………………………………… (189)
　　一　沿革 ……………………………………………… (189)
　　二　朝审程序 ………………………………………… (191)

第六章　清代中央司法审判程序之三——特别案件审理程序 ……………………………………………… (194)

第一节　宗室觉罗案件 …………………………………… (194)
第二节　职官案件 ………………………………………… (200)
第三节　旗人案件 ………………………………………… (205)
第四节　蒙古案件 ………………………………………… (211)
第五节　京控案件 ………………………………………… (214)
第六节　叩阍案件 ………………………………………… (216)

第七章　结论 …………………………………………………… (219)
附录　清代各类人犯的刑之执行 …………………………… (224)
重要参考书目 ………………………………………………… (255)

第一章 绪 论

第一节 清代司法审判制度的研究价值

一

中国传统法制(指清代以前的中国法制)与欧陆法制迥不相同。基本上可以说,三千多年来中国传统法制完全是独自发展的,与欧陆法制并无关联,也未受欧陆法制影响。中国传统法制是中华民族独自创制的一套法律制度,它忠实的反映了中国人的政治、经济与社会生活,它具有浓厚的民族色彩。

中国自秦汉以后,建立了大一统的帝国,也建立了一元的法律制度(包括司法审判制度),这套法律制度是中央集权的,它与中国传统政治制度的本质,是一致的。两千年来,由于中国基本的政治、经济和社会环境的变化缓慢,因此,中国传统法制的变革也是缓慢的。这种情形和1789年法国大革命以前的欧洲各国是类似的。法国大革命之后,君主专制与封建制度动摇了,欧洲各国的政治、经济和社会发生了惊天动地的变化,连带的也使得欧洲各国的法律制度发生了巨大的变革。现代化的法典诞生了,法国《拿破仑民法典》(1804年)和《德国民法典》(1896年)的颁布即为著例。实体法的变革固然是非常巨大,程序法的变革也是非常巨大,但是欧陆法制的巨大变革并未影响到古老的中国。在辛亥革命(1911年)以前,中国传统法制(包括传统司法审判制度)依然维持其原来面貌,很少改变。

辛亥革命之后,中国传统法制被彻底扬弃,我国急遽移植先进的欧陆法制,期望借以除旧布新。民国初年我国移植欧陆法制的勇气与魄力是值得称道的,但是这种法制上急遽的"全盘西化"必然地也产生了一些问题。无疑的,民国初年的引进欧陆法制是"超前立法"。"超前立法"是早熟的立法,它虽然有引导国家社会进步的积极作用,但因为它是移植来的法制,没有历史与文化的基础,也没有与之配合的政治、经济与社会条件,它对国人而言是陌生的,所以尽管它是先进的法律,但是施行在落后的中国,很遗憾发生了适应不良的情形,成效也大大受到影响。

历史法学派的德国法学家萨维尼（Friedrich Carl von Savigny，1779—1861）认为法律是民族精神的产物，它具有民族性，各民族均有其各自的习惯法，各自的习惯法显现各民族的民族精神，而成为各民族的法律。萨维尼的学说主要是针对民法而言，但事实上，对于其他法律，萨维尼的态度也是一样的。历史法学派的学说虽有缺陷与错误，但仍有其不可磨灭的价值。

民国初年我国移植先进的欧陆法制过于匆忙，并未充分考虑到我国的习惯法、民族性以及政治、经济与社会条件的问题，可以说是"急就章式"的。移植欧陆法制适应不良的情形非常普遍，在民法、刑法等实体法的施行上存在着，在民事和刑事诉讼法的施行上也存在着。

民国初年我国移植欧陆法制适应不良的情形，可以从下面两个现象得到证明：

一 国人普遍认为司法机关"司法不公"

造成国人认为司法机关"司法不公"的原因主要有二：一是司法风纪不良，二是法律规定不公平、不合理。其中第二个原因，严格言之，并非司法问题，而系立法问题。国人之所以认为现行的法律规定不公平、不合理，有可能是因为现行法律规定与人民的法律观念（指中国传统的法律观念）有所歧异，实体法或程序法上均有此情形。以民事诉讼而言，中国传统法制下的民事诉讼采行"职权进行主义"，而现行的民事诉讼采行"当事人进行主义"；中国传统法制下的民事诉讼着重实体之真实发现，而现行的民事诉讼着重程序之公正。此一事例足以说明欧陆法制与中国传统法制的歧异。

二 国人漠视或不遵守法律的情形十分普遍

国人漠视或不遵守法律的原因很多，除了政治、经济与社会等原因外，还有法律本身的原因。国人常有"法律归法律"（即不理会法律）的想法，这不是偶然的。法律是人类社会生活的规范，法律规范如果是自各该民族的习惯法中产生的，且符合各该民族的民族性，则较易为国民所遵守。反之，法律规范如果不是自各该民族的习惯法中产生的，且不符合各该民族的民族性，则较难为国民所遵守。我国现行法律是移植欧陆法律而来的，并非自中国民族的习惯法中产生的，且许多方面并不符合中国民族的民族性。我国现行法律是移植的而非固有的这一事实，与国人漠视或不遵守法律的现象是有关联的。

民国初年我国移植欧陆法制适应不良的原因，具体言之，有下列两点：

(一) 欧陆法制在中国没有历史与文化的基础

欧陆法制在欧洲有两千多年的历史,罗马法是它早期的渊源。而罗马法则是罗马文明的产物。基督教文明兴起后,基督教文明又渗入了欧陆法制。

法国大革命之后,欧陆法制除去了君主专制与封建制度的成分,增加了自由民主的内容,变革至巨,使欧陆法制更趋成熟。欧洲各国的民族、历史、文化、宗教、风俗习惯均与我国全然不同,很明显,欧陆法制具有欧洲历史文化的色彩。植根于欧洲历史文化的欧陆法制在中国并没有历史与文化的基础,其移植中国后的适应不良是必然的。平情言之,固步自封、抗拒法制改革的态度是错误的,但是不顾历史文化背景,而在法制上"全盘西化"的作法也是偏激的。

(二) 欧陆法制在中国没有与之配合的政治、经济与社会条件

法制的移植与自然科学的移植不同,它必须有一定的政治、经济与社会条件。20世纪初期的欧陆法制是世界上最进步的法制,但是它的产生有一定的政治、经济与社会条件,当时的欧洲各国已施行民主政治,并已进入工业化社会,而且教育普及。但当时的中国,仍然是专制的农业国家,而且教育落后。由于中国不具备欧洲各国的政治、经济与社会条件,所以欧陆法制移植到中国,自然会发生适应不良的情形。

由于上述两个原因,欧陆法制对国人而言是全然陌生的,普遍都有适应不良的情形,农民如此,知识分子也是如此。其实,这种移植欧陆法制适应不良的情形在其他亚洲国家也同样的存在,原因也颇为类似,只不过是适应不良的情形有轻有重而已。在中国(台湾地区),移植欧陆法制适应不良的情形现在已大为改善,这是由于政治经济的变革、社会的进步以及教育的普及所致。但是在移植欧陆法制的过程当中,国人已经付出了相当大的代价,那就是七十多年国人对中国现行法制的陌生、迷惘、怀疑与怨尤。

二

从事法学的研究,必须进行历史的考察。"知古所以鉴今",从事中国传统法制的研究,目的即在于此。中国传统法制虽然已经失去实际效力,而且是在中国特定政治、经济与社会环境下的产物,已无法适用于20世纪90年代的社会。但是它是中国人独自创制的一套法制,它的兴起发达与没落消亡,都可作为历史的借鉴。

再者,中国传统法制涵蕴着中国人的法律思想,无论民事法、刑事法或诉讼法上,都可以找到中国人的法律思想。中国传统法制虽然已经没落消

亡，但是中国传统法律思想仍然存活着。因之，中国传统法制的研究并非毫无现实意义。基于上述理由，我们认为中国传统法制有其研究价值。

清代法制是中国传统法制的一部分，它是中国传统法制的珍贵遗产。清朝是我国君主政治最末的一个王朝，它是满族建立的王朝。满族虽以少数民族入主中原，但在取得政权之后，即接受了明朝的典章制度，包括明朝的政治制度与法律制度，清朝是中国传统法制最末的继承者，它居于"承先启后"的关键地位。研究中国传统法制，必须研究清代法制。

满族在关外时期(1644年以前)已经建立政权，时间长达28年(1616—1643年)，包括后金时期的天命朝(共11年)、天聪朝(共9年)以及大清时期的崇德朝(共8年)。清太祖努尔哈赤与清太宗皇太极均是满族的杰出领袖，对建国初期国家典章制度的建立颇有建树。因满族与汉族血统、语言、文化、风俗习惯及民族性均有不同，故关外时期后金与清的政治制度与法律制度(包括司法审判制度)有其鲜明的特色，极具民族色彩。关外时期后金与清的政治制度与法律制度(包括司法审判制度)是中国少数民族法制的瑰宝，这使得清代法制的研究具有特殊的意义。

清代司法审判制度是整个清代法制的重要一环，研究清代法制，必须研究清代司法审判制度。清代民事、刑事案件均须经由各级衙门加以审判，由地方到中央司法审判衙门，层级繁多，程序复杂。重大案件从呈控、批词、查验、检验，到传唤、拘提、缉捕、监禁，再到审讯、定拟招解、府司审转、督抚复审，最后到刑部或三法司核拟、皇帝批行，以至于执行死刑，全部审判程序十分繁琐复杂。各级衙门官员都有司法审判职责，司法审判甚至可以说是各级衙门官员的主要工作。中国传统司法审判制度的重要性，于此可见。再者清代的司法审判制度与清代政治、经济与社会制度相关，事实上它反映了清代政治、经济与社会。透过清代司法审判制度的研究，我们可以了解清代政治、经济与社会的真实情况，学术价值极高。又就中国法制史的研究而言，从事刑事法、民事法等实体法研究的学者为数较多，而从事民事刑事诉讼法研究的学者则为数极少。因此，清代司法审判制度这一学术研究领域，更值得学者努力耕耘，积极研究。

清代司法审判制度中，有关州县衙门司法审判制度的研究目前已有学者从事，而有关中央的司法审判制度的研究则罕见学者从事。其主要的原因是缺乏档案资料，不易进行研究。近年来，有关清代中央的档案资料已陆续整理编印出版。甚至关外时期的《满文老档》也已翻译成书，这使清代中央司法审判制度的研究，较前便利。我们希望有关清代中央司法审判制度的研究，有助于清代司法审判制度真实面貌的逐渐明朗清晰，使中国法制史有关这方面的研究日趋充实。

第二节 清代司法审判制度的历史分期

一

关于清代法制的历史分期,法学家张晋藩认为可分为三个阶段:[①]
一、第一阶段:1616—1644 年(天命元年至顺治元年)。
二、第二阶段:1644—1840 年(顺治元年至道光二十年)。
三、第三阶段:1840—1911 年(道光二十年至宣统三年)。

上述有关清代法制历史分期的说法,第一阶段的分期应系正确无误,可为定论。第二和第三两阶段的分期则有待商榷,值得探究。

笔者认为,清代法制历史分期有关的事实,一是领事裁判权与会审公廨的问题,二是变法修律的问题。

领事裁判权最早是在道光廿二年(1842年)《南京条约》附件《善后章程》中清政府同意给与英国的,后来西方列强均援例要求给与,损害中国主权至巨。至于会审公廨则系始于咸丰四年(1854年)清政府与英、法等国缔约,协议在租界内设立会审公堂,同治七年(1868年)清政府又与各国订立"上海洋泾滨设官会审章程",确定会审公廨的设立。两者均破坏了中国司法权的完整,都是不平等条约下的产物,也是清代司法审判制度必须论述的重要问题,但是以之作为清代法制历史分期的基准,尚嫌不足。因为领事裁判权与会审公廨的设立,其实施范围仅限于通商口岸"租界"地区,其影响是局部的而不是全部的。事实上,清代法制自乾隆以后至清末变法以前,变革缓慢,幅度不大。以司法审判制度而言,领事裁判权与会审公廨的设立,虽然侵损了清政府司法审判权的实施范围,但基本上并未变更清代司法审判制度的本质与内容。

至于变法修律,倒是可以作为清代法制历史分期的基准。清末有两次变法,一次是光绪廿四年(1898年)的"戊戌变法",这次变法是光绪皇帝发动的,主要侧重在政治军事教育及实业方面,在司法审判方面少有变革,百日之后即归于失败。另一次是光绪廿七年(1901年)开始的"辛丑变法",这次变法是慈禧太后在八国联军之役后迫于形势,不得不采行的,因慈禧具有实权,故变法稍具效果。这次变法有关司法审判方面的有二:第一,光绪卅

[①] 张晋藩:《清代法制史综论》,见《法史鉴略》,220~257页。

二年(1906年)官制改革,改刑部为法部,掌理司法行政。改大理寺为大理院,掌理审判,为全国最高审判机关;并配置总检察厅,办理检察事务。就司法审判而言,这次官制改革具有法制改革的成分。第二,宣统元年(1909年)颁布《法院编制法》,采四级三审制,以大理院、高等审判厅、地方审判厅与初级审判厅为四级审判机关,四级审判机关并配置同级检察机关。至此,清代法制改革又推进一步。

这两次变法都有历史上的重大意义,但就清代法制而言,光绪廿七年开始的"辛丑变法"较具重要性。而其中又以光绪卅二年的官制改革(或称法制改革),完全改变了清代传统上刑部与大理寺的权责划分,彻底改革了清代司法审判制度,更具有划时代的意义。所以张氏所称清代法制第二阶段和第三阶段的分界应是光绪卅二年(1906年)的官制改革,而非道光二十年(1840年)的鸦片战争。尽管光绪卅二年的官制改革(或称法制改革)是昙花一现,仅持续了6年,到宣统三年清朝就覆亡了,但就制度而论,它应可作为清代法制历史分期的基准。

二

基于上述理由,笔者认为,清代司法审判制度应分为下列四个阶段:

第一阶段:天命元年至崇德八年(1616—1634年),共28年,这是部族习惯法时代。

万历十一年(1583)清太祖努尔哈赤以父祖"十三副遗甲"起兵,攻尼堪外兰。是岁受明敕书十三道,马三十匹,袭建州左卫都指挥使。是时努尔哈赤事实上已建立部族政权,于建州左卫地区,行使其统治权,自称女真国,惟名义上仍臣服于明朝。此一部族政权的人民并不众多,民刑案件也少,所有民刑案件均由努尔哈赤亲自审判。努尔哈赤不但是部族的族长,军事的统帅,也是司法上的最高裁判者。但经过30年之征伐,国势增强,疆土日广,人民也逐渐增多。努尔哈赤遂逐步编立八旗,各旗由主旗贝勒统之,握有司法审判权。万历卅一年(1615年)努尔哈赤又设置理政听讼大臣五人、札尔固齐(即理事官)十人,掌理司法审判,建立三复审制。万历卅二年(1616年)努尔哈赤即建立后金国,建元天命。天命朝十一年间,后金国属部族统治形态,其司法审判适用部族习惯法,与明制差异极大,两者迥然不同。

天命十一年,清太宗皇太极即汗位,改元天聪,逐步建立中央集权政制,各种典章制度逐步采行明制。天聪五年(1631年),设置吏户礼兵刑工六部,与明制相同,惟六部长官名称稍异于明制。此后司法审判事务改由刑部掌理。八旗主旗贝勒虽仍有部分司法审判权,但已较前大为削减。天聪十年,皇太极改国号为清,以当年为崇德元年,同年设立都察院,独立行使监察权,监察各部及诸王贝勒。天聪(共9年)、崇德(共8年)两朝十七年间,大清国仍属部族统治形态,虽已渐采明制,但两国司法审判制度仍不相同。以《大明会典》的引进而言,至迟在天聪六年七月以前,达海即已将《大明会典》翻译成满文,而早在天聪六年正月以前,皇太极已下达谕令:"凡事都照《大明会典》行"。① 但事实上,满汉不同俗,两国国情也不相同,《大明会典》上有关司法审判的律例并未在清国有效施行,至多是作为参考而已。当时的司法审判仍然适用部族习惯法,绝大部分是不成文的。现存《盛京刑部原档》(崇德三年至四年)即可证明此点。

第二阶段:顺治元年至雍正十三年(1644—1735年),共92年。这是继受大明法制时代。

清入关之后,一切典章制度迅速采行明制。司法审判方面即系如此,入关初期地方衙门司法审判程序固然率由旧章,中央司法审判程序也鲜少变革,三法司会审、会题、秋审、朝审、三复奏、勾决等制度全部保留下来。这是出于清政府已由地方性的部族政权,转变为全国性的统一各民族的政权,为适应广大被统治的汉民族的实际需要,不得不采行明制。入关后清政府继受了大明律例,当然也继受了明代司法审判制度。

入关后的清代司法审判制度虽系继受明代司法审判制度而来,但它对明代司法审判制度仍然有所因革损益,两者仍有不同。很明显的,清代司法审判制度具有多民族色彩。八旗衙门、理藩院、内务府、步军统领衙门、军机处等衙门俱系明代所无,而这些衙门均有部分司法审判权,掌理满蒙藏司法审判事务,形成清代司法审判制度的多民族色彩。

第三阶段:自乾隆元年至光绪卅一年(1736—1905年)。共170年。这是前一阶段的变革时代。

本阶段分期则系以军机处的扩张职权与奏折的公开使用为基准。此二事均与清代司法审判制度有重大关连。

军机处之扩张职权,起于乾隆年间。早在雍正七年六月,即设有军需房,密办西北军需一应事宜。雍正十年"改军机房称办理军机处"。② 雍正十三年十月,雍正去世不久,乾隆曾一度裁撤军机处,但旋于乾隆二年十一月恢复。乾隆以后,军机处地位益隆,职权日益扩张,"威命所寄,不于内阁

---

① 罗振玉编:《天聪朝臣工奏议》,见潘喆等编:《清入关前史料选辑》第二辑,2页。
② 《清史稿》,卷176,"军机大臣年表一"。

而于军机处,盖隐然执政之府矣。"① 军机处处理国家政务,参与司法审判,其职权之扩张使清代司法审判制度为之变革。

至于奏折之公开使用,亦系起于乾隆年间。明代公文书并无奏折之名,康熙年间,奏折渐行,起先仅于君臣之间秘密使用,后至乾隆年间,奏折逐渐公开使用,成为正式公文书,并取代了题本的部分功能。重大死罪案件应专折具奏,由军机处处理,程序较为迅速。一般死罪案件仍应专本具题,由内阁处理,程序较为缓慢。这种司法文书上的变革,影响清代司法审判制度之运作。由于内外一切奏折事件均由军机处处理,使军机处的扩张职权与奏折的公开使用两者结合在一起,这两者的结合使得清代司法审判制度自乾隆初年起即产生变革。因之,第三阶段可以乾隆元年为起点。

第四阶段:光绪卅二年至宣统三年(1906—1911年),共6年。这是继受欧陆法制时代。

道光二十年(1840年),鸦片战争爆发,西方列强势力侵入我国。道光廿二年(1842年),英国首先取得领事裁判权,西方列强亦于其后陆续取得是项特权。同治七年(1868年),清政府并同意在租界设立会审公廨。这一连串的不平等条约,侵损了清政府的司法审判权。有识之士于是主张变法修律。"光绪廿八年受了英日美葡四国允许有条件放弃领事裁判权的刺激,于是研究外国法律成为政府的一新事业。"② 在清政府变法修律的过程当中,影响清代司法审判制度最大的就是光绪卅二年(1906年)的官制改革(或称法制改革)。在这次改革中,刑部改名法部,大理寺更名大理院,前者掌理司法行政,后者掌理司法审判并配置总检察厅。宣统元年,清政府又颁布《法院编制法》,采行四级三审制,除大理院外,并普设高等审判厅、地方审判厅及初级审判厅,成为四级审判机关,并配置同级检察机关。先进的欧陆法制被引进中国,传统的司法审判制度渐被扬弃。这一阶段虽然时间很短,但是仍不失为清代司法审判制度史上的重要一页,值得学术界深入研究。

---

① 《清史稿》卷176,"军机大臣年表一"。
② 杨鸿烈:《中国法律思想史》,305页。

第二章 清入关前司法审判制度

第一节 清入关前司法审判制度的特征

明万历四十四年(1616年),清太祖努尔哈赤建后金国,即汗位,建元天命。明天启六年(1626年),清太宗皇太极即汗位,改元天聪。明崇祯九年(1636年),皇太极即皇帝位,改国号为清,改元崇德。此一政权历经两代(太祖、太宗)三朝(天命、天聪、崇德),时间长达廿八年(1616—1634年)。其实早在万历十一年(1583年),清太祖努尔哈赤以父祖"十三副遗甲"起兵时,即已建立部族政权,万历十七年(1589年)更进而称王。论述清入关前司法审判制度虽以天命元年(1616年)至崇德八年(1643年)期间为主,但自努尔哈赤起兵至天命元年以前的制度,为得通盘之了解,亦宜一并探讨研究。

满族的经济生活是以渔猎游牧为主的,汉族的经济生活则是以农业生产为主的。满族迟至16世纪方才发展出拼音文字,汉族则早在三千年前即已发明文字。由于生活方式及文化的不同,导致两大民族在政治和法制发展上的差异。汉族很早就发展出君主集权制及成文的法律,满族(即女真族)则在入关以前,基本上仍然维持氏族民主制及不成文的部族习惯法。由于在政治和法制发展的巨大差异,清入关前司法审判制度自然有其本民族的特点,与明朝司法审判制度颇不相同。

万历十一年(1583年)努尔哈赤起兵之时,我国东北地区女真族各部落是相当独立自主的,各部落虽然接受明朝政府的敕封,但均拥有相当大的自主权,通常明朝政府不干涉各部落的内政。这些女真族部落在政治上施行氏族民主制,在司法审判方面,则适用不成文的部族习惯法。关于这种不成文的部族习惯法,日本学者岛田正郎曾加以说明:

> 我们推测,在草原上游牧的人,其族内生活,开始都是按照着他们的习惯,换言之,他们的生活,是以萨满教的世界观与游牧的生活和生产方式为基础,而维持着父权氏族社会制的秩序。在这一种社会状态中的"法",当然是一种与宗教道德尚未分化的状态,因为其社会尚未表

现出坚强的政治型态,故以公的权威为基础的"法"很难建立。在那一种尚未成熟的社会状态中的所谓"法",当然只是一种很广泛的"规范"。①

努尔哈赤经过34年(1583—1616年)的征战,统一了女真族各部落,建立了后金国。在建立后金国前一年(1615年),努尔哈赤也确立了八旗制度,孟森评论八旗制度曰:"八旗者,太祖所定之国体也。一国尽隶于八旗,以八和硕贝勒为旗主,旗下谓之属人,属人对旗主有君臣之分。八贝勒分治其国,无一定君主,由八旗公推一人为首长,如八家意有不合,即可易之。此太祖之口定宪法。其国体假借名之,可曰联邦制,实则联旗制耳。"② 孟森所说的"联旗制"表明了后金国天命时期氏族民主制的实况。天命时期,努尔哈赤建立了"共议国政"的传统,后金国一切国家政务(含司法审判),均由八旗诸贝勒共议,再由努尔哈赤做最后的裁决。"共议国政"表现在司法审判上,即为"合议审判"。天命时期八旗诸贝勒大臣经由"共议国政",建立"合议审判"的传统,成为清入关前司法审判制度的一大特色。

有关后金国天命时期司法审判的史料,现存的很少。从少数现存的史料(如《满文老档》)中可得知,后金国天命时期是适用不成文的部族习惯法来进行司法审判的。这些习惯法范围很广,内容也丰富,包括实体法与程序法,有些习惯法的内容甚至可以追溯到金代女真族的习惯法,极具民族特色。

天命十一年(1626年),皇太极即汗位后,开始中央集权。在政治方面,逐步削减贝勒的权力,建立君主集权制。在司法审判方面,则逐步引进明制,如天聪五年的设立刑部③ 和明令,适用《大明会典》④(事实上只是部分适用而已)。此二事使后金国的司法审判机关和程序都有所改变,相当程度地变革了后金国的司法审判制度。虽然在政治上和法治上,皇太极进行了巨大的变革,但是在天聪朝和崇德朝两个时期,八旗"合议审判"及"部族习惯法"的传统仍然具有巨大的影响力,明制并未取得主导性的地位。

由后金国的天命朝到大清国的天聪朝,政治情势变化极大。由于女真各部族的兼并以及各民族的归附(汉、蒙古、朝鲜),国民的组成较前复杂,使

---

① 岛田正郎:《北亚洲法制史》,"自序"版本,2页。
② 孟森:《八旗制度考实》,见《明清史论著集刊》,218页。
③ 清太宗设立刑部系于天聪五年七月初八日,见《清太宗实录》卷9,12页。
④ 清太宗明令适用大明会典乙事,据推断系于天聪五年底,见罗振玉编:天《聪朝臣工奏议》,载潘喆等编:《清入关前史料选辑》第二辑,2页。

得清的司法审判制度必须加以变革。天聪五年皇太极设立刑部与明令,适用《大明会典》,实是适应当时政治情势之举。清入关前司法制度可以天聪五年七月设立刑部为分界点,分为前后两期。天命元年至天聪五年六月为前期,此一时期"部族习惯法"的色彩极为浓厚。天聪五年七月至崇德八年为后期,此一时期虽仍具有"部族习惯法"的色彩,但已染有明朝典章制度的色彩。

综而言之,清入关前的司法审判制度以满族固有的传统为基础,以"合议审判"和"部族习惯法"为其特征,极具民族特色。"合议审判"为氏族民主制的表现,这种传统可以追溯到辽金时期。就广义而言,"合议审判"的传统亦系"部族习惯法"。天聪五年皇太极的引进明制,相当程度的变革了清的司法审判制度,但仍未改变此一时期司法审判制度中"部族习惯法"的特征。

第二节 清入关前司法审判机关

关于清入关前司法审判制度(含司法审判机关及司法审判程序),《清史稿》简述曰:

> 太祖始创八旗,每旗设总管大臣一,佐管大臣二。又置理政听讼大臣五人,号为议政五大臣。扎尔固齐十人,号为理事十大臣。凡听断之事,先经扎尔固齐十人审问,然后言于五臣,五臣再加审问,然后言于诸贝勒。众议既定,犹恐冤抑,亲加鞫问。天命元年,谕贝勒大臣曰:"国人有事,当诉于公所,毋得诉于诸臣之家。兹播告国中,自贝勒大臣以下有罪,当静听公断,执拗不服者,加等治罪。凡事俱五日一听断于公所,其私诉于家,不执送而私断者,治罪不贷。"十一年,太宗以议政五大臣、理事十大臣不皆分授,或即以总管、佐管兼之,于是集诸贝勒定议裁撤。每旗由佐管大臣审断词讼,不令出兵驻防。其每旗别设调遣大臣二员,遇有驻防调遣,所属词讼仍令审理。①

《清史稿》上述记载因过于简陋,有欠明确,许多清入关前司法审判制度上的重大变革均未记载,致使清入关前司法审判制度仍呈扑朔迷离状态,世人难以窥其全貌。综言之,清入关前,因其政治体制曾经多次变革,其司法审判制度因之变革极大,司法审判机关有时新置,有时废除,各级司法审判

---

① 《清史稿》卷144,《刑法三》。见鼎文版《清史稿》,4205页。

机关的司法审判权亦时大时小，变动不已。欲明了清入关前司法审判制度，必须掌握清入关前政治体制之变革，否则无由得知其真相。清入关前司法审判机关的变革颇大，可分为：(一)、万历四十三年(1615年)以前，(二)、天命元年(1616年)至天命十一年(1626年)八月，(三)、天命十一年(1626年)九月至天聪五年(1631年)六月，(四)、天聪五年(1631年)七月至崇德八年(1643年)等四时期说明：

一　万历四十三年以前的司法审判机关

万历十一年(1583年)努尔哈赤以父亲十三副遗甲起兵，第二年九月进攻栋鄂部，即"率兵五百"①。是时，努尔哈赤即已建立部族政权。在其部族之中，努尔哈赤是政治和军事的最高领袖，也是司法审判上的最高裁决者，握有生杀予夺的权力。由于所统治的族人并不多，族人间所发生的案件也不会太多，均由努尔哈赤亲自审理，无人协助审理。但随着军事上的胜利，属人日益增多，至万历二十九年(1601年)创编四旗时，努尔哈赤已拥有四十牛录(niru)的属人。② 至万历四十三年(1615年)创编八旗时，努尔哈赤已拥有二〇〇牛录的属人。由于属人的大量增加，努尔哈赤必须设置官吏，以为治理。万历二十九年，努尔哈赤将每三百人设一牛录额真(niru i ejen)。③ 万历四十三年，努尔哈赤又将五牛录设一甲喇额真(jalan i ejen)，五甲喇设一固山额真(gūsa i ejen)，每固山额真左右设两梅勒额真(meiren i ejen)。④ 同年，努尔哈赤置理政听讼大臣五人，扎尔固齐(jarguci)十人，佐理国事。⑤ 又依据满文老档之记载，同年，努尔哈赤置八大臣及四十名审事官。⑥ 依《清太祖高皇帝实录》乙卯年(万历四十三年)的记载，此一时期的司法审判程序如下：

> 又置理政听讼大臣五人，扎尔固齐十人，佐理国事，上五日一视朝，焚香告天，宣读嘉言懿行，及古来成败之书，以诫谕国人。凡有听断之

---

①　《满洲实录》卷1,14页。
②　历朝八旗杂档二七六号，转引自张晋藩、郭成康著：《清入关前国家法律制度史》，页一三九。
③　《清太祖高皇帝实录》卷3,6页，牛录(niru)，大箭也；额真(ejen)，主也。
④　同上书卷四，页二十。甲喇(jalan)，满语，节也(竹节之节)；梅勒(meiren)，满语，侧也(两侧之侧)。固山(gūsa)，满语，汉译为"旗"，满语原义不详。
⑤　同上书卷四，页二十一。
⑥　《满文老档》(汉译本),36页。

第二章 清入关前司法审判制度

事,先经扎尔固齐十人审问,然后言于五臣,五臣再加审问,然后言于诸贝勒。众议既定,奏明三复审之事。犹恐尚有冤抑,令讼者跪上前,更详问之,明核是非,故臣下不敢欺隐,民情皆得上闻。①

此一时期八旗基层官员牛录额真是否掌有司法审判权,史料并无记载,但我们可以合理地断定牛额真对牛录下旗人的轻微案件确实掌有司法审判权。此一时期,比较重大的案件均须送扎尔固齐审问。

扎尔固齐即《清史稿·刑法志》所称之"理事大臣"。扎尔固齐,蒙古语,审事官也。依据《清太祖武皇帝实录》记载,万历二十一年(1583 年)闰十一月,太祖派兵围佛多古山时,已称噶盖为扎尔固齐。扎尔固齐之设,应在此之前。扎尔固齐之人数,设置之初或仅有一二人,但因属人不断增加,扎尔固齐人数亦随之而增。依《清太祖高皇帝实录》记载,万历四十三年(1615年)置扎尔固齐 10 人。② 又依《满文老档》记载,同年,努尔哈赤"委四十名为审事官(beidesi)"③。依事理推断,努尔哈赤置扎尔固齐 10 人一事在先,委审事官 40 名一事在后。案件经扎尔固齐或审事官审问后,应送理政听讼大臣再加审问。

理政听讼大臣《清史稿·刑法志》称为"议政大臣"。依《清太祖高皇帝实录》记载,万历四十三年,置理政听讼大臣 5 人。④ 但依《满洲实录》记载,万历四十一年(1613年)正月,努尔哈赤征乌拉国时,已有五大臣之名,此五大臣为费英东(1564—1620)、何和里额驸(1561—1623)、达尔汉辖(1578—1623)、额亦都(1562—1621)、硕翁科罗(即安费扬古,1559—1622)⑤,可知五大臣之设置应在是年以前。又依《满文老档》记载,万历四十三年,努尔哈赤"遴选审理国事之公正贤能人士,擢为八大臣"⑥。依事理推断,努尔哈赤置五大臣一事在先,遴选八大臣一事在后。案件应经理政听讼大臣(五大臣或八大臣)审问,理政听讼大臣审问后,再由诸贝勒审问。

万历四十三年以前,参与议政和司法审判的贝勒可能有穆尔哈齐(1561—1620)、舒尔哈齐(1564—1611)、褚英(1580—1615)、代善(1583—1648)、阿敏(1586—1640)、莽古尔泰(1587—1632)和皇太极(1592—1643)等。

---

① 《清太祖高皇帝实录》卷 4,21 页。
② 同上。
③ 《满文老档》(汉译本),36 页。
④ 《清太祖高皇帝实录》卷 4,21 页。
⑤ 《满洲实录》卷 3,16 页。
⑥ 《满文老档》(汉译本),36 页。

万历四十三年那一年,除舒尔哈齐、褚英已死外,穆尔哈齐55岁、代善33岁、何敏30岁、莽古尔泰29岁、皇太极24岁。努尔哈赤其余诸子或地位较低,或年龄较小,尚难参与议政或司法审判。又案件经"众议既定"之后,应系由扎尔固齐(或审事官)向努尔哈赤"奏明三复审之事",由努尔哈赤做最后的裁决。万历四十三年以前,三复审的程序大体上是被遵守的。

无疑的,努尔哈赤握有司法审判上最后的裁决权。在万历四十三年以前,因属人不多,多数案件均由努尔哈赤亲自审理。虽然案件已经扎尔固齐(或审事官)、理政听讼大臣及诸贝勒"三复审"、努尔哈赤仍然亲自审理"更详问之,明核是非"。对于生杀予夺的司法大权,努尔哈赤是牢牢掌握的。

二 天命元年以后的司法审判机关

天命元年(1616年),努尔哈赤建后金国,即汗位,这个部族政权进入了新纪元。在天命朝十一年中,后金国在军事上不断取得胜利,政治、经济或司法审判上,也都有长足的进步。司法审判上三复审的制度依然维持着。

天命年间,后金国所属牛录数由约200个增加到约230个。① 此一时期牛录额真之掌有司法审判权,《满文老档》上有明确之记载:

> (天命六年)二月二十八日,顺兑牛录下之弓匠浑岱,曾于界藩及铁岭军中私匿马匹各一,其妻、弟首告于顺兑。顺兑未及时擒拿审理,后欲遣人拿问时,其人已闻讯而逃。按律拟顺兑父子以罪,各罚银二十两。②

上述《满文老档》之记载,即说明了牛录额真掌有"擒拿审理"之权力和职责。惟牛录额真只能审理轻微案件,比较重大的案件都必须移送上级司法机关三复审。

天命年间,三复审之初审系由审事官担任,而非由扎尔固齐担任。自万历四十三年努尔哈赤"委四十名为审事官"之后,扎尔固齐(或称理事大臣)之职能已为审事官所取代,在司法审判上已无实际作用。又依《清史稿》记载,迟至天命十一年(九月),皇太极始集诸贝勒定议裁撤扎尔固齐。③ 依《满文老档》记载,天命年间审事官的人数时有变更。天命七年三月,后金国

---

① 张晋藩、郭成康著:《清入关前国家法律制度史》,203页。
② 《满文老档》(汉译本),161页。
③ 《清史稿》卷144,《刑法三》。见鼎文版《清文稿》,4205页。

第二章 清入关前司法审判制度

"设诸申审事八人,汉审事八人,蒙古审事八人。"①　天命七年六月,努尔哈赤"特委任总兵官达尔汉辖……等十六人,审理国中各项案事。"②　此16人应系诸申审事官。天命八年二月,后金国"每旗设审事官二员,蒙古审事官八员,汉审事官八员"③。天命年间,仅有满洲八旗,并无蒙古和汉军八旗,此所谓"每旗设审事官二员"系指每旗设诸申审事官二员,八旗共设诸申审事官十六员。此一时期,诸审事官间已有为首审事官与末等审事官之别。④　又天命年间虽无蒙古和汉军八旗,但因已征服不少蒙古人和汉人,故设蒙古审事官(或审事)和汉审事官(或审事),审理有关蒙古人和汉人的诉讼案件。依三复审制度,审事官初审后,诉讼案件应送议政大臣(或都堂)复审。即《满文老档》上所谓"众审事审理后,报于大臣"⑤。

依《满文老档》记载,乙卯年(1615年),努尔哈赤"遴选审理国事公正贤能人士,擢为八大臣"⑥。自这一年起,议政大臣已是八大臣而非五大臣。惟因五大臣之名号由来已久,一时之间,尚难完全废弃不用。在实际运作上,天命七年以前三复审之复审系由议政大臣(即八大臣)担任。又须说明者,五大臣(费英东、何和里额驸、达尔汉辖、额亦都、安费扬古)自天命五年至天命九年即已陆续去世。

天命七年三月,后金国"设诸申大臣八员,汉大臣八人,蒙古大臣八人"⑦。依《满文老档》记载,案件经"大臣拟定后,奏于八王知"⑧　可知此二十四大臣均有司法审判权,惟其如何分工,目前因史料缺乏,尚难加以论述。

天命八年二月,后金国"八旗设都堂八员"⑨。八都堂是:乌尔古岱、阿布泰、扬古利、多璧、卓里克图、苏巴海、阿什达尔汉和贝托惠。⑩　都堂(du tang)系汉语,明代辽东之人称巡抚(其本职为都察院右御史)为"都堂",为辽东地区最高军政长官,后金国遂借用此一名称作为官称。都堂与议政大臣地位相当,又都堂与固山额真两者关系为何,是否为同一职务之异称,目前尚不明晰。

---

① 《满文老档》(汉译本),346页。审事满语为 duilesi,其意与 beidesi(审事官)相近。
② 同上书,382页。
③ 《满文老档》(汉译本),411页。
④ 同上书,163页。
⑤ 同上书,346页。
⑥ 同上书,36页。
⑦ 同上书,346页。
⑧ 同上。
⑨ 同上书,411页。
⑩ 同上。

天命八年二月设都堂八员以后,案件改由都堂复审。都堂复审后,依案件轻重,或告于诸贝勒,或进而奏闻于汗。

天命年间,参与议政和司法审判的贝勒,除四大贝勒(代善、阿敏、莽古尔泰和皇太极)外,其他众小贝勒台吉亦逐渐参与。天命六年正月,努尔哈赤与诸子侄盟誓子孙间勿相刑伤时,参与盟誓的除四大贝勒外,另有德格类(1596—1653)、济尔哈朗(1599—1655)、阿济格(1605—1651)、岳托(1599—1639)等四贝勒①。此四人应系最早参与议政和司法审判的贝勒。天命九年正月,努尔哈赤与蒙古巴约特盟誓时,参与盟誓的除上述八人外,另有阿巴泰(1589—1646)、宰桑古(生卒年分不详)、岳托(1599—1639)、硕托(?—1663)、萨哈连(1604—1636)等五人②。以上十三人应是天命年间参与议政和司法审判的主要人员。《清史稿》曰:"太祖建号后,诸子皆长且才,故五大臣没而四大贝勒执政。"③ 五大臣自天命五年后陆续去世,诸贝勒权势日隆,四大贝勒尤然。议政贝勒与议政大臣(即八大臣或八都堂)之地位相去日益悬殊,努尔哈赤建立之"亲贵议政制"逐渐确立,重大案件之司法审判由诸贝勒合议之,已然成为后金国之传统。

天命年间,因后金国属人增多,案件亦随之而增,努尔哈赤已不可能亲自审理所有案件。案件经大臣或都堂复审后,告于诸贝勒。一般案件诸贝勒核可后即可结案,重大案件则奏闻于汗,汗或亲自审理,或交由诸贝勒合议。事实上,乙卯年以前的三复审制度在实际司法运作上不一定被严格遵守。此一时期,专业的司法人员即审事官已然取得比较重要的地位,正式的审判程序逐渐形成,万历四十三年以前的家族统治形态也逐渐转变为国家统治形态。

天命六年(1621年),后金国进入辽沈地区,努尔哈赤将被征服之汉人纳入统治。天命七年正月,对于汉人案件之司法审判程序,努尔哈赤谕令:"诸凡案件,先交守堡、备御。守堡、备御审讯后,交参将、游击。参将、游击审讯后,交都堂、总兵官。都堂、总兵官审讯后,告于八贝勒。小事则由八贝勒共同审理结案。大事则奏闻于汗。"④ 依此一谕令,汉人案件,须经八旗各级官员之审讯,其审级为四级:(一)守堡、备御。(二)参将、游击。(三)都堂、总兵官。(四)八贝勒。

---

① 《清太祖武皇帝实录》卷3,见潘喆等编:《清人关前史料选辑》第一辑,363页。
② 同上书,379页。
③ 《清史稿》卷225,《列传十二》。见鼎文版《清史稿》,9190页。
④ 《满文老档》(汉译本),308页。

第二章 清入关前司法审判制度

总兵官以下各官原系明军官之官称。天命五年,"帝论功序爵,列总兵之品为三等,副(将)、参(将)、游击亦如之,其牛录额真俱为备御,每牛录下设千总四员。"① 依此可知,天命五年后,后金国将总兵官以下各官称作为世职,按军功大小加授,至八旗各级官员之官称则仍系固山额真、梅勒额真、甲喇额真和牛录额真。

上述汉人案件司法审判程序与女真人(诸申人)案件司法审判程序颇相类似,由八旗各级官员审讯之后,小事由诸贝勒审理结案,大事由汗作最后之裁决。

三　天命十一年九月以后的司法审判机关

天命十一年(1626 年)八月,努尔哈赤崩逝,皇太极即汗位,改元天聪。后金国司法审判制度再起变革。

牛录额真仍为后金国基层之司法审判机关,轻微案件自可审理结案。比较重大的案件则须送八旗佐管大臣(或调遣大臣)审问。

天命十一年九月,皇太极与诸贝勒定议,除八大臣(即八固山额真)外,设十六大臣"佐理国政,审断狱讼,不令出兵驻防"②。此即《清史稿·刑法志》所称之"佐管大臣"。又设十六大臣"出兵驻防,以时调遣,所属词讼,仍令审理"③。此即《清史稿·刑法志》所称之"调遣大臣"。八旗佐管大臣十六员和调遣大臣十六员均有司法审判权。八旗佐管大臣(或调遣大臣)就比较重大的案件加以初审。八旗佐管大臣(或调遣大臣)初审之后,便送八旗总管大臣复审。

天命十一年九月,皇太极与诸贝勒定议,设八大臣,"为八固山额真,总理一切事务"④。此即《清史稿》所称之"总管大臣"。总管大臣既总理一切事务,自掌有司法审判权。总管大臣复审后,奏明于汗。一般案件,汗核可后结案,重大案件汗或交由诸贝勒大臣合议,或亲自审理。

天聪初年(1627 年),为了抑制八旗诸贝勒的权力,皇太极特别提高八旗总管大臣(即固山额真)的地位,使其参与议政。此一时期,"凡议政处,(固山额真)与诸贝勒偕坐共议"⑤。透过议政人员的扩大,削减八旗诸贝勒的权力,逐步建立君主集权制。

---

① 《满洲实录》卷 6,8 页。
② 《清太宗实录》卷 1,11 页。
③ 同上。
④ 同上。
⑤ 同上。

天聪初年(1627年),皇太极的权力是受到限制的。即位之初,三大贝勒(大贝勒代善、二贝勒阿敏、三贝勒莽古尔泰)拥有相当大的权力。朝会时,皇太极与三大贝勒并坐理政,共同决定国家的政务。努尔哈赤晚年有意建立"八王共治"的政治体制,到了天聪初年,发展成"汗与三大贝勒共治"的局面。但是,这种局面,仅仅维持了短暂的时间。天聪四年六月,阿敏得罪,免死幽禁。天聪五年十月,莽古尔泰亦因罪丧失权势。天聪六年元旦朝贺,皇太极南面独坐。自此起,皇太极始握有绝对的政治权力。努尔哈赤"八王共治"的构想已然瓦解,但是后金国诸贝勒"共议国政"的传统却仍维持着。

此一时期,在司法审判上,遇有重大案件,皇太极常交由诸贝勒大臣会议决定,颇具氏族民主制的精神。诸贝勒大臣会议决定后,由皇太极做最后的裁决。

又天聪四年,后金国已有刑名衙门之名。① 惟因史料缺乏,其实际情形难以论述。

四 天聪五年七月以后的司法审判机关

天聪五年(1631年)七月,后金国引进明制,设立刑部,并于稍后明令适用《大明会典》,此一项措施造成后金国司法审判制度的巨大变革。皇太极的引进明制,是企图建立司法审判上的中央集权,削减诸贝勒大臣的司法审判权,集权于刑部而由皇太极掌握最高的司法审判权。

牛录额真仍掌有司法审判权,天聪五年七月,设立刑部后不久,皇太极以谕令规定了牛录额真得审理案件的范围:

> 各牛录额真所属,凡以粮食贷人者,止许取利一年,虽年久亦不得于利上加利。如犬啮牲畜至死者,以肉归畜犬之家,令其赔偿。若二人斗殴,不直者,依例责惩。毁衣服者,令偿之。死畜之肉,私分与人索价者,依例坐罪。以肉给告发之人,仍追价入官。如人堕水救出者,与价值之半。如盗人鸡鹜等类,及斧斤、衣服细物,并囊金、田稻、场内柴草者,依例坐罪。赏告告银三两。如豕入人田者,令送还本主,每次计豕罚银五钱,过三次,许赴告该牛录额真,即以其豕给之。如羊入人田者,计每只罚银二钱。骆驼牛马驴入人田者,计每匹头罚银一两,仍偿其禾。如逸出边外,与牧者银二两,边内一两,城内五钱。矢上不书名姓,被人拿获者,罚本人银二十两,以上诸项,俱令各该牛录额真,即行审

---

① 《清太宗实录》卷7,3页。

第二章　清入关前司法审判制度

结,事有大于此者,送部审理。①

此项谕令具体规定牛录额真得审理案件的范围,其范围颇广,包含民事(借贷、损害赔偿)、刑事(斗殴、毁损、窃盗)及行政(贩死畜肉、矢上不书姓名)案件。上述案件,"各该牛录额真,即行审结"。较重大的案件,则须"送部审理"。所谓"送部审理",是指送刑部或其他各部审理而言。

天聪五年七月,皇太极"集诸贝勒大臣议,爰定官制,设立六部"②。六部之中,以刑部与司法审判之关系最为密切,但户部、礼部、兵部等部亦对部分案件有司法审判权。此外,崇德元年(1636年)五月清设立都察院,崇德三年六月清将蒙古衙门改为理藩院。都察院与蒙古衙门亦掌有部分司法审判权。

天聪五年七月,后金国设立刑部以后,司法审判制度开始走向中央集权,与明之司法审判制度渐趋接近,但明之三法司制度则尚未能全盘移植于后金国。都察院迟至崇德元年始行设立,大理寺于清入关前始终未设立,故清入关前并无"三法司"之名,此一时期之司法审判,刑部之权独大。兹将此一时期有关之司法审判机关分述如后:

(一) 刑部

后金国初设六部时,均由诸贝勒管六部事,此即所谓管部贝勒。管部贝勒,六部各设一人,均由八旗贝勒担任。六部政务均由管部贝勒主持,六部承政等官,均须听命于管部贝勒,无权决定政务。

后金国初设刑部时,依《满文老档》之记载,其组织如下:③

刑部的贝勒:管理固山(旗)的贝勒,称为刑部的和硕贝勒。未管固山(旗)的台吉,称为刑部的台吉。

承政四人:蒙古一人,珠申二人,汉一人。

参政十四人:蒙古四人,珠申八人,汉二人。

启心郎四人:珠申二人,汉二人。

笔帖式十人:珠申八人,汉二人。

章京:每一牛录一人。

差人:每一固山(旗)二人。

---

① 《清太宗实录》卷 9,16～17 页。
② 同上书卷 9,11～12 页。
③ 见中央研究院历史语言研究所藏满文老档残叶,转引自李学智撰辑:《老满文原档论集》,156 页。

惟依《清太宗实录》记载,初设刑部时,管部贝勒为济尔哈朗。管部贝勒之下设承政五人(满洲二人,蒙古一人,汉二人),参政八人,启心郎一人。① 与满文老档之记载相较,除管部贝勒外,两者出入甚大：

1. 承政(aliha amban)② 人数：《满文老档》为承政四人(蒙古一人,珠申二人,汉一人)。清太宗实录为承政五人(满洲二人,蒙古一人,汉一人)。

2. 参政(ashan i amban)③ 人数：《满文老档》为参政十四人(蒙古四人,珠申八人,汉二人)。清太宗实录为参政八人。(民族别不详)

3. 启心郎(mujilen bahabuku)④ 人数：《满文老档》为启心郎四人(珠申二人,汉二人)。《清太宗实录》为启心郎一人(满洲一人)。

有关刑部组织之记载,《满文老档》与《清太宗实录》两者详简不同,惟依有关史料推断,自以《满文老档》之记载较为真确。

天聪五年七月以后,后金国之司法审判迈入新纪元,八旗佐管大臣、总管大臣(固山额真)和八旗诸贝勒的司法审判权大部分已被剥夺,权限大为缩减。八旗诸贝勒大臣原则上仅得审理汗所交付合议之重大案件。

崇德三年(1638年)七月,皇太极命吏部管部贝勒睿亲王多尔衮更定六部、都察院、理藩院官制。刑部管部贝勒仍为济尔哈朗。管部贝勒之下,设承政一人,参政五人(满洲二人,汉二人,蒙古一人),理事官六人,副理事官八人,启心郎三人(满洲一人,汉二人),主事二人。⑤ 此一组织型态维持至崇德八年入关前夕。

后金国虽然引进明制,设立六部,但仍不得不考虑其国情,而有所斟酌损益。六部管部贝勒之设置即为后金国所独创,国家政务由六部贝勒共议决定,大体上仍维持着后金国诸贝勒"共议国政"的传统。天聪初年,皇太极虽已打破"八王共治",但对诸贝勒"共议国政"的传统权力仍不得不予以尊重。直至崇德八年,皇太极始谕令废止诸贝勒管部事,进一步削减诸贝勒的权力。

在司法审判上,设立刑部后,司法审判工作改由承政、参政、理事官、副

---

① 《清太宗实录》卷7,3页。
② 承政一词,满文为 aliha amban,原义为"承当大臣",清入关前译为承政,后译为尚书。
③ 参政一词,满文为 ashan i amban,原义为"两侧大臣"。清入关前译为参政,后译为侍郎。
④ 启心郎一词,满文为 mujilen bahabuku,原义为"得心之官"。汉译为启心郎,尚称允当。按启心郎一职,来源极早,依《满文老档》,天命八年二月,努尔哈赤于八旗各设挂文之人四人,为汗监察八旗诸贝勒,此挂文之人应即系启心郎之前身。按天聪五年设立六部时,后金国未设都察院,亦未设六科,仅于六部设置启心郎,授以监察之权,借以控制六部。俾集权于汗,启心郎之职务有类于清入关后之六科给事中。
⑤ 《清初内国史院满文档案译编》(上),341～342页。

理事官等掌理,其职称虽与明制之尚书、侍郎、郎中、员外郎等有异,但其职掌则相同。天聪年间,刑部管部贝勒犹有实权,刑部各官须向其负责。惟崇德以后,刑部管部贝勒权力渐被架空,刑部各官已直接向皇帝负责。由崇德年间之《盛京刑部原档》(汉译名)中可以发现,绝大多数案件由参政、理事官或副理事官(一至四人不等)审理后,即直接向皇帝奏闻,由皇帝裁决,刑部管部贝勒已少实际作用。后金国司法审判制度已逐渐趋向明制,君主集权之势已然形成。

(二) 户部

后金国初设户部时,依《满文老档》之记载,其组织如下:①

户部的贝勒:管理固山(旗)的贝勒,称为户部的和硕贝勒。未管固山(旗)的台吉,称为户部的台吉。

承政十四人:蒙古四人,珠申八人,汉二人。

启心郎四人:珠申二人,汉二人。

笔帖式十八人:珠申十六人,汉二人。

仓长十人:珠申八人,汉二人。

税课长:珠申八人,汉四人。

章京:每一牛录一人。

差人:每一札阑一人。

惟依《清太宗实录》记载,初设户部时,管部贝勒为德格类。管部贝勒之下,设承政四人(满洲二人,蒙古一人,汉一人),参政八人,启心郎一人。②此项记载与《满文老档》之记载颇为不同,依有关史料推断,以《满文老档》之记载较为真确。

崇德三年七月,清更定官制,户部管部贝勒改由皇太极长子豪格(1609—1648)担任。管部贝勒之下,设承政一人,参政五人(满洲二人,汉二人,蒙古一人),理事官十人,副理事官十六人,启心郎三人(满洲一人,汉二人),主事二人。③

清入关前并无严格之民事与刑事案件之分,但户部有权审理有关户部主管业务之部分案件。如有关人丁、牲畜、违法出边贸易等案件,例如:

---

① 见中央研究院历史语言研究所藏满文老档残叶,转引自李学智撰辑:《老满文原档论集》,154~155页。

② 《清太宗实录》卷9,11页。

③ 《清初内国史院满文档案译编》(上),341页。

崇德四年十一月初五日,多罗饶余贝勒(阿巴泰)出征,以筹备军饷,遣其家人吴希特依、沃吉伦取其何济拜牛录下毛巴里怀胎牛一头,携至军营。后以弗准,自军营送回,牛主索之,不与,宰之用于宴。于是,毛巴里携牛犊讼于户部,审实,议以饶余贝勒身为贝勒,不欲瞻养贫穷,反取穷民怀胎牛用于宴,此例国中弗有,遂治其罪,尽夺其牛群入官。①

(三) 礼部

后金国初设礼部时,依《满文老档》之记载,其组织如下:②

礼部的贝勒:管理固山(旗)的贝勒,称为礼部的和硕贝勒。未管固山(旗)的台吉,称为礼部的台吉。

承政四人:蒙古一人,珠申二人,汉一人。

参政十四人:蒙古四人,珠申八人,汉二人。

启心郎四人:珠申二人,汉二人。

笔帖式十人:珠申八人,汉二人。

章京:每一牛录一人。

差人:每一札阑一人。

惟依《清太宗实录》记载,初设礼部时,管部贝勒为萨哈连。管部贝勒之下,设承政四人(满洲二人,蒙古一人,汉一人),参政八人,启心郎一人。③此项记载与《满文老档》之记载颇为不同,依有关史料推断,以《满文老档》之记载较为真确。

崇德三年七月,清更定官制,礼部管部贝勒改由多铎(1614—1649)担任。管部贝勒之下,设承政一人,参政五人(满洲二人,汉二人,蒙古一人),理事官四人,副理事官六人,启心郎三人(满洲一人,汉二人),主事二人。④

礼部有权审理有关礼部主管业务之部分案件。如有关邪教之案件,例如:

崇德七年五月戊寅(初十日),镶红旗牛录章京济马护家善友邪教李国梁左道惑众,潜怀异心,为其主母告于户部。比质问,供有一用印

---

① 《清初内国史院满文档案译编》(上),441页。
② 见中央研究院历史语言研究所藏满文老档残叶,转引自李学智撰辑:《老满文原档论集》,155页。
③ 《清太宗实录》卷9,11页。
④ 《清初内国史院满文档案译编》(上),341页。

札付,据送礼部,讯实,……部议俱应论死。①

（四）兵部

后金国初设兵部时,依《满文老档》之记载,其组织如下:②

兵部的贝勒:管理固山（旗）的贝勒,称为兵部的和硕贝勒。未管固山（旗）的台吉,称为兵部的台吉。

承政四人:蒙古一人,珠申二人,汉一人。

参政十四人:蒙古四人,珠申八人,汉二人。

启心郎四人:珠申二人,汉二人。

笔帖式十八人:珠申十六人,汉二人。

章京:每一札阑一人。

惟依《清太宗实录》记载,初设兵部时,管部贝勒为岳托。管部贝勒之下,设承政四人（满洲二人,蒙古一人,汉一人）,参政八人,启心郎一人。③此项记载与《满文老档》之记载颇为不同,依有关史料推断,以《满文老档》之记载较为真确。

崇德三年七月,清更定官制,兵部管部贝勒仍为岳托。管部贝勒之下,设承政一人,参政五人（满洲二人,汉二人,蒙古一人）、理事官十人,副理事官十人,启心郎三员（满洲一人,汉二人）,主事二员。④ 兵部有权审理有关兵部主管业务之部分案件,如有关围猎违律之案件。清初极重畋猎,围猎时必勒以军律,违者由兵部逮捕、审理。崇德三年三月初六日,席翰、康喀赖等围猎违律,即由兵部审理定罪。⑤ 但违反军律案件大部分仍送刑部审理。少数案件或由兵部、刑部二部会议审理,崇德六年六月十六日兵部、刑部二部会审萨穆什喀等即为一例。⑥

（五）都察院

崇德元年年初,清设立都察院。⑦ 设立时并未仿照六部之例,设总管贝勒。仅设承政、参政等官,人数不详。

---

① 《清太宗实录》卷60,24页。
② 见中央研究院历史语言研究所藏满文老档残叶,转引自李学智撰辑:《老满文原档论集》,155~156页。
③ 《清太宗实录》卷9,11页。
④ 《清初内国史院满文档案译编》（上）,341页。
⑤ 《清太宗实录》卷41,4页。
⑥ 《清太宗实录》卷55,24页。
⑦ 依《满文老档》,崇德元年二月十三日授诸臣冠饰时,尚不见察院之名,同年五月十四日始见都察院之名,依此,可推断都察院约设立于崇德元年二月至五月间。

崇德三年七月,清更定官制。都察院设承政一人,参政四人(满洲一人,汉二人,蒙古一人),理事官六人(满洲二人,汉二人,蒙古二人)。①

清设立都察院系引进明制之进一步措施。都察院职司监察及谏诤,上自皇帝,下至文武官员,都察院均有权稽察参劾。有权稽察官员者,除都察院外,尚有礼部、吏部等衙门,但都察院为皇帝之耳目,稽察官员时有权参劾,显然最为重要。此一时期,因清尚未采行三法司制度,故都察院基本上仍系监察机关,但重大犯罪案件,汗交付贝勒大臣等合议时,都察院官员得与六部官员等参与司法审判,亦掌有部分司法审判权。又都察院参劾官员后,常即移送刑部审理。②

(六) 理藩院

理藩院之前身为蒙古衙门,为后金国独创之衙门。蒙古衙门设立时间,目前尚难确定。依《清太宗实录》,天聪八年(1634年)五月即有关于蒙古衙门之记载。③ 惟论者多谓蒙古衙门设立于崇德元年(1636年)。设立时,亦未仿照六部之例,设总管贝勒,仅设承政、参政等官,人数不详。崇德三年六月,蒙古衙门更名为理藩院。同年七月,清更定官制,仍未设总管贝勒。仅设承政一人,参政二人,副理事官八人,启心郎一人。④

理藩院有权审理有关于外藩蒙古之案件。天聪初年未设蒙古衙门以前,外藩蒙古人民犯罪,由外藩蒙古贝勒自行审理。贝勒犯罪,则由诸贝勒自行定议后奏闻。⑤ 此后后金国逐渐加强对外藩蒙古的司法管辖。天聪七年,皇太极曾"命贝勒济尔哈朗、萨哈廉往外藩蒙古处审事定制。"⑥ 按是年,济尔哈朗为刑部管部贝勒,萨哈廉为礼部管部贝勒。自后金国派遣两位管部贝勒往外藩蒙古处审事乙事看来,毫无疑问的,后金国对外藩蒙古案件掌有司法审判权。

崇德元年蒙古衙门设立以后,外藩蒙古案件则由蒙古衙门(或理藩院)承政等官会同外藩蒙古亲王、郡王、贝勒等审理。例如:

> 崇德元年十月丁亥(十六日),命内弘文院大学士巴克什希福、蒙古衙门承政尼堪,偕都察院承政国舅阿什达尔汉、蒙古衙门承政塔布囊达

---

① 《清初内国史院满文档案译编》(上),342页。
② 同上书,336、351页。
③ 《清太宗实录》卷18,31页。
④ 《清初内国史院满文档案译编》(上),342页。
⑤ 《清太宗实录》卷5,15页。
⑥ 《清太宗实录》卷14,30页。

第二章　清入关前司法审判制度

雅齐往察哈尔、喀尔喀、科尔沁国,查户口,编牛录,会外藩,审罪犯,颁法律,禁奸盗。①

崇德三年七月癸未(十七日)遣都察院承政国舅阿什达尔汉、蒙古衙门承政塞冷、尼堪等往古尔班察干地方颁赦诏,并会同外藩蒙古科尔沁国亲王、郡王、贝勒清理刑狱。②

如案件涉及外藩蒙古诸王,因事关重大,常先交理藩院审讯,拟罪奏闻后,再由六部有关官员及外藩蒙古王公,会同理藩院诸官共同复审。例如:

崇德六年六月辛亥(初七日),……遂将翾格梅、古彻木付理藩院审讯,乃系纳恰欲委罪已故之俄齐尔,以脱王罪,故令众人首告。古彻木、翾格梅实不知情,应释放。纳恰、赛泰诳言诬捏,代王脱卸,应俱论死。奈曼达尔汉郡王衮出斯巴图鲁应革去王爵,夺其户口,并夺俄齐尔所属人丁。奏闻,上复命和硕郑亲王济尔哈朗、多罗武英郡王河济格、多罗贝勒多铎、固山贝子博洛、尼堪,及外藩科尔沁土谢图亲王巴达礼、卓礼克图亲王吴克善、巴图鲁亲王满朱习礼、东果尔、翁牛特部落查萨衮达尔汉戴青、穆章、吴喇忒部落吴本、土默特部落查萨衮达尔汉、喀喇沁部落塞冷等,会同参政塞冷、副理事长诺木图、艾松古再加确讯。③

按是年,济尔哈朗为刑部管部贝勒,多铎为礼部管部贝勒,博洛、尼堪等应系刑部或礼部的台吉,塞冷、诺木图、艾松古则系理藩院官员。参与本案复审的官员达十六人之多,司法审判程序极为慎重。

(七) 其他衙门及官员

1. 吏部:吏部有时参与部分特殊案件之审判,如崇德七年十月二十九日,札喀纳、阿济格等元妃丧时歌舞作乐被控,即由刑、吏、礼三部会议审理,此种"数部会议"审理案件的方式,可说是入关后九卿会议、会审的起源。

2. 三顺王:三顺王指明降将恭顺王孔有德、怀顺王耿仲明、智顺王尚可喜。天聪七年五月,孔有德、耿仲明来降时,皇太极谕曰:"唯用刑、出兵二事,当来奏闻。"④ 但事实上,三顺王对属下轻微案件,得自行审理。惟重大

---

① 《清太宗实录》卷 31,16 页。
② 《清太宗实录》卷 37,17 页。
③ 《清太宗实录》卷 56,5 页。
④ 《清太宗实录》卷 14,5 页。

案件,则非三顺王所能审理。但即使是轻微案件,三顺王审断之后,仍须送内秘书院。① 可知三顺王之司法审判权极为有限。

3. 统兵主帅:统兵主帅出征时对官兵握有专杀之权,崇德三年八月,皇太极颁授扬武大将军多罗贝勒岳托敕文内载:"参游以下,有败阵及违军律者,先斩后奏。"② 统兵主帅既握有专杀之权,自亦掌有司法审判权。

4. 宗室觉罗会议:宗室觉罗会议是临时性司法审判机关。宗室觉罗犯罪时,皇太极有时传集众宗室觉罗会议审理,惟其组成人员并不一定。例如:

> 崇德四年六月丁未(二十一日),命内国史院大学士刚林、学士罗硕、刑部承政索海、启心郎额尔格图等,传集觉罗布尔吉、萨璧翰、色勒、奥塔、姚塔、郎球等至刑部,令巴布赖跪,谕……尔等将巴布赖之罪,公议具奏。于是众议巴布赖应论死,布尔吉、克什图应送刑部勘问。③

5. 诸王贝勒大臣会议:诸王贝勒大臣会议是临时性司法审判机关。这种会议都是奉旨举行的。特别重大案件如涉及宗室觉罗案件或案情极为严重的案件,刑部审理完结后,汗有时会发交诸亲王、郡王、贝勒、贝子、八旗固山额真、六部二院(都察院、理藩院)承政、八旗议政大臣等复审,会议复审拟罪后奏闻,由汗(或皇帝)裁决。例如:

> 崇德三年七月戊寅(十七日),和硕额驸额尔克戴青偕巴图鲁詹,与妓狎,解朝带与之。巴图鲁詹呈首,下法司鞫之。应革职,以别子承袭,与和硕公主离异,不许侍上左右,仍罚银一百两。奏闻,上命亲王、郡王、贝勒、贝子、固山额真及承政于崇政殿会议,议如前。奏闻,上命免罪,饿禁二昼夜。④

> 崇德三年八月巳未(廿九日),先是巴彦获罪,其家人满都户、阿哈丹入官,拨给绰和络,至是满都户告于法司云……及质审,……后诸王、贝勒、贝子、固山额真、议政大臣等复议。……⑤

---

① 《明清史料》丙编,第一本,14页。
② 《清太宗实录》卷43,21页。
③ 《清太宗实录》卷47,16~19页。
④ 《清太宗实录》卷42,18页。
⑤ 《清太宗实录》卷43,23~24页。

诸王贝勒大臣会议的范围有时扩大至诸王以下,八旗梅勒章京及六部参政以上,俾审理特别重大案件,这种会议参与审判人员高达百人,可说是大型的"诸王贝勒大臣会议"。例如:

> 崇德六年七月乙酉(十一日),(内大臣)图尔格等又奏,兵部多罗贝勒多铎,将武英郡王首先招徕锦州之蒙古,冒称己所招降,罪一。又将鳌拜击败步兵之功,冒为己功,罪二。敌攻山营时,武英郡王遣兵助战,击败敌兵,多铎冒称为己所遣,罪三。多铎应革贝勒爵,解部任,罚银五千两。多铎欲辩,不服罪。及遣人往问,又拒不纳。奏闻,上命诸王以下,梅勒章京及参政以上集于笃恭殿会审。①

更有一种大型审判会议,由"诸贝勒、八大臣、六部各官及满汉蒙古闲散各官,自博什库以上会审"②,其规模更为庞大,惟并不多见。

6. 内三院大学士、学士:

内三院的前身是文馆。文馆的起源很早,清太祖天命时期应已设有类似的机关,但并无文馆之名,地位并不重要。"天聪三年四月丙戌(初一日)朔,上(皇太极)命儒臣分为两直,榜式达海及刚林等翻译汉字书籍,榜式库尔缠及吴巴什等记注本朝得失。名曰文馆。"③ 文馆仅设榜式数人,并无首长。此一文馆,满人称之为 bithei boo,或译音为"笔特赫包",或译义为"书房"。④ 天聪六年正月初八日,bithei boo(书房)又易名为 bithei yamen(书衙门)。⑤ 名称的改变显示其逐渐成为重要之政府机关。

"天聪十年三月辛亥(六日),改文馆为内三院,一名内国史院,一名内秘书院,一名内弘文院,分任职掌。"⑥ 比照六部,设承政、大学士、学士、举人、生员等官。三院之中,内秘书院"掌录各衙门奏疏及辨冤词状"⑦,地位最为重要。

内三院大学士、学士有时奉命其他与满洲官员出使蒙古,与外藩蒙古王公共同审理案件。崇德元年内弘文院大学士巴克什希福即曾奉派至外藩蒙

---

① 《清太宗实录》卷 56,17 页。
② 《清太宗实录》卷 12,25 页。
③ 王先谦:《东华录·天聪四》。
④ bithe,汉译为书,boo,汉译为房。
⑤ 《满文老档》(汉译本),1192 页。
⑥ 《清太宗实录》卷 28,2 页。
⑦ 同上书,3 页。

古审理罪犯。①

部分特别重大案件，内三院大学士、学士亦有时被奉派参与会审。如前述崇德四年六月，内国史院大学士刚林、学士罗硕之参与巴布赖案之审判②，又如前述崇德六年七月，内三院大学士范文程、希福、刚林之参与多铎案之审判③，均为著例。

清入关前司法审判机关，颇具民族特色，后因政治情势的演变，司法机关数度变革，每次变革都与其政治上的扩张有关。总括言之，司法审判机关愈来愈专业化，其规模也愈来愈大。在天聪五年七月引进明制设立刑部后，此种情况更趋明显。在此次变革后，清的司法审判机关虽仍未采行三法司制度，但其组织型态已颇类似明的司法审判机关。

第三节　清入关前司法审判程序

后金国建立前满洲各部族并无有关司法审判的成文法，所有民事、刑事案件的审判程序，均以部族习惯法为主要依据。后金国建立后，努尔哈赤始以谕令，针对部分司法审判事项加以规定。至皇太极即汗位后，透过司法审判的实践与发展，后金国的司法审判程序逐步确立。很明显的，迄至清入关前，部族习惯法和汗的谕令支配着清的司法审判程序。虽然此一时期成文法极少，但我们仍可从《满文老档》各个案例中寻找出清入关前的司法审判程序。

由于清是一个由部族发展至国家的政权，其司法审判程序自然是由简而繁，由粗疏而渐至完备。本文叙述清入关前司法审判程序，以天聪五年七月设立刑部以后之制度为主，而以设立刑部以前的制度为辅。

一　总　论

（一）当事人

清入关前，满洲社会仍为氏族社会，社会阶层划分严格，贵族（指宗室觉罗）、平民（指旗人）与奴隶（指包衣）因其身份不同，其在法律（含司法审判）上的地位也不相同。简言之，贵族与平民方有完全的当事人能力（系诉讼法上之权利能力，亦即于诉讼上得为权利义务主体之资格），奴隶仅有不完全

---

① 《清太宗实录》卷31，16页。
② 《清太宗实录》卷47，16页。
③ 《清太宗实录》卷56，13页。

的当事人能力。

中国自古以来,社会各阶层的法律地位是不平等的。奴隶(奴仆,以下同。)的当事人能力受到不平等的限制。由于主人对奴隶拥有强制、责罚的权力,因此,奴隶常受到主人侮辱、伤害、强奸,甚至杀害。先秦时代,奴隶受到上述侵害时,主人并无法律责任。对于上述侵害,奴隶无当事人能力,自然更无诉讼能力(系诉讼法上之行为能力,亦即于诉讼上得为有效诉讼行为之资格)。汉代以后,奴隶的身体权和生命权较受法律之保障,主人不得非刑及擅杀奴隶。唐律和宋律均规定主人擅杀奴婢应受刑罚:"诸奴婢有罪,其主不请官司而杀者,杖一百,无罪而杀者,徒一年。"① 明清律亦有类似规定,其刑罚均极轻。清入关前,与明相同,奴隶的法律地位低下,仅有不完全的当事人能力,奴隶遭受主人非刑或擅杀时,主人始负法律责任。《满文老档》天命七年六月十九日记载:"阿纳之妻,无视法制,烙其婢女私处,曾治阿纳妻以死罪。后免其死,刺其耳鼻。"② 由此一案例可知,奴隶受主人非刑时,奴隶有当事人能力。至于奴隶遭主人擅杀时,奴隶亦有当事人能力,自不待言。

至于清入关前当事人的诉讼能力,与当事人的当事人能力类似,即贵族和平民有完全的诉讼能力(但平民妇女的诉讼能力有限制),奴隶则仅有不完全的诉讼能力。

由于奴隶仅于遭受主人非刑或擅杀时,始具有当事人能力,受到法律之保障,故原则上,奴隶仅于此二类案件具有诉讼能力。对于其他类型的案件,奴隶无诉讼能力。

依中国旧律,奴隶不但于多数案件无诉讼能力,甚至连告发(首告、讦告、举首、举发)权也受到剥夺。唐律和宋律均规定:"诸部曲、奴婢告主,非谋反、逆、叛者,皆绞。"③ 明清律亦有类似规定,这是因为中国旧律认为奴隶如同主人之子孙,理应相容隐,故原则上奴隶不得告发主人。但清入关前,允许奴隶告发主人,也允许旗人告发旗主,这是因为女真(满洲)社会的伦理观念与汉族社会不同,因之形成女真(满洲)独特的部族习惯法。《满文老档》天命八年七月二十一日记载,都堂下书曰:"我国之内,凡首告贪赃枉法,榨取民财,以及叛逃之罪者,倘有虚假,首告者亦不反坐。"④ 此项规定

---

① 《唐律疏议》卷22,《斗讼》,"主杀有罪奴婢"条。《宋刑统》卷22,《斗讼》,"主杀有罪奴婢"条。
② 《满文老档》(汉译本),388页。
③ 《唐律疏议》卷24,《斗讼》,"部曲奴婢告主"条。《宋刑统》卷24,《斗讼》,"奴婢告主罪"条。
④ 《满文老档》(汉译本),550页。

鼓励告发，与中国旧律之精神大相径庭。此项规定虽未指明得首告者的范围，但由《满文老档》许多案例中得知，旗人和奴隶确实拥有告发权。皇太极即云："太祖时，凡讦告诸贝勒者，准其离主，听所欲往。"① 这不但指旗人讦告贝勒的情形，也包括奴隶讦告贝勒的情形。

天聪五年七月八日设立六部之日，皇太极更以汗谕公布了"离主条例"（共六条）。② 使旗人和奴隶的告发权更进一步受到保障。旗人和奴隶告发主人得实者，旗人可以另投旗主，奴隶可以断离本主（拨与他人为奴），甚至可以开户为民，脱离奴隶身份。告发权虽与诉讼能力不同，但因奴隶拥有告发权，使得清入关前主人不致任意凌虐奴隶。旗主之于旗人亦同。单就告发权而言，清入关前之制度自较明制为佳。

至于平民妇女的诉讼能力是受到限制的。女真（满洲）社会妇女的法律地位是较低下的，天命时期夫犯窃盗罪时，妻须告发，妻如不予告发，则须受刑罚。《满文老档》天命八年七月二十六日即记载："因永顺行盗，(妻未首告)故杀永顺之妻。"③ 永顺反未被处死，可为例证。综观清入关前之案例，平民妇女自行告诉者极少，通常平民妇女遭受侵害时，由其夫或其亲属代为告诉。《满文老档》天命八年二月二十七日即记载，"郎善章京为其妻（遭色勒阿哥击瞎双目事）首告之"④。由此一案例可知，平民妇女的诉讼能力是受到限制的。

(二) 代书

明中期以后，女真文字不再通行，当时之女真（满洲）社会并无本族之文字。万历二十七年，努尔哈赤命额尔德尼、噶盖创制文字，女真族（满族）始有文字。此种文字，日后被称为"满文"。依事理推断，能使用满文的族人必定不多，族人告诉时，自系口头告诉者居多。满文较为通行，应在后金国建立之后。天命五年已有关诉状之记载："国人有何言欲诉于汗者，无需亲至汗前，可将欲诉之言，书写成文。"⑤ 但本项记载并未论及书写成文之人是否为本人，据推断，当时必已有代书之人。崇德元年始有有关代书之规定："满洲、蒙古、汉人凡有奏上及告状等项，代书者务要照本人情辞书写，后写代书的名字，如有代书笔帖式分别假捏情辞，不写自己姓名，问以应得之罪，

---

① 《清太宗实录》卷9,13页。
② 同上。
③ 《满文老档》(汉译本),553页。
④ 同上书,427页。
⑤ 同上书,145页。

无代书的名字,不准。"① 这项规定迄清入关前均有效力。

(三) 回避

清入关前司法审判并未施行回避制度,《满文老档》中颇多由宗室觉罗参与审判之有关宗室觉罗犯罪案件。惟此时参与审判之宗室觉罗不得徇庇犯罪之宗室觉罗,否则,须受刑罚。如崇德七年十月初四日,奉旨参与审判之管兵部贝勒多铎即因于未质讯之先,徇庇通信于犯罪之武英郡王阿济格而受刑罚。② 按本案中之多铎与阿济格系同胞兄弟,可知清入关前有关宗室觉罗案件之审判并未施行回避制度。至于有关平民案件是否施行回避制度,因无具体案例佐证,目前尚难断言。

清入关前司法审判虽未施行回避制度,但与已有关案件应予回避之观念则确实存在。如天聪五年十月二十三日,大贝勒(代善)及众台吉议莽古尔泰罪,"议此罪时,汗曰:'此事与我有关,我不参与。'遂未参与,由大贝勒及众台吉定拟之。"③

(四) 证据

天命时期司法审判有关证据之案例极少,目前尚难论述。天聪以后,制度渐立。天聪五年七月,皇太极曾明白谕示见证之重要性:

> 听讼务时持其平,谳狱贵得其实。尔司刑诸臣,审理民事,于两造未陈,当即拘见证,同众面鞫,庶有实据。若不速问见证,两造知觉,潜相嘱托,支饰避罪,则审断安得公平。自今以后,不先取见证口供,致事有冤抑者,即按事之大小,坐以罪。④

清入关前法司审判时,常将案件之有关人证传集于法司,而加以讯问,贵族、平民或奴隶均可为证人。证人应据实陈述,如不据实陈述,则坐以罪。如崇德六年正月,议政大臣赖慕布因于武英郡王阿济格擅行畋猎乙案作证时不以实对,即坐以应得之罪。⑤

清入关前司法审判,亦重视物证。赃物、文书等均可作物证。赃物之得

---

① 《清太宗实录稿本》,页12。转引自张晋藩、郭成康著:《清入关前国家法律制度史》,579~580页。
② 《清太宗实录》卷63,3~4页。
③ 《满文老档》(汉译本),1161~1162页。
④ 《清太宗实录》卷9,页14。
⑤ 《清太宗实录》卷54,15页。

为物证,见天命七年正月,额尔德尼巴克什受贿乙案。① 文书之得为物证,见崇德三年固山额真阿山诳言未陈奏石桥会战事乙案。②

法司审判时,如犯罪证据不足,被告可获无罪之判决,崇德七年六月,哈哈纳与伊勒慎口角侵上乙案,即因证据不足而免议。③

女真(满洲)社会敬天畏祖,宗教对族人具有相当的拘束力。法司审判时,如两造各执一词,难辨是非时,法司有时"令(证人)誓于神",以示所言确为真实。天聪五年二月,代青父子诬告阿济格六事一案,其第一款诬告罪内即曾提及证人古尔布什誓于神乙事。④ 此种令证人誓于神之制度,类似欧陆法制证人为证言前之宣誓制度。

(五) 管辖

清入关前,社会阶层有贵族(指宗室觉罗)、平民与奴隶之分。民族成分则有满洲、蒙古与汉人之别。法司审判时,其案件之管辖有所不同。

天聪五年七月设立刑部后,平民与奴隶案件通常由刑部管辖审理。宗室觉罗案件则常由宗室觉罗会议审理,此于论述清入关前司法机关时,已有论及。天聪元年十二月,三大贝勒及诸贝勒审理台吉阿巴泰一案⑤,即为例证。此种宗室觉罗会议有时亦有大臣参与审判,崇德元年六月,和硕亲王、多罗郡王及大臣等审理多罗饶余贝勒阿巴泰一案⑥,即有大臣参与审判。

天聪五年七月设立刑部后,满洲、蒙古旗人案件通常由刑部管辖审理。外藩蒙古案件则由蒙古衙门(或理藩院)会同外藩蒙古王公管辖审理。汉人案件亦由刑部管辖审理,但汉人案件于法司内部之分工早期曾经变革数次。天聪元年以前,女真(满洲)与汉人案件"同在一处审事"。天聪二年,"设立汉官分审(汉人案件)","金官审金人事,汉官审汉人事。"天聪五年七月设立刑部后,"汉官与金官同审(满洲、汉人案件)"。⑦

二 审前程序

法司审理案件前施行之各种程序,谓之审前程序。清入关前,法司审理案件事由颇多,原告之告诉、第三人之首告(即告发、检举)、人犯之自首、官

---

① 《满文老档》(汉译本),298页。
② 《清太宗实录》卷43,5~6页。
③ 《清太宗实录》卷61,15页。
④ 《清太宗实录》卷8,页14。
⑤ 《满文老档》(汉译本),871页。
⑥ 同上书,1451页。
⑦ 参见罗振玉编:《天聪朝臣工奏议》,见潘喆等编:《清入关前史料选辑》,3页。

员之参劾及六部之移送等,均为法司准理案件之事由。案件如系命案或斗殴案,须检验。审讯前,原告被告及证人须传唤。被告案情重大的,须拘提。犯罪嫌犯已逃亡的,须缉捕。情节较重人犯,又须监禁(即今之羁押)。清入关前,法司审理案件前之程序,颇为完备。兹分述如后:

(一)准理(准予受理案件)

清入关前,法司并无现代审判机关与检察机关之分。实际上,审判与检察是合一的,均为法司之职掌。法司准予受理案件,谓之准理。告诉、首告、自首、参劾和移送是主要之准理事由。

1. 告诉

告诉又称讦告、控告或呈控。后金国未设刑部以前,制度尚未划一,女真人如有诉讼,或向八旗牛录额真、固山额真、理事大臣、议政大臣或八旗主旗贝勒等告诉,由诸贝勒大臣移送法司审理。或径向法司告诉,由法司立案受理。亦有直接向汗告诉者,《满文老档》天命五年六月初四日记载努尔哈赤对直诉者之谕令:"国人有何言欲诉于汗者,无需亲至汗前,可将欲诉之言,书写成文,悬于门外所立之二木上,阅其诉词,酌情审理。"① 告诉之方式,初以口头告诉者居多,后渐有以书面告诉者。

后金国设立刑部后,司法审判集于刑部。满洲人向八旗官员、大臣或主旗贝勒告诉者渐少,大多数均直接向刑部告诉,由刑部立案受理。崇德初年,皇太极对告诉作出规定:"凡有告理者,或被断屈者,许先在刑部告诉,若刑部不为断理,将审事大人的名字明写,赴都察院告诉,都察院审明转奏。若竟投驾前告诉者,照例打鞭子。"② 若案件未经刑部审结,而赴告都察院者,原则上都察院不应受理。崇德元年五月,皇太极谕都察院诸臣时即云:"凡人在部控告,该部王及承政未经审结,又赴告于尔衙门者,尔等公议,当奏者奏,不当奏者公议逐之。"③

2. 首告(告发)

清入关前,因法令严苛,国人易触法网。第三人首告(告发)之风盛行,《满文老档》中有关首告之案例极多,有贵族首告贵族者,有平民(旗人)首告平民(旗人)者,有贵族首告平民者,有平民首告贵族者。更有奴隶(奴仆)首告家主者,以及旗人首告旗主者。由于部族习惯法的不同,清入关前允许奴隶首告家主以及旗人首告旗主,而且首告得实者,准其离主。天聪五年七

---

① 《满文老档》(汉译本),145页。
② 《清太宗实录稿本》,9页。转引自张晋藩、郭成康著:《清入关前国家法律制度史》,580页。
③ 《清太宗实录》卷29,6页。

月,皇太极更公布了"离主条例",以法律保障旗人和奴隶的告发权。

首告谋反、谋叛等大罪经审实者,首告者可获升赏。努尔哈赤时期即已如此,皇太极时期,亦不乏事例,如天聪九年十二月,冷僧机因告发莽古尔泰谋反罪,得授世袭三等梅勒章京,以屯布禄、爱巴礼之家产给之,免其徭役。①

首告某些重大犯罪,虽不得实,亦不反坐。此可见《满文老档》天命八年七月之记载,都堂下书曰:"我国之内,凡首告贪赃枉法,榨取民财,以及叛逃之罪者,倘有虚报,首告者亦不反坐。"②

首告不但是权利,也是义务。对于重大犯罪,知悉者皆有告发义务,如不予告发,则科以刑罚,甚至处死。《满文老档》天命八年七月载永顺之妻即因未首告永顺行盗,而被处死。③

3. 参劾

后金国未设六部以前,司法审判上之参劾与首告两者不易区分。设立六部以后,两者区分渐明。六部官员对于其他官员之犯罪均有参劾之权,通常由吏部、礼部、兵部参劾后移送刑部审理。崇德元年,都察院设立后,参劾权更成为都察院监察百官之重要权力。参劾权具有准司法权之性质,参劾案成立后,如涉及犯罪,须移送刑部审理。

崇德元年,皇太极曾谕都察院诸臣:"至于诸王贝勒大臣,如有荒废职业,贪酒色,好逸乐,取民财物,夺民妇女,或朝会不敬,冠服违式,及欲适己意,托病偷安,而不朝参入署者,该礼部稽察。若礼部循情容隐,尔等即应察奏。或六部断事偏谬,及事未审结,班奏已结者,尔等亦稽察奏闻。"④ 由皇太极此一谕令可知,参劾权范围极大,除具有司法审判上之功能外,更具有政治上削弱诸王贝勒权力之作用。

4. 自首

人犯自首于法司,自然是法司准理案件之重要事由。后金国未设刑部以前,人犯得向八旗官员自首,亦得向法司自首。设立刑部以后,人犯多直接向刑部自首,较少向八旗官员自首。如崇德三年八月,硕托阿哥杀一妇女自首于刑部。⑤ 崇德五年四月,又如多罗饶余贝勒阿巴泰家中二使女因违

---

① 《清太宗实录》卷 26,6~11 页。
② 《满文老档》(汉译本),549~550 页。
③ 同上书,553 页。
④ 《清太宗实录》卷 29,6 页。
⑤ 《清太宗实录》卷 30,24 页。

法事自首于刑部。①

5. 移送(执送)

犯罪经八旗官员(牛录额真、固山额真等)或六部、都察院官员发觉后,得移送(执送)法司审理。后金国未设刑部以前,系移送札尔固齐、审事官、八旗佐管大臣等审理。设立刑部以后,系移送刑部审理。此种案例极多,如崇德四年六月,镶红旗固山额真叶臣即曾因旗下人吴赖达尔汉隐匿侵吞财物执送刑部审理。② 又如崇德二年十二月,都察院曾因正白旗下佟彦米违法移送刑部审理。③

(二) 检验

有关命案检验之史料极少。《满文老档》天命八年七月初四日有一件关于检验之记载:汗曰:"……该女之夫因其告之,意将其妻殴踢致死。如此致死,彼告以自缢而死,经众人前往审验,并非自缢身亡,乃他杀致死,而以自缢掩饰之。"④ 由此项记载可知,当时并无严格之检验法则,亦无专业之检验人员,发生命案时,系由"众人前往审验"。

后金国设立刑部后,司法审判集于刑部。命案检验工作应系集中由刑部有关人员担任。惟《清太宗实录》和《盛京刑部原档》等有关史料于命案之检验均无记载,因之,命案检验工作如何进行,目前尚难加以论述。

(三) 传唤、拘提(拘捕)

清入关前,法司审理案件时,自须传唤原告、被告及证人,必要时得行拘提。其时似无传票拘票之制度。后金国未设刑部以前,传唤、拘提系由法司执行。设立刑部以后,传唤、拘提即改由刑部执行。但法司(或刑部)拘提人犯常透过八旗官员执行。

拘提之人犯如情节重大,拘提时或加以绑缚。如天命五年八月二十一日法司拘提额亦都等人时即加以绑缚。⑤ 又如天命八年三月五日法司拘提刚噶达时亦加以绑缚。⑥

(四) 监禁(羁押)

清入关前,监禁一词有二义。一为审理判决前之监禁,即今之羁押,一为判决后执行刑罚之监禁。此处所述之监禁系指前一意义。

---

① 《清太宗实录》卷 51,22~23 页。
② 《盛京刑部原档》,126 页。
③ 《清初内国史院满文档案译编》(上),395 页。
④ 《满文老档》(汉译本),538 页。
⑤ 同上书,154 页。
⑥ 同上书,433 页。

后金国未设刑部以前,法司审理案件,有时将人犯幽于木栅高墙内,如天命五年九月斋桑古、硕托谋叛乙案即系如此处置。① 亦有时将人犯羁押于理事大衙门,如天命五年八月额亦都违法乙案即系如此处置。② 天聪五年七月设立刑部以后,刑部衙门亦于次年八月落成。《盛京刑部原档》中,人犯执送法司(指刑部)审理者众多,刑部衙门必须将此等待审人犯监禁(羁押)之。此一监禁待审人犯之处所,彼时亦称为监狱,但其概念与现代监狱(监禁徒刑人犯)之概念迥不相同。

三 审理程序

(一) 审讯之期日及处所

天命元年以前,后金国法司审讯人犯,已有一定之期日。万历四十三年(1615年),努尔哈赤即已"每五日集诸贝勒、大臣入衙门乙次,协议诸事,公断是非,著为常例。"③ 天命六年五月初五日,努尔哈赤又谕乌尔古岱曰:"我亲生之八子,其下八大臣及下属众臣,五日一次,集汗城理事大衙门,焚香拜天,开读我所颁公诚存心之篇,乃将各案再三听断。不纳犯人金银,不食犯人酒肴,秉公审理。"④ 由此可知,天命年间,法司审讯人犯,原则上系"五日一听断",但重大案件之审讯自不受限制,可随时审讯人犯。惟天聪年后,因国人增加,案件亦随之增多,法司审讯人犯之期日已不可能维持五日一次之原则,审讯人犯之期日必然较前增加。

天命年间,法司并无独立衙署审讯人犯,法司审讯人犯之地点,彼时称为公所、衙门、大衙门或理事大衙门,系汗与诸王贝勒大臣议事之所。努尔哈赤曾谕令案件须"断于公所"。天命十年三月,后金国迁都沈阳,兴建了大政殿(后称笃恭殿)和十王亭,作为处理政务之所。彼时审讯人犯应即在此处。天聪五年七月后金国设立刑部,次年八月,刑部衙门落成。自此,审讯人犯系于刑部衙门为之。

(二) 审理案件之基本原则

努尔哈赤对司法审判之公正性极为重视,曾一再谕令法司必须共同审理并公开审理。天命元年七月,努尔哈赤谕议政五大臣曰:"凡事不可一人独断,如一人独断,必致生乱。国人有事,当诉于公所,毋得诉于诸臣之家。

---

① 《满文老档》(汉译本),157页。
② 同上书,154页。
③ 同上书,36页。
④ 同上书,199~200页。

第二章 清入关前司法审判制度

其有私诉者,曾付以鞭索,俾执而责之。前以大臣巴图鲁额亦都有私诉于家者,不执送,已治以罪。兹更加申谕,传于国中。凡贝勒诸臣有罪,当束身静听,任公断。有执拗不服者,加以重罪。其束身静听者,如例审断。凡事俱五日一听,断于公所。其私诉于家者,即当执送。有不执送而私行听断者,亦如额亦都治罪。"① 天命六年九月初五日,努尔哈赤谕诸贝勒大臣曰:"嗣后,尔等诸贝勒大臣,凡事不可于他处议,宜于公所共同商议之。"② 天命七年正月二十六日,努尔哈赤又谕诸贝勒大臣曰:"八王以下,守堡以上各官,不可独断,皆集于衙门,共同审理。若各就本衙门独自审理,贪财徇庇,妄加剖断,恐获罪于天。所谓众人听断,乃此也。"③ 上述汗谕显示,努尔哈赤极重案件之共同审理及公开审理,此二原则成为后金国审理案件之基本原则。

依有关史料考察得知,清入关前法司审理程序,系以纠问制度为主,采职权主义,注重案件实体的真实发现。审讯人犯时,行言词审理,并允许当事人言词辩论,但禁止刑讯人犯。

《盛京刑部原档》中,录有有关当事人言词辩论之案例,如崇德三年六月十日,刑部审理超品公塔瞻奸淫妇女一案④,《盛京刑部原档》即将此一案件有关当事人言词辩论情形记载得颇为详尽。

法司审讯人犯时,除诸王贝勒常不到庭应讯外,其余当事人无论官员、平民及奴隶,均须到庭应讯,毫无区别,与明制有异。崇德三年八月初三日,固山额真石廷柱曾对此表示不满:"虽牛录章京以下,若加督责,逮至六部,比肩而跪,岂不受辱?如此其何以堪?"⑤ 但就当事人地位平等而言,清入关前之制度似较明制为佳。

法司审讯人犯时,该人犯如为家下人(奴仆),其家主得出庭旁听,并可发言,陈述意见。天聪六年正月,刑部承政高鸿中奏称:"凡犯事人自有正身,如正身不到,审事官必不问理。见得我国中,下人犯事,或牛录,或家主,就来同审事官坐下,正犯未出一语,家主先讲数遍,傍边站立者纷纷滥说。"⑥ 法司之所以允许家主出庭旁听并可发言,陈述意见,系因家下人(奴仆)系家主之财产,与家主利害相关之故。但家主与家下人每每利益相反,家主之参与诉讼,常不利于家下人。

---

① 《清太祖高皇帝实录》卷 5,6 页。
② 《满文老档》(汉译本),234 页。
③ 同上书,308 页。
④ 《盛京刑部原档》,48~49 页。
⑤ 同上书,54 页。
⑥ 罗振玉编:《天聪朝臣工奏议》,见潘喆等编:《清入关前史料选辑》,3 页。

清入关前,法司审讯人犯是否使用刑讯,依有关史料考察,法司审讯人犯时,禁止使用刑讯,兹举二例以为证明:

1.《满文老档》天命六年九月初十日,"李都司曾执郭游击部下千总用刑,杖其臀,夹其足,为人首告。众官会审拟罪,革李都司之职,以报汗,命留其都司之职,罚银二十两。"①

2.《盛京刑部原档》崇德四年七月二十四日,"镶蓝旗大凌河守备马英元之包衣于二买木头糜费银六钱,马英元不告法司,僭越行事,擅用夹板之刑,故罚以规定之罪。"②

(三)复审(复讯)

努尔哈赤时期,法司审理案件每经三复审程序。后金国之三复审与现代刑事诉讼三审制之概念不同,亦与明朝司法审判中复审之概念有异。依考察有关史料得知,后金国之三审实系后金国法司(相当于今日之最高法院)同一审级之三次审讯。同一审级三次审讯人犯,其目的透过纠问制度及言词审理,真实发现案件之实体。严格言之,后金国之三复审仅系三复讯而已。

后金国三复审制度,仅于努尔哈赤时期施行。此一时期之三复审制度可分为两个时期:(一)万历四十三年(1615年)以前,(二)天命元年(1616年)至天命十一年(1626年)八月。万历四十三年以前之三复审程序是:(一)札尔固齐(或审事官),(二)理政听讼大臣,(三)诸贝勒。天命元年至天命十一年八月之三复审程序是:(一)审事官,(二)议政大臣(或都堂),(三)诸贝勒。但在实际司法审判上,三复审程序并不一定被严格遵守,某些特殊案件(如牵涉诸贝勒或议政大臣之案件)之审判即不一定经由三复审程序。

皇太极天聪初年,后金国已不再施行三复审制度,但仍施行复审制度。天命十一年九月至天聪五年六月,后金国之复审程序是:(一)八旗佐管大臣(或调遣大臣),(二)总管大臣(即固山额真)。诸贝勒仅得参与重大案件之审判,其司法审判权遭受削减,至此,三复审制度已然不存。

天聪五年七月,后金国设立刑部,司法审判集于刑部。绝大多数案件均由刑部直接审理。刑部审理后直接向汗(或皇帝)奏闻,由汗裁决。除特殊案件外,复审制度亦被废弃。皇太极独揽司法审判权,生杀予夺,在于一人。后金国司法审判制度已渐趋明制。

---

① 《满文老档》(汉译本),236页。
② 《盛京刑部原档》,148页。

第二章　清入关前司法审判制度

四　判决程序

（一）法司定拟判决之依据

清入关前并无较完备之成文法典。努尔哈赤时期,法司判决系依据部族习惯法和汗的谕令。关于部族习惯法,天命八年五月三十日,努尔哈赤曾云:"凡例,杀人者抵罪,夺物者偿还,此乃结案之定法。"① 努尔哈赤于此处所云之例(kooli)应即系当时女真族之部族习惯法。经由司法审判之实践与发展,自天命中期以后,后金国创制出一种有关轻微犯罪案件的处罚方式,即罚"土黑勒威勒"(tuhere weile)。此种处罚方式日后亦成为后金国之部族习惯法。

依学者考证,tuhere weile 系 tuhere an i weile 的简化形式,tuhere an i weile 可译为"照例定的罚"、"照例定拟的罪"②。简言之,罚"土黑勒威勒"是一种按人犯世职品级罚银(无世职者鞭责)的刑罚,颇为简便易行。依考察得知,天聪七年以前,备御(一个世职)罚十五两,游击(二个世职)罚二十两,参将(三个世职)罚二十五两,副将(四个世职)罚三十两,总兵官(五个世职)罚五十两。天聪八年,皇太极更定制度,并变更世职名称,并将罚银数目规范化,每一世职罚十五两银。即牛录章京(一个世职)罚十五两,甲喇章京(二个世职)罚三十两,梅勒章京(三个世职)罚四十五两,昂邦章京(四个世职)罚六十两,公(五个世职)罚七十五两,超品公(六个世职)罚九十两。崇德元年定宗室爵位,分为九等。宗室罚"土黑勒威勒"时分为三等:(一)和硕亲王、多罗郡王罚二百银,(二)多罗贝勒罚一百五十两,(三)固山贝子、镇国公、辅国公、镇国将军、辅国将军、奉国将军罚一百两。

罚"土黑勒威勒"仅限于轻微案件,其中有官员之违法失职事项,如属下人违法、元旦宴会迟到、斋戒期间食荤饮酒、隐匿壮丁等。也有轻微犯罪事项,如言语欺诈、违法听讼、奸淫、赌博等。又罚"土黑勒威勒"时,因违法者之爵位众所周知,罚银数目又极明确,因此,法司判决时通常并不明言罚银数目,仅判决"罚以规定之罪"。情节较重的案件,有时判决罚两份规定之罪,即加倍罚银。

天聪五年七月设立刑部后,后金国司法审判改采明制。皇太极更于其后不久谕令:"凡事都照大明会典行。"但事实上,明清两国民情风俗俱不相同,大明律例无法全盘移植于清。天聪七年八月初九日,明降将宁完我即认

---

① 《满文老档》(汉译本),496 页。
② 张晋藩、郭成康著:《清入关前国家法律制度史》,536 页。

为:"《大明会典》虽是好书,我国今日全照他行不得。"① 事实上,皇太极谕令适用《大明会典》后,刑部审理案件并未按大明律例定拟判决,绝大多数案件仍系依部族习惯法和汗的谕令定拟判决。对清而言,大明律例系"外国法",有其参考价值而已。

崇德元年(1636年),清"议定会典",此一会典共有五十二条谕令,系天聪朝皇太极谕令之汇编,内容兼有刑法与行政法。因其内容简陋,自不能作为法司定拟判决之主要依据,皇太极时期,法司定拟判决之主要依据仍系部族习惯法和汗的谕令。

(二) 法司定拟判决

清入关前之法制与中国传统法制相同,司法与行政是合一的,因之,司法审判程序与政务处理程序是类似的。除轻微案件(罚土黑勒威勒),法司得径自判决无须奏闻外,较重大之案件均须呈送汗或皇帝裁决。法司对于较重大案件定拟之判决,并非现代意义之"法院判决"。法司对此类案件定拟之判决仅系法司呈送汗或皇帝裁决之建议而已。

清入关前,法司定拟判决系透过共同审理,以合议方式为之。努尔哈赤时期,法司判决系由众札尔固齐或众审事官合议定拟。皇太极时期,法司定拟判决系由八旗佐管大臣(未设刑部以前)或刑部众官员(设立刑部以后)合议定拟。法司合议定拟判决后,较重大之案件须奏闻于汗或皇帝,由汗或皇帝作最后之裁决。

法司合议定拟判决意见不同时,须奏闻于汗或皇帝,由汗或皇帝作最后之裁决。兹举二例如后:

1. 崇德三年(1638年)七月二十二日,刑部官议处巴颜往驻藩城,因染疾,不俟更换即还一案。"半数官议,巴颜虽有疾,但不俟更换即归,应革职,罢管牛录。半数官员议,巴颜染疾是实,抑不俟更换即还,非是也,应治以应得之罪。"② 本案奏闻于汗,汗命免其罪。

2. 崇德三年八月初四日,刑部官员议处巫女乱行,其主古木布禄罪责一案。"至妇女之主古木布禄,半数官员议死,半数官员议鞭一百。"③ 本案奏闻于汗,汗命古木布禄免死赎身。

天聪五年(1631年)设立刑部以后,法司合议定拟判决时,每每揣摩上意,故为轻重。崇德七年七月,皇太极曾针对此种情形谕令刑部大臣:"若以

---

① 罗振玉编:《天聪朝臣工奏议》,见潘喆等编:《清入关前史料选辑》,82页。
② 《清初内国史院满文档案译编》(上),338页。
③ 同上书,347页。

第二章 清入关前司法审判制度

轻为重，以重为轻，滥及无辜，人民怨憾，无有过于此者。嗣后尔等宜秉公审理，勿妄揣合朕意，疑朕先有成见也。"① 但在君主集权时代，司法机关审理案件时，似难不受君主个人好恶之影响，政治性案件尤然。

努尔哈赤时期，法司审判枉法（故出人罪及故入人罪）及审判错误（失出人罪及失入人罪）即须负刑事责任。如天命六年二月，法司审理达尔汉侍卫遣人阻止追击沈阳明兵一案，众审事官因审判错误（失出人罪），"为首诸审事官各罚银十两，末等诸审事官各罚银五两。"②

皇太极时期，刑部管部贝勒以下官员因审判枉法或审判错误而被治罪者颇多。天聪五年七月八日，对诸贝勒枉断人罪案件，皇太极谕令："国家立法，不遗贵戚，斟酌罚锾，以示惩儆。凡诸贝勒（指管部贝勒）审事，枉断人死罪者，罚银六百两，枉断人杖赎等罪，……均罚银二百两。"③ 至于刑部其他官员枉断人罪，自亦须负刑事责任。如崇德七年，刑部官员将王廷选应死之罪错拟鞭革，奉旨察议。上命"（参政）巴哈纳、刘武元、（启心郎）额尔格图俱坐以应得之罪，（理事官）纳尔赛、根特、（副理事官）耿格、塔思虎里、克布图、俄黑纳俱饿禁三日二夜。"④

（三）汗或皇帝之裁决

清入关前，汗或皇帝之裁决即系案件之最终判决，汗或皇帝是否公平执法，至关紧要。努尔哈赤和皇太极均重视公平执法，对于"法律平等"的原则，已有粗糙的认识。但因历史条件的局限，清入关前的司法审判尚未能适用此一原则。关于"法律平等"的原则，努尔哈赤曾云："至掌国政之诸贝勒，尤不能枉法而行。"⑤ 皇太极亦曾云："国家立法，不遗贵戚。"⑥ 但在现实的司法审判中，不但贵族、平民与奴隶（奴仆）之间的法律地位是不平等的，（前于论述当事人时，业已论及。）满洲、蒙古与汉人之间的法律地位也是不平等的。这种各民族间法律地位不平等的情形，在努尔哈赤时期颇为明显，在皇太极时期，则有大幅度改善。

天命八年（1623年），由于后金国占领辽东耀州，耀州人扬言鸩杀女真人，民族冲突激烈，当年五月二十四日，努尔哈赤曾谕诸贝勒曰："尔等不明审断之法也。何故将旁立授首之汉人，与我诸申等同看待？倘我诸申犯罪，

---

① 《清太宗实录》61卷，34页。
② 《满文老档》（汉译本），163页。
③ 《清太宗实录》卷9，14页。
④ 《清太宗实录》卷62，13页。
⑤ 《满文老档》（汉译本），484页。
⑥ 《清太宗实录》卷18，22页。

当问其功,论其劳,稍有口实,即可宽宥之。汉人乃生还之人,若不忠心效力,复为盗贼,怎可不灭其族而杖释耶?"① 努尔哈赤此一谕令,虽系因民族冲突激烈之特殊情况而发,但仍可看得出他认为各民族法律地位的不平等。无疑的,努尔哈赤欠缺各民族"法律平等"的概念。

皇太极即汗位后,由于领土扩大,蒙汉属民增多,且皇太极胸怀大志,有意仿效辽金元入主中原,建立一多民族的大帝国。因此,皇太极大力改善各民族法律地位不平等的情形。努尔哈赤去逝后,天命十一年九月初七日,皇太极谕曰:"至于满汉之人,均属一体,凡审拟罪犯,差徭公务,毋致异同。"② 天聪九年七月二十三日,皇太极又谕曰:"朕于满洲、蒙古、汉人,不分新旧,视之如一。"③ 上述谕令显示,皇太极颇具各民族"法律平等"的概念。

清入关前,汗或皇帝裁决案件原则上亦有一定之期日,万历四十三年(1615年),努尔哈赤即已"每五日集诸贝勒、大臣入衙门一次,协议诸事,公断是非,著为常例。"此处所称"公断是非"应系兼指审讯人犯及裁决案件而言。崇德元年五月十四日,皇太极又谕令:"每月初五、十五、二十五等日,自和硕亲王、多罗郡王、多罗贝勒以下牛录章京以上,于日出前齐集崇政殿,依所编班次排列毕,圣汗出,御宝座,听臣工奏报所办之事及所断之案。"④ 依此一谕令,崇德年间,皇太极每十日朝会一次。据推断,自天聪五年七月设立六部之后,六部一般政务平日即可直接奏闻于汗,由汗裁决,仅重大政务方须于朝会时面奏,崇德年间朝会时刑部奏报之案应系较重大之案件。

天命年间,法司审理案件完竣后,无论案件大小,法司均须将定拟之判决奏闻于汗,由汗裁决。天聪以后,渐有区分,罚以规定之罪的轻微案件(即罚土黑勒威勒),通常法司判决后即可执行,无须奏闻。但较重大的案件,仍须奏闻,由汗或皇帝裁决。

法司将案件奏闻于汗或皇帝后,基于最高统治者的地位,汗或皇帝可为下列之裁决:1. 依议之裁决,2. 再议之裁决,3. 自行另为裁决。兹分述如下:

1. 依议之裁决

对于法司定拟之判决,努尔哈赤和皇太极很少为依议之裁决。法司定拟之判决如奉裁决"依议",判决即为确定。人犯司依判决内容执行刑罚。

---

① 《满文老档》(汉译本),492 页。
② 《清太宗实录》卷 1,10 页。
③ 《清太宗实录》卷 24,5 页。
④ 《满文老档》(汉译本),1463 页。

汗或皇帝依议之裁决使法司定拟之裁决，成为正式有效之判决。崇德五年七月二十五日，户部镶蓝旗罗洛三年考绩时隐匿旧时罪行，刑部议罗洛应罚银一百两，上命："依议。"① 此即依议之裁决。

2. 再议之裁决

对于法司定拟之判决，努尔哈赤和皇太极也很少为再议之裁决。法司定拟之判决如奉裁决"再议"，法司须就案件再为审议，并另行定拟判决，奏闻于汗或皇帝，由汗或皇帝裁决。天聪九年(1635年)十二月初五日，诸贝勒大臣审理冷僧机首告莽古尔泰等谋反一案，诸贝勒大臣审理后定拟判决奏闻于汗，皇太极以为尚欠妥当，于是召文馆诸臣议奏，议奏之后，诸贝勒大臣再行复审，复奏闻于汗，始行定案。此即再议之裁决。

3. 自行另为裁决

对于法司定拟之判决，努尔哈赤和皇太极常自行另为裁决，或减罪，或免罪，或加倍治罪，不一而足。努尔哈赤和皇太极均极明了司法权的重要性，在位之时，生杀予夺在于一人，始终牢牢掌握司法大权，绝不旁落他人。

汗或皇帝常对涉案人犯减罪(减轻其刑)或免罪(免除其刑)，其原因甚多，或因人犯本身(或其父兄)有功于国家，或因人犯系贵族(宗室觉罗)或官员，或因人犯系新归附之人，或因人犯系愚蠢无知之人。汗或皇帝对人犯减罪或免罪时，常基于政治上的考虑。如天命五年(1620年)八月二十一日法司审理额亦都违法一案②，法司原拟死罪，努尔哈赤即基于政治上的考虑，免其死罪。又如天聪四年六月初七日，法司审理阿敏违法一案③，法司原拟死罪，皇太极亦基于政治上的考虑，免其死罪。

至于汗或皇帝对涉案人犯加倍治罪(加重其刑)之情形则颇为鲜见，天命八年七月二十六日，因永顺行盗，(妻未首告，)努尔哈赤即谕令杀永顺之妻④，或为加倍治罪之一例。此类事件鲜见之原因，系因清入关前法司定拟判决时多从重量刑。法司所拟之刑罚原已偏重，汗或皇帝通常已无由加倍治罪。

---

① 《盛京刑部原档》,51页。
② 《满文老档》(汉译本),154页。
③ 同上书,1057页。
④ 同上书,553页。

第三章 清代中央司法审判机关

清入关后,其司法审判制度迅速采行明制。明代中央司法审判机关以三法司(刑部、都察院、大理寺)为主,清制亦同。除三法司外,清代得兼理司法审判之机关极多,议政衙门、内阁、军机处、吏部、户部、礼部、兵部、工部、理藩院、通政使司、八旗都统衙门、步军统领衙门、五城察院、宗人府、内务府等机关均得兼理司法审判,都属广义之司法审判机关。

清入关后,仍于盛京设官留守。顺治十五年(1658年)至康熙三十年(1691年),陆续设盛京五部(户部、礼部、兵部、刑部、工部),盛京五部有独立性,可直接向皇帝奏事,故仍系中央机关。一般刑事案件固由盛京刑部审理,但重大刑事案件及秋审则常由盛京五部会同审理,故盛京五部亦均得兼理司法审判。

18世纪以前,清政府与同时代之世界其他各国相同,并无三权分立之观念,当时之清政府,其行政与司法是合一的,审判与检察也是合一的,这种情形即使在最先进的欧陆各国也是类似的。1789年法国大革命以后,欧陆各国陆续施行民主政治,制定三权宪法,司法权逐渐独立于行政权之外,始确立"行政与司法分立"、"审判与检察分立"的制度。清代继受欧陆法制以前,中央各机关多数均得兼理司法审判,与现代司法审判制度迥不相同。

光绪卅二年(1906年),清改革官制,变更了传统的三法司制度。刑部改名法部,大理寺更名大理院,法部掌理司法行政,大理院掌理审判并配置总检察厅。至此,清代中央各机关之司法审判权亦被取消,司法审判集中于大理院,清代司法审判制度为之一变。

第一节 三法司

一 刑 部

(一)刑部设置沿革

顺治元年(1644年),刑部设满汉尚书无定员,满汉左右侍郎各一人。五年,定满汉尚书各一人。七年,增设满洲尚书一人。八年,以诸王贝勒兼理部务。九年,停诸王贝勒兼理部务。十年,裁满洲尚书一人。① 自此,刑部堂官确定为尚书二人(满洲一人,汉一人),左侍郎二人(满洲一人,汉一人),右侍郎二人(满洲一人,汉一人)。

顺治元年,刑部设江南、浙江、福建、四川、湖广、广西、陕西、云南、贵州、河南、广东、山西、山东、江西等十四司。② 康熙三十九年(1700年),增设督捕司。雍正元年(1723年),添设现审左右二司。雍正十一年(1733年),分江南司为二,一曰江苏司,一曰安徽司。③ 乾隆六年(1741年),改现审左司为奉天司,改现审右司为直隶司。④ 自此,刑部共为18司,迄清末法制改革为止。

(二) 刑部职掌

刑部为"刑名总汇",其职掌兼有司法审判及司法行政,《大清会典》定曰:"掌天下刑罚之政令,以赞上正万民,凡律例轻重之适,听断出入之孚,决宥缓速之宜,赃罚追贷之数,各司以达于部。尚书侍郎率其属以定议,大事上之,小事则行。以肃邦纪。"⑤ 三法司中,刑部有关司法审判之职权最重,《清史稿》曰:"外省刑案,统由刑部核复。不会法者,院寺无由过问,应会法者,亦由刑部主稿。在京讼狱,无论奏咨,俱由刑部审理,而部权特重。"⑥《清史稿》所谓"部权特重"之评论确属的论。

刑部司法审判上之职掌,主要有四,兹分述如下:

1. 复核各省徒罪以上案件

清代,各省徒罪以上案件均须咨报刑部查核或奏闻皇帝裁决。原则上,无关人命徒罪案件,督抚批结后按季汇齐,咨报刑部查核。有关人命徒罪案件,督抚审结后,专案咨部核复,年终汇题(即以题本奏闻皇帝)。遣军流罪案件,原则上,亦系督抚审结后,专案咨部核复,年终汇题。至于死罪案件,则依案件之轻重,或专本具题(以题本专案奏闻皇帝),或专折具奏(以奏折专案奏闻皇帝)。嘉庆十三年(1808年)以后,斩绞罪案件及寻常凌迟斩枭斩决案件,俱专本具题;重大凌迟斩枭斩决案件,俱专折具奏。

无关人命徒罪案件应咨部查核,有关人命徒罪案件应咨部核复,遣军流罪案件应咨部核复,均单独由刑部复核案件。刑部如认案情明确、拟罪妥

---

① 《大清会典事例》卷12,3页。
② 同上书卷20,3页。
③ 同上书卷20,4页。
④ 同上书卷20,页5。
⑤ 《大清会典》卷53,1页。
⑥ 《清史稿》卷144,《刑法三》,见鼎文版《清史稿》,4206页。

适,并无不合之处,即可咨结,咨请督抚执行。至于死罪案件,无论其为斩绞罪案件、寻常罪应凌迟斩枭斩决案件或重大罪应凌迟斩枭斩决案件,须专本具题或专折具奏,奏闻皇帝。奉旨"刑部核拟具奏"之案件,由刑部单独复核。奉旨"三法司核拟具奏"之案件,虽由三法司会同复核,亦由刑部主稿。法司定拟判决意见具题,俟皇帝裁决。

2. 审理京师徒罪以上案件

京师指北京内城及外城而言。① 京师案件除笞杖罪案件由步军统领衙门、五城察院自行审结外,徒罪以上案件均由刑部审理,称为"现审"(意指实审,现审为事实审)。除督捕司不分现审外,现审案件由刑部17司轮流签分。寻常徒流军遣罪案件,刑部审结后,按季汇题。至于死罪案件,刑部各司审讯取供后,"大理寺委寺丞或评事,都察院委御史,赴本司会审,谓之会小法。狱成呈堂,都察院左都御史或左副都御史,大理寺卿或少卿,拿同属员赴刑部会审,谓之会大法。如有翻异,发司复审,否则会稿分别题奏。"② 法司定拟判决意见具题,俟皇帝裁决。

3. 会同复核各省秋审案件

秋审是对各省斩绞监候案件的复核程序。明代以前,斩绞死罪原无监候、立决之别,明弘治十年(1497年)始区分二者。所谓监候者监禁候决也,立决者决不待时也。清顺治初年定律,乃将两者明白规定。《清史稿·刑法志》曰:"明弘治十年,奏定真犯死罪决不待时者,凌迟十二条,斩三十七条,绞十二条;真犯死罪秋后处决者,斩一百条,绞八十六条。顺治初定律,乃于各条内分晰注明,凡律不注监候者,皆立决也;凡例不言立决者,皆监候也。自此京外死罪多决于秋,朝审(按此处漏列秋审)遂为一代之大典。"③ 对于斩绞监候案件,明代已有三司(都指挥使司、布政使司及按察使司)秋审之例④,清初逐步建立完备之秋审制度。清康熙十二年(1673年)以后,各省斩绞监候案件,每年定期秋审,分地方与中央二阶段先后进行。地方由督抚司道复核,定拟判决意见具题,中央则由刑部会同九卿、詹事、科道等复核,定拟判决意见具题,俟皇帝裁决。

秋审乃因慎重人命而起,其本质为慎刑制度。其详细内容留俟论述秋审制度时再为申论。

---

① 北京内城指正阳、崇文、宣武、朝阳、阜成、东直、西直、安定、德胜等九门以内之地。外城指正阳、崇文、宣武、永定、左安、右安、广渠、广安、东便、西便等十门以内之地。
② 《清史稿》卷144,《刑法三》,见鼎文版《清史稿》,4206页。
③ 《清史稿》卷143,《刑法二》。
④ 同上书,4207页。

4. 会同复核京师朝审案件

朝审是对京师斩绞监候案件的复核程序。按京师徒罪以上案件均由刑部现审，现审案件中奉旨斩绞监候之案件，均须经朝审，亦系每年定期复核。惟朝审案件先由刑部自定实缓(情实或缓决)，再由皇帝特派大臣复核，最后则由刑部会同九卿、詹事、科道等复核，定拟判决意见具题，俟皇帝裁决。

朝审之本质与秋审相同，亦系慎刑制度。朝审各项程序与秋审大致相同，其详细内容留俟论述朝审制度时再为申论。

刑部有关司法行政之职掌极多，其中以法律修订事务及监狱事务最关紧要，俟论述律例馆及提牢厅之职掌时再行论述。

(三) 刑部各机构及其职掌

刑部所属机构很多，其中十七司(督捕司除外)及秋审处职司司法审判，其余机构均从事司法行政。兹分述如下：①

1. 清档房：堂主事满洲二人，缮本笔帖式十有二人。掌守册档，缮清字汉字之奏折。凡各司已结未结之案，三月而一奏。凡本衙门旗员之升补皆掌焉。

2. 汉档房：堂主事满洲三人、汉军一人，缮本笔帖式二十有八人。掌缮清字汉字之题本。

3. 司务厅：司务满洲一人、汉一人。掌治吏役，收外省衙门之文书，记其号而分于司。解犯到，移司以收禁，给以批回。解到人犯，移付承审之司，该司交提牢厅收禁。

4. 督催所：管理司员无额缺，由堂(指堂官)委办，掌催十八司题咨现审之件，而督以例限。凡各司现审之案，月终则汇奏。凡各省命盗之案，岁终则汇题。现审赃罚之数亦如之。现审案内应实发云贵两广烟瘴充军者及窃盗蒙古牲畜者，由督催所定其应发之地。

5. 当月处：司员满洲一人、汉一人。以十八司郎中、员外郎、主事、七品小京官轮值。掌监用堂印，收在京衙门之文书以付于各司，现审则呈堂而分司焉。凡旗人命案应部验者则往验之。送题本于内阁传抄，清字则满洲司员抄焉，汉字则汉司员抄焉。

〔十八司〕

6. 直隶清吏司：郎中满洲一人、汉一人，员外郎满洲一人、蒙古一人、汉二人，主事满洲一人、汉一人。掌核直隶省及察哈尔左翼刑名之事。

7. 奉天清吏司：郎中蒙古一人、汉一人，员外郎满洲一人、汉一人，主事

---

① 参见《大清会典》卷 56，18 页至卷 57，18 页。

满洲一人、汉一人。掌核奉天府及盛京、吉林、黑龙江刑名之事。

  8. 江苏清吏司：郎中满洲一人、汉一人，员外郎满洲二人、汉一人，主事满洲一人、汉一人。掌核江苏省刑名之事。

  9. 安徽清吏司：郎中满洲一人、汉一人，员外郎满洲一人、汉一人，主事满洲一人、汉一人。掌核安徽省刑名之事。

  10. 江西清吏司：郎中满洲一人、汉一人，员外郎满洲一人、汉一人，主事满洲一人、汉一人，掌核江西省刑名之事。

  11. 福建清吏司：郎中满洲一人、汉一人，员外郎满洲一人、汉一人，主事满洲一人、汉一人，掌核福建省刑名之事。

  12. 浙江清吏司：郎中满洲一人、汉一人，员外郎满洲一人、汉二人，主事满洲一人、汉一人。掌核浙江省刑名之事。

  13. 湖广清吏司：郎中宗室一人、汉二人，员外郎满洲二人、汉一人，主事满洲一人、汉一人。掌核湖北、湖南二省刑名之事。

  14. 河南清吏司：郎中满洲一人、汉一人，员外郎满洲一人、汉一人，主事满洲一人、汉一人，掌核河南省刑名之事。凡热审[①]则定其期。每年热审减等，本部照例题请，则审定日期，以咨行于各省。

  15. 山东清吏司：郎中满洲一人、汉一人，员外郎满洲二人、汉一人，主事满洲一人、汉一人。掌核山东省刑名之事。

  16. 山西清吏司：郎中满洲一人、汉一人，员外郎满洲一人、汉一人，主事蒙古一人、汉一人。掌核山西省及察哈尔右翼与迤北各城[②]刑名之事。凡各省年例咨报之件，则察而汇题。各省汇咨之件，俱于每年十月截数，咨报本部及军机处，限十二月初咨齐。除咨军机处者，由军机大臣自行查核外，其咨报本部者，由部分别核议具题。

  17. 陕西清吏司：郎中满洲一人、汉二人，员外郎满洲二人、汉一人，主事满洲一人、汉一人。掌核陕西、甘肃、新疆三省刑名之事。掌给囚粮，准提牢厅移知则核其数，移咨户部关领。

  18. 四川清吏司：郎中满洲一人、汉一人，员外郎满洲一人、汉一人，主事满洲一人、汉一人。掌核四川省刑名之事。掌刑具，皆辨其轻重大小之制，稽其数而收发之。各司常用刑具，俱由司给发。其夹棍拶指等不轻用，

---

  ① 热审是清代赦免制度，其性质约近于现代之减刑。清顺治八年始定热审减等之例，顺治十年，定每年小满（阴历四月中）后十日，京师、直隶及各省一体举行。笞罪释放，枷杖罪减等，其他罪犯可暂行保释，俟立秋（阴历七月首）后再行发落，重罪可怜悯者，请旨定夺。

  ② 迤北各城指绥远将军、归化副都统、定边左副将军、科布多参赞大臣、库伦办事大臣等所属各城。

有堂发之案应刑讯者,呈请批准,移付于四川司乃给之。在京别衙门有请给刑具者,具咨移给之。

19. 广东清吏司:郎中满洲一人、汉一人,员外郎满洲一人、汉一人,主事满洲一人、汉一人。掌核广东省刑名之事。

20. 广西清吏司:郎中满洲一人、汉一人,员外郎宗室一人、汉一人,主事宗室一人、汉一人。掌核广西省刑名之事。朝审则具题稿。掌给囚衣。凡囚衣,支其直于赃罚库而制焉,以时散给之。岁题销其数。

21. 云南清吏司:郎中满洲一人、汉一人,员外郎满洲一人、汉一人,主事满洲一人、汉一人。掌核云南省刑名之事。凡堂印之封启掌焉。

22. 贵州清吏司:郎中满洲一人、汉一人,员外郎满洲一人、汉一人,主事满洲一人、汉一人。掌核贵州省刑名之事。凡本衙门汉员之升补皆掌焉。书吏役满则试之,得职者咨吏部而给以照。

23. 督捕清吏司:郎中满洲一人、汉一人,员外郎满洲一人,主事满洲一人、汉一人。掌督捕旗人逃亡之事。顺治十一年(1654年),兵部下设置督捕衙门,内分前司、后司,专司缉捕、审判八旗逃人(旗下家奴逃亡)案件。彼时即已订有《督捕则例》,详细规定有关八旗逃人之缉捕与审判等事项。康熙三十九年(1700年),督捕衙门前后二司改隶刑部。雍正十一年(1723年),并督捕前司后司为督捕司。督捕衙门之设原为缉捕八旗旗下家奴逃亡,乾隆初年后,旗人生计困难,正身旗人逃亡案件逐渐增多,至此,所谓"旗人逃亡"一语遂兼指两者而言。

24. 秋审处:郎中、员外郎、主事无定员,由堂官酌委。有坐办(指坐办司员,专办秋朝审案件),有兼行(指总看司员,兼办秋朝审案件)。掌核秋审、朝审之案。清初,秋审由四川司办理,朝审由河南司办理。雍正十二年(1724年)始别遣满汉司员各二人,曰总办秋审处。寻佐以协办者四人。① 乾隆以后,其制始形确定。

25. 减等处:郎中、员外郎、主事无定员,名为总看减等,由堂官酌委。凡有恩诏,则总各省及现审案件汇而核之。

26. 律例馆:常年由堂官设提调满汉各四人。任稽核律例之事,凡各司案件有应驳及应更正者,呈堂交馆稽核。又掌修条例,五年则汇辑,十年则重编。

27. 提牢厅:主事满洲一人、汉一人,司狱满洲四人、汉军二人。掌管狱卒,稽查南北所之罪囚,支衣粮药物而散给之。

---

① 《清史稿》卷114,《职官一》,见鼎文版《清史稿》,3289~3290页。

28．赃罚库：司库满洲一人，库使满洲二人。掌收储现审赃款及其支放之事。

29．饭银处：由堂官于司员中派满汉各一人管理，一年期满更换。掌收储饭银及其支放之事。

30．赎罪处：掌官员赎罪事。（约于乾隆二十三年以后设置）

31．盛京刑部：清入关后，六部俱迁移至北京，惟仍以内大臣一人、梅勒章京二人留守盛京。其下有户、礼、兵、工四曹，但无吏、刑二曹。康熙元年（1662年）设盛京刑部。盛京刑部设侍郎满洲一人，掌谳盛京旗人及边外蒙古之狱，凡盗薐（人参）者皆治焉。凡秋审，会各衙门以定谳，别其情实、缓决，可矜者而汇题焉。侍郎之下，分设四司：

（1）肃纪前司：郎中满洲一人，员外郎满洲二人，主事满洲一人。掌治十五城旗人之狱及其与民交涉者。

（2）肃纪左司：郎中满洲一人，员外郎满洲二人，主事满洲一人。其职掌与肃纪前司同。

（3）肃纪右司：郎中满洲一人，员外郎满洲一人，主事满洲一人、蒙古二人。掌治边外蒙古之狱。

（4）肃纪后司：郎中满洲一人，员外郎满洲一人，主事满洲一人。掌治刨薐（人参）者与私贩者。

除四司之外，盛京刑部并设司狱满洲一人、汉一人。掌狱。司库满洲一人，库使满洲二人，掌守赃罚之镪。

二　都察院

（一）都察院设置沿革

清入关前，原设有都察院。清入关后，参照明制，更定官制。顺治元年，改（都察院）承政为左都御史，参政为左副都御史，无定员。右都御史、右副都御史皆不设专员，俱为督抚坐衔。三年，定左副都御史满汉各二人。五年，定左都御史满汉各一人。① 自此，都察院堂官确定为左都御史二人（满洲一人，汉一人），左副都御史四人（满洲二人，汉二人）。

都察院所属机构主要有十五道、六科及五城察院。（鼓厅衙门原属都察院，康熙六十一年改隶通政使司。）有关五城察院部分将另行论述。于此，仅论述十五道及六科之设置沿革。

顺治元年（1644年），都察院设河南、江南、浙江、山东、山西、陕西、湖

---

① 参见《大清会典事例》卷20，14~15页。

广、江西、福建、四川、广东、广西、云南、贵州、京畿等十五道。十五道中,"唯河南、江南、浙江、山东、山西、陕西六道授印信。掌印者曰掌道,余曰协道,(京畿道亦给印信,未设专官)湖广等八道分隶之,曰坐道,不治事。(掌河南道兼理福建道,掌江南道兼理江西、四川道,掌浙江道兼理云南道,掌山东道兼理广西道,掌山西道兼理广东、贵州道,掌陕西道兼理湖广道)"①又据推断此时河南道并兼理京畿道事务。乾隆十四年(1749年),各道并给印信,规制始称。乾隆二十年(1755年),复命京畿道列河南道前,互易所掌(指参治院事及刷卷二事),京畿道遂为要职。② 都察院设十五道,迄清末法制改革为止,未有改变。

都察院十五道中,以六掌印道权责较重。六掌印道除本道事务外,另兼理他道事务。六掌印道御史地位较高,协道御史则系六掌印道下协助掌道御史处理事务者。至湖广道等八道御史,分隶六掌印道,称为坐道御史,亦系协助掌道御史处理事务者。坐道御史虽不办本道之事,惟非不治事者,《清史稿》谓坐道御史"不治事",乃系错误。对于坐道御史此种名实不符之情形,乾隆帝曾于乾隆十三年(1748年)加以批评:"御史向有坐道、协道之分,坐道徒属虚衔,并不办本道之事。协道则以次递迁,其制沿自前明,纠纷无谓。"③ 乾隆十四年(1749年),各道并给印信,十五道各自分理各省刑名,此种名实不符之情形始行消除。

清初仿明制设立六科,"初沿明制,六科自为一署。"④ 为独立机关。顺治十八年(1661年)定,吏科、户科、礼科、兵科、刑科、工科设满汉都给事中各一人,满汉左右给事中各一人,汉给事中二人。⑤ 康熙三年(1664年)议定,六科满汉给事中各设一员,余皆裁汰。⑥ 康熙五年(1666年),增设六科满汉掌印给事中各一人。雍正元年(1723年),以六科隶都察院。自是台省合而为一,六科不再是独立机关。

(二) 都察院职掌

都察院职司风宪,号风宪衙门。其职掌除监察外,亦兼有司法审判与司法行政。关于其监察方面之职掌,《大清会典》定曰:"掌司风纪,察中外百司之职,辨其治之得失与其人之正邪,率科道官而各矢其言责,以饬官常,以秉

---

① 《清史稿》卷115,《职官二》,见鼎文版《清史稿》,3305页。
② 同上。
③ 《大清会典事例》卷20,17页。
④ 《清史稿》卷115,《职官二》,见鼎文版《清史稿》,3307页。
⑤ 《大清会典事例》卷20,18页。
⑥ 同上书,19页。

国宪。"① 关于其司法审判方面之职掌，《大清会典》曰："凡重辟，则会刑部、大理寺以定谳，与秋审、朝审。"②

清初，十五道职司监察各省之政务，六科职司监察六部之政务。两类机构各有所司，其职掌本不相同。雍正元年（1723年），六科改隶都察院。乾隆十四年（1749年）又令十五道监察御史稽察在京各部院衙门。③ 自此，十五道与六科有关监察方面之职掌渐无区分。惟十五道与六科有关司法审判方面之职掌仍不相同，兹分述如下：

甲、十五道职掌

十五道司法审判上之职掌，主要有四：

1. 会同复核各省死罪案件

清代，各省死罪案件绝大多数均须由三法司会同复核。惟清代前期（指雍正以前）死罪案件须由三法司会同复核者较多，而清代中期以后（指乾隆以后）死罪案件须由三法司会同复核者较前略少。按清代前期，死罪案件均系专本具题，绝大多数均发交三法司核拟具奏。仅少数发交刑部核拟具奏。清代中期以后，斩绞罪案件及寻常罪应凌迟斩枭斩决案件仍系专本具题，惟重大罪应凌迟斩枭斩决案件则应专折具奏。专本具题案件亦系绝大多数发交三法司核拟具奏，专折具奏案件则绝大多数发交刑部核拟具奏。至于各省死罪案件，何者须专本具题，何者须专折具奏，嘉庆十三年（1808年）即有定例。④ 自此，死罪案件之"题与奏，遂明有区分矣！"⑤

凡奉旨"三法司核拟具奏"之各省死罪案件，刑部须会同都察院、大理寺复核。各省死罪案件经刑部定拟判决意见后，其题稿须送都察院画题，由十五道依其职掌分别办理。（十五道分工情形，详如后述）都察院如无异议，画题后，题稿送回刑部，由刑部办理会题，奏闻皇帝，俟皇帝裁决。

乾隆十四年（1749年）以前，都察院十五道中，以六掌印道权责较重。都察院复核各省死罪案件时，全部分至六掌印道。名义上，六掌印道才是会同复核各省死罪案件之机构，湖广道等八道之坐道御史仅系协助六掌印道处理事务者而已。乾隆十四年，各道并给印信，十五道始各自复核各省死罪案件。

2. 会同审理京师死罪案件

京师死罪案件审理程序与各省死罪案件审理程序不同。顺治十年

---

① 《大清会典》卷69，1页。
② 同前注。
③ 《大清会典事例》卷20，17页。
④ 薛允升：《读例存疑》卷49，见黄静嘉编校之重刊本，1265页。
⑤ 同前注。

(1653年)题准:"刑部审拟人犯,有犯罪至死者,有犯罪不至死者,若概经三法司拟议,恐于典例不合。嗣后凡犯罪至死者,刑部会同院寺复核。"① 自此,京师死罪案件须由三法司会审。理论上,会审(会同审理)与会核(或称为会复,会同复核之意)不同,会审类似事实审,会核则类似法律审。惟实务上,会审与会核两名词经常混用,不严格区别。

京畿道掌直隶盛京刑名②,至何道掌京师刑名,并无明文。惟据推断京师死罪案件之会审,应系由十五道分别办理,其分工情形与刑部十七司现审分工情形类似。

三法司会审应面审同议,顺治十五年(1658年)议准:"嗣后凡奉旨三法司核拟事件,御史会同部寺面审同议。"③ 惟面审同议之方式则随时代之不同而有所变迁,雍正五年(1727年)议准:"凡会审事件,刑部移会到日,该道满汉御史各一人到部,会同承审司官取供。都御史一人会刑部堂官录供定稿,刑部堂官画题,续送院画题。"④ 惟至清末,面审同议之方式已稍有不同。《清史稿·刑法志》曰:"死罪既取供,大理寺委寺丞或评事,都察院委御史,赴本司会审,谓之会小法。狱成呈堂,都察院左都御史或左副都御史,大理寺卿或少卿,挈同属员赴刑部会审,谓之会大法。"上述资料两相比较,即可明了"面审同议"制度之递嬗情形。

3. 会同复核各省秋审案件

清代秋审,中央由九卿、詹事、科道参与会审。秋审时,都察院除左都御史和左副都御史等堂官参与会审外,十五道亦参与会审,惟并非十五道官员均参与会审。乾隆十四年(1749年)以前,仅六掌道御史参与会审。乾隆十四年各道并给印信,同年奏准:"嗣后秋审时,除掌道御史照旧与审外,其余御史遇审某省,即令某道御史一同上班与审。"⑤ 可知自是年起,除十五道之掌道御史参与会审外,十五道之协道御史于各职掌范围内之案件亦得参与会审。

4. 会同复核京师朝审案件

清代朝审,与秋审类似。中央亦由九卿、詹事、科道参与会审。朝审时,都察院除左都御史和左副都御史等堂官参与会审外,十五道亦参与会审,惟亦非十五道官员均参与会审。乾隆十四年(1749年)以前,仅六掌道御史参

---

① 《大清会典事例》卷1021,13页。
② 《大清会典》卷69,9页。
③ 《大清会典事例》1021卷,13页。
④ 同上书卷1021,14页。
⑤ 同上书卷1021,17页。

与会审。乾隆十四年,各道并给印信,同年奏准:"嗣后朝审时,除掌道御史照旧与审外,……令河南道御史上班与审。"① 可知自是年起,除十五道之掌道御史参与会审外,河南道协道御史亦得参与会审。乾隆二十年(1755年),京畿道改列河南道前,互易职掌。得参与会审者遂易为京畿道协道御史。

乙、六科职掌

六科司法审判上之职掌,主要有二:

1. 会同复核各省秋审案件

六科原为独立机关,雍正元年(1723年)始改隶都察院。惟自康熙十二年(1673年),秋审正式形成制度时起,六科即参与会审,会同复核各省秋审案件。雍正元年六科改隶都察院后,此项职掌亦无变更。六科中,似仅六科掌印给事中有权参与会审,复核各省秋审案件。

2. 会同复核京师朝审案件

自顺治十年(1653年)恢复朝审起,六科即参与会审,会同复核京师朝审案件。雍正元年六科改隶都察院后,此项职掌亦无变更。六科中,似仅六科掌印给事中有权参与会审,复核京师朝审案件。

(三)都察院各机构及其职掌

都察院职掌有监察、司法审判及司法行政等三大类,兹将都察院各机构有关司法审判及司法行政之职掌,分述如下:②

1. 当月处:乾隆四年(1739年)定本院直月。日以满洲御史一人,收各部院八旗一切文移,并内阁传抄事件。

2. 督催所:乾隆十三年(1748年)奏准:"照各部例设立督催所,按年轮委满汉御史各一人,凡各厅、各道、五城承办事件,由所委御史实力督催,按限完结。"

3. 经历厅:经历满洲一人,汉一人。掌科道差、五城注销并管辖吏役等事。乾隆六年(一七四一年)奏准,吏、户、刑等部关涉事件,归并经历掌管。自此,都察院原设之吏、户、刑等三房并入经历厅。

4. 都事厅:都事满洲一人,汉一人。掌缮本及满官册籍。乾隆六年奏准,礼、兵、工等部事,归并都事掌管。自此,都察院原设之礼、兵、工等三房并入都事厅。

---

① 《大清会典事例》卷1021,14页。
② 同上书卷1030,17~18页。

〔十五道〕①

5. 京畿道：掌印监察御史满洲一人、汉一人，监察御史满洲一人、汉一人。掌直隶、盛京刑名，办理朝审情实人犯之勾到。

6. 河南道：掌印监察御史满洲一人、汉一人，监察御史满洲一人、汉一人。掌河南刑名，办理秋审河南省情实人犯之勾到。(以下十三道均各自办理秋审各该省情实人犯之勾到)

7. 江南道之掌印监察御史满洲一人、汉一人，监察御史满洲一人、汉一人。掌江苏、安徽刑名。

8. 浙江道：掌印监察御史满洲一人、汉一人，监察御史满洲一人、汉一人。掌浙江刑名。

9. 山西道：掌印监察御史满洲一人、汉一人，监察御史满洲一人、汉一人。掌山西刑名。

10. 山东道：掌印监察御史满洲一人、汉一人，监察御史满洲一人、汉一人。掌山东刑名。

11. 陕西道：掌印监察御史满洲一人、汉一人，监察御史满洲一人、汉一人。掌陕西、甘肃、新疆刑名。

12. 湖广道：掌印监察御史满洲一人、汉一人，监察御史满洲一人、汉一人。掌湖北、湖南刑名。

13. 江西道：掌印监察御史满洲一人、汉一人，监察御史满洲一人、汉一人。掌江西刑名。

14. 福建道：掌印监察御史满洲一人、汉一人，监察御史满洲一人、汉一人。掌福建刑名。

15. 四川道：掌印监察御史满洲一人、汉一人。掌四川刑名。

16. 广东道：掌印监察御史满洲一人、汉一人。掌广东刑名。

17. 广西道：掌印监察御史满洲一人、汉一人。掌广西刑名。

18. 云南道：掌印监察御史满洲一人、汉一人。掌云南刑名。

19. 贵州道：掌印监察御史满洲一人、汉一人。掌贵州刑名。

〔六科〕②

20. 吏科：掌印给事中满洲一人、汉一人，给事中满洲一人、汉一人。得参与秋审及朝审。

21. 户科：掌印给事中满洲一人、汉一人，给事中满洲一人、汉一人。得

---

① 参见《大清会典》卷 69,8~9 页。
② 同上书卷 69,2 页。

参与秋审及朝审。

22．礼科：掌印给事中满洲一人、汉一人，给事中满洲一人、汉一人。得参与秋审及朝审。

23．兵科：掌印给事中满洲一人、汉一人，给事中满洲一人、汉一人。得参与秋审及朝审。

24．刑科：掌印给事中满洲一人、汉一人，给事中满洲一人、汉一人。得参与秋审及朝审，掌秋审及朝审情实人犯之复奏、朝审勾到人犯之监视行刑。

25．工科：掌印给事中满洲一人、汉一人，给事中满洲一人、汉一人。得参与秋审及朝审。

都察院除上述机构外，另设有稽察宗人府御史衙门、稽察内务府御史衙门等，因与司法审判及司法行政较少牵连，兹不赘述。

三　大理寺

(一) 大理寺设置沿革

清人关前，原未设大理寺，自然亦未采行三法司会审制度。惟清人关后，迅速接收明朝政府机构，并且加以沿袭，大理寺亦在沿袭之列。顺治元年，大理寺设卿满洲一人，汉一人，少卿满洲一人，汉二人。乾隆十三年(1748 年)，裁汉少卿一人。① 自此，大理寺堂官确定为卿二人(满洲一人，汉一人)，少卿二人(满洲一人，汉一人)。

(二) 大理寺职掌

大理寺职司平决，系纯粹之司法审判机关，其职掌亦兼有司法审判及司法行政。关于其司法审判方面之职掌，《大清会典》曰："掌平天下之刑名。凡重辟，则率其属而会勘。……与秋审、朝审。"②

大理寺司法审判上之职掌，主要有四：

1．会同复核各省死罪案件

关于大理寺会同复核各省死罪案件之程序，《大清会典》定曰："凡重辟，……在外者，寺受揭帖。(各省总督、巡抚具题重辟，皆以随本揭帖投寺，各按其应分应轮，发左、右寺。)各定谳以质成于卿、少卿，而参合于部谳。(左、右寺先据揭帖，详推案情，与所拟罪名、所引律例是否符合？预定谳语

---

① 参见《大清会典事例》卷 1043,1～2 页。
② 《大清会典》卷 69,16 页。

呈堂。俟刑部定稿送寺,谳语相合无疑义者,堂属一体画题。)"①

2. 会同审理京师死罪案件

关于大理寺会同复核京师死罪案件之程序,《大清会典》定曰:"凡重辟,在京者,左、右寺各会其刑司(指刑部该司)与其道(指都察院该道)而听之,以质成于卿、少卿。(左、右寺暨各道御史过部,与承办之司官会审,曰:小三法司。各以供词呈堂,大理寺复与部院堂官会审。无疑义者,俟刑部定稿送寺,堂属一体画题。)"②

3. 会同复核各省秋审案件

关于大理寺会同复核各省秋审案件之程序,《大清会典》定曰:"凡秋审案件,刑部随各省具题到部先后,将原案贴黄及法司督抚谳语列册进呈御览,仍分送本寺。八月内,本寺会同九卿、詹事、科道亦于天安门外金水桥西,详核情实、缓决、可矜,分拟具题。"③

4. 会同复核京师朝审案件

关于大理寺会同复核京师秋审案件之程序,《大清会典》定曰:"刑部监候秋决重犯(指朝审人犯),每年于复核具奏后摘叙紧要情节,列册进呈御览,仍分送本寺。八月初间,本寺会同九卿、詹事、科道于天安门外金水桥西,详核情实、缓决、可矜,分拟具题。"④

(三) 大理寺各机构及其职掌

大理寺所属机构不多,其中左寺及右寺职司司法审判,档房及司务厅则从事司法行政。兹分述如下:⑤

1. 档房:堂评事满洲一人。掌缮左、右寺之题本与其奏折,收在京衙门之文书。

2. 司务厅:司务满洲一人、汉一人。掌治吏役,收外省衙门之文书,凡案之注销者,卷之照刷者,皆汇而送焉。

3. 左寺:寺丞满洲一人、汉军一人、汉一人,评事汉一人。掌分核内外之刑名。分掌顺天府部分州县、直隶省部分州县并奉天、山东、江苏、安徽、浙江、四川、广东、贵州等省刑名。八旗五城现审之件,均与刑部签掣承办司分会谳。⑥

---

① 《大清会典》卷69,17页。
② 同上书,16~17页。
③ 《大清会典事例》卷1043,8~9页。
④ 同上书卷1043,8页。
⑤ 同上书卷69,16页。
⑥ 同上书卷1043,2页。

4. 右寺：寺丞满洲一人、汉军一人、汉一人，评事汉一人。掌分核内外之刑名。分掌顺天府部分州县、直隶省部分州县并山西、河南、江西、福建、湖北、湖南、陕西、甘肃、广西、云南等省刑名。八旗五城现审之件，均与刑部签掣承办司分会谳。①

附表一：清代三法司会核各省死罪案件职掌分配表

省分（或地区） \ 三法司	刑 部	都察院	大理寺
1. 直隶	直隶司	京畿道	左寺右寺轮掌
2. 盛京（奉天）	奉天司	京畿道	左 寺
3. 吉林	奉天司	京畿道	左 寺
4. 黑龙江	奉天司	京畿道	左 寺
5. 江苏	江苏司	江南道	左 寺
6. 安徽	安徽司	江南道	左 寺
7. 山西	山西司	山西道	右 寺
8. 山东	山东司	山东道	左 寺
9. 河南	河南司	河南道	右 寺
10. 陕西	陕西司	陕西道	右 寺
11. 甘肃	陕西司	陕西道	右 寺
12. 浙江	浙江司	浙江道	左 寺
13. 江西	江西司	江西道	右 寺
14. 湖北	湖广司	湖广道	右 寺
15. 湖南	湖广司	湖广道	右 寺
16. 四川	四川司	四川道	左 寺
17. 福建	福建司	福建道	右 寺
18. 广东	广东司	广东道	左 寺
19. 广西	广西司	广西道	右 寺
20. 云南	云南司	云南道	右 寺
21. 贵州	贵州司	贵州道	左 寺
22. 新疆	陕西司	陕西道	右 寺

说明：一、清初原有十八省及盛京、吉林、黑龙江、新疆等四地区，光绪八年（1882年）设新疆省；光绪十一年设台湾省，光绪二十一年割台湾与日本；光绪三十三年设奉天、吉林、黑龙江三省，至此，除台湾外，全国共有22个省。

二、乾隆六年（1741年），刑部改现审左司为奉天司，改现审右司为直隶司，十八司之名称始行确定。乾隆十四年（1749年），都察院十五道并给印

---

① 《大清会典事例》卷1043，3页。

信,各自分理各省刑名。故本表适用期间始自乾隆十四年(1749年)至宣统三年(1911年)止。

三、本表制作资料参见《大清会典》,卷69,16页。

附表二:清代三法司会审京师死罪案件职掌分配表

刑　部		都察院	大理寺
直隶司	现审案件	京畿道	左寺右寺轮掌
奉天司	现审案件	京畿道	左　寺
江苏司	现审案件	江南道	左　寺
安徽司	现审案件	江南道	左　寺
山西司	现审案件	山西道	右　寺
山东司	现审案件	山东道	左　寺
河南司	现审案件	河南道	右　寺
陕西司	现审案件	陕西道	右　寺
浙江司	现审案件	浙江道	左　寺
江西司	现审案件	江西道	右　寺
湖广司	现审案件	湖广道	右　寺
四川司	现审案件	四川道	左　寺
福建司	现审案件	福建道	左　寺
广东司	现审案件	广东道	左　寺
广西司	现审案件	广西道	右　寺
云南司	现审案件	云南道	右　寺
贵州司	现审案件	贵州道	左　寺

说明:一、京师现审案件系由刑部十七司轮流签分,签分之承办司分确定后,会审之道、寺亦随之确定。

二、本表适用期间与附表一相同,始自乾隆十四年(1749年),至宣统三年(1911年)止。

三、本表制作资料参见大清会典,卷69,16页。

第二节　其他机关

一　议政衙门

(一)议政王大臣之演变

清人关前已建立议政制度。太祖时,八固山王即系议政王,五大臣(或八大臣)即系议政大臣。太宗时,议政王之范围较前扩大,新封诸王经任命后亦得参与议政。如崇德七年(1642年)七月己丑,太宗"命郡王阿达礼管礼部事,并与议政。"① 又议政大臣之范围亦较前扩大,天命十一年(1626年)九月丁丑,太宗"与诸贝勒定议,设八大臣,……为八固山额真,总理一切事务。凡议政处,与诸贝勒偕坐共议之。"② 崇德二年四月丁酉,太宗"命固山贝子尼堪、罗托、博洛等与议国政。每旗各设议政大臣三员,以巩阿岱……等充之。"③ 清入关前,议政王大臣得共议国政,议政范围极广,一切军事、政治、财经、司法审判重大事项均在议政范围之内。其于司法审判上之职权,详见前章"清入关前司法审判制度"。

清入关后,议政王大臣共议国政之传统依然维持着。惟议政制度之性质已起重大变化。崇德以后,议政王之权力已大为削减。清入关后,议政王之任命罢除更已完全操之于皇帝。"其与议国政之性质乃由初时之有若诸侯共商国事,逐渐转变为臣僚之献替可否。"④

清入关后,议政大臣之增设裁减,变化亦大。关于议政大臣之增设,顺治康熙年间,内阁大学士、六部尚书(侍郎)、理藩院尚书、都察院左都御史、前锋统领、护军统领等曾先后被选授为议政大臣。

1. 顺治九年(1652年)十月甲寅,"以内阁大学士希福、范文程、额色黑,户部尚书车克、礼部尚书觉罗郎球、兵部尚书蒙古固山额真明安达礼、刑部尚书蒙古固山额真济席哈、工部尚书星纳为议政大臣。"⑤

2. 康熙二十九年(1690年)二月辛未,"命理藩院尚书阿喇尼、左都御史马齐为议政大臣。旧例理藩院尚书、左都御史皆不预议政,至是著为令。"⑥

3. 康熙四十年(1701年)十月甲子,"谕大学士等:议政大臣内向不用侍郎及前锋统领、护军统领等员,今将职名一并开列具奏,朕将酌量简用。寻大学士等遵旨开列职名具奏。得旨:前锋统领吴达禅、护军统领达佳、吏部左侍郎傅继祖、户部右侍郎温达、兵部左侍郎法良、工部左侍郎敦拜俱著为议政大臣。"⑦

关于议政大臣之裁减,康熙年间,八旗特设之议政大臣(每旗三员,共二十四员)及八旗满洲、蒙古都统(每旗二员,满蒙各一,共十六员),其议政大

---

① 《清太宗实录》卷61,35页。
② 同上书卷1,11页。
③ 同上书卷34,23页。
④ 傅宗懋:《清代军机处组织及职掌之研究》,53页。
⑤ 《清世祖实录》卷69,11页。
⑥ 同上书卷144,17页。
⑦ 同上书卷260,6~7页。

臣职务先后被裁减。

1. 康熙元年(1662年)正月丁酉,"吏部以正白旗议政大臣员缺请补,得旨:满洲、蒙古都统及尚书俱系议政大臣,其每旗所设议政大臣可以裁去,著议政王大臣会议具奏。"①

2. 康熙二十四年(1685年)三月乙丑,"谕大学士等:议政所关殊为机密重要,今见凡所议之事,方经议讫,即已宣露。又满洲、蒙古都统,本以人才勇健授为都统,非以其谙达事务而授之也。都统中不克晓达事务者甚多,诸若此者,宜罢其议政。"②

康熙二十九年以后,议政大臣之人选大多来自下列满蒙官员:(一)内阁大学士、(二)六部尚书(侍郎)、(三)理藩院尚书、(四)都察院左都御史。又前锋统领及护军统领及其他官员偶而亦被选授为议政大臣,八旗都统已不再被选授为议政大臣。总的来说,康熙二十四年以前,议政大臣中武职官员较多;康熙二十四年以后,议政大臣中文职官员较多,组成人员与前大不相同。这是因为康熙二十年,清廷已平定三藩之乱;康熙二十二年,清廷又已将台湾收入版图,国家统一已基本上完成,武职官员之重要性已大不如前,议政之重点已由军事转为政务,故议政大臣文职官员增多,武职官员减少。

雍正八年(1730年)设立军机处后,议政制度又起变化。议政王如未被选授为军机大臣,则无议政之权,议政王之名衔仅系虚衔而已。议政之权已转移至军机处。议政大臣之情形与议政王类似,嘉庆时,礼亲王昭梿曰:"雍正中设立军机处,(议政大臣)议政之权遂微,然犹存其名以为满大人兼衔。"③

乾隆五十六年(1791年)更进一步取消了议政王大臣虚衔。是年十月上谕:"国初以来设议政王大臣,彼时因有议政处,是以特派王大臣承充办理。自雍正年间设立军机处之后,皆交军机大臣每日召对,承旨遵办,而满洲大学士、尚书向例俱兼虚衔,并无应办之事,殊属有名无实。……所有议政空衔著不必兼充。"④

自乾隆五十七年至咸丰十年(1860年),此六十九年间,未再见议政王或议政大臣的记载。咸丰十一年(1861年)七月,咸丰帝崩,两宫太后垂帘听政,旋选授恭亲王奕䜣为议政王,在军机处行走。此系议政王停止选授六

---

① 《清世祖实录》卷6,4~5页。
② 同上书卷120,4页。
③ 昭梿:《啸亭杂录》卷4,"议政大臣"条。
④ 《清高宗实录》卷1389,26~27页。

十九年来之首次恢复。至于议政大臣,则自乾隆五十七年至清亡止,始终未见恢复选授。

(二) 议政衙门(议政处)之演变

清入关前,议政王大臣处理议政事务,自有议政场所,此一议政场所是否设有固定之常设衙门,目前尚未明晰,仍有待进一步之考查。此一议政场所之名称,见于史料者有三:

1. 议政处:天命十一年(1626年)九月丁丑,太宗"与诸贝勒定议,设八大臣,……为八固山额真,总理一切事务。凡议政处,与诸贝勒偕坐共议之。"①

2. 会议处:崇德三年八月辛丑,"睿亲王闻言,遂于会议处,告于诸亲王、郡王、贝勒、贝子、固山额真、议政大臣共议之。"②

3. 议政衙门:崇德六年三月戊戌,"上闻多罗睿郡王多尔衮等俱至议政衙门。"③

据笔者推断,天命十一年所称之"议政处"及崇德三年所称之"会议处",应系指会议场所而言,而崇德六年所称之"议政衙门"应系指固定之常设衙门。惟因清入关前史料并无有关设置"议政衙门"之正式记载,以致该衙门之人员编制等均无由得知,难以申论。

清入关后,议政衙门仍继续设置。顺治、康熙、雍正三朝,国家重大政务(含司法审判)多交议政王大臣会议具奏,政务十分繁重的议政衙门应设有相当数量之执事人员,以应政务需要。此时议政衙门称为"议政处"。(康熙起居注内曾多次提及)"议政处"至乾隆十一年(1746年)仍然存在:

乾隆十一年(1746年)三月二十四日军机处奏:"张允随所奏卡瓦一折,奉朱批:议政王大臣速议具奏。因系兵部主编,是以内阁传抄。伏思议政处与各衙门不同,嗣后凡议政处事件,俱交内阁,专交该衙门办理,不得收抄。谨奏。奉旨:是。"④

"议政处"之正式裁撤,亦未见史料记载。据笔者推断,乾隆五十六年,奉上谕取消议政王大臣虚衔,"议政处"之正式裁撤亦应在此年。又咸丰十一年,议政王虽已恢复选授,但"议政处"并未恢复设置,国家重大政务均透过军机处施行。

---

① 《清太宗实录》卷1,11页。
② 同上书卷43,7页。
③ 同上书卷55,13页。
④ 梁章钜:《枢垣记略》卷13。

"议政衙门"(议政处)系满洲传统议政制度之一环,与明制有异。清入关后,采行明制,议政衙门(议政处)遂不见于《大清会典》。其设置、人员编制及裁撤等,均极隐密,史料极少,其详情难以得知。

(三) 议政王大臣等司法审判上之职权

清初诸帝于重大案件(如反逆案件、官员贪渎案件等)常发交议政王大臣等会议定拟具奏。此一司法审判上之惯例,形成于顺治初年,后来更成为制度。顺治十年(1653年)十月丁丑,谕刑部:"朕思重囚犯罪,法固难宥。……自今以后,三法司照常核拟进奏,复批议政王贝勒大臣详确拟议,以凭定夺施行。"① 自此以后,议政王大臣得奉旨审判重大案件,成为司法审判上之重要制度。以下案例可以说明清初议政王大臣奉旨审判重大案件之情形:

(1) 康熙四年(1665年)三月壬寅,先是江南徽州府新安卫官生杨光先叩阍,进所著《摘谬论》一篇,摘汤若望新法十谬。又《选择论》一篇,摘汤若望选择荣亲王安葬日期误用洪范五行。下议政王等会同确议。至是,议政王等逐款鞫问,……得旨:汤若望等并其干连人等应得何罪,仍著议政王贝勒大臣、九卿、科道再加详核,分别确议具奏。②

(2) 康熙八年(1669年)五月戊申,命议政王等拿问辅臣公鳌拜等。本案系清初大案之一,经康亲王杰书等会谳,列鳌拜大罪三十,议将鳌拜革职立斩,其亲子、兄弟亦斩,妻并孙为奴,家产籍没。本案后奉旨,(鳌拜)从宽免死,革职籍没,仍行拘禁。③

(3) 康熙二十一年(1682年)正月丁卯,议政王大臣会议,……逆贼耿精忠等十人应凌迟处死,……上曰:耿精忠等事关重大,著议政王大臣、九卿、詹事、科道会同详议。④

(4) 康熙四十四年(1705年)闰四月乙未,刑部题:原任吏部郎中陈汝弼、原任温处道黄钟,行贿作弊,俱拟绞监候。上曰:著议政大臣、九卿、詹事、科道会同再行严加确审定拟具奏。⑤

上述案例,前三案均系由皇帝直接发交议政王大臣等会议定拟具奏。第四案则系刑部审拟题后,皇帝再发交议政大臣等严审定拟具奏。前者系初审,完全取代了刑部或三法司之初审;后者系复审,刑部已先行初审。

---

① 《清世祖实录》卷86,18页。
② 同上书卷14,27~29页。
③ 同上书卷29,3~18页。
④ 同上书卷100,11~12页。
⑤ 同上书卷220,12~13页。

此外,亦有先经刑部初审,再经三法司复审,最后再经议政王大臣三审之案件。如顺治十一年(1654年)镶白旗牛录章京郭文焕家刘三将妻刘氏打死一案,顺治八年初七日案发,刑部旋即审拟具题。顺治十一年九月二十五日奉旨:"三法司核拟具奏。"三法司遂再行复审定拟具题。顺治十二年正月十三日奉旨:"议政王贝勒大臣详确拟议具奏。"议政王贝勒大臣遂再行三审。① 惟此种之复审程序与清入关前三复审程序之性质并不相同。前者系真正之三复审,后者仅系三复讯而已。

二 内 阁

(一) 内阁设置沿革

清入关前,并未设立内阁。惟类似之机关则有之。天聪三年(1629年)设文馆于盛京。天聪十年(1636年)改文馆为内三院,曰内国史院,掌记注诏令,编纂史书及撰拟诸表章之属。曰内秘书院,掌撰外国往来文书及勅谕祭文之属。曰内宏文院,掌注释历代行事善恶,劝讲御前,侍讲皇子,并教诸亲王及德行制度之属。各设大学士掌之。②

清入关后,裁明之翰林院。顺治二年(1645年),以翰林院官分隶内三院,称内翰林国史院、内翰林秘书院、内翰林宏文院。顺治十五年(1658年)改内三院为内阁,大学士俱改内阁衔。顺治十八年(1661年),复改内阁为内国史院、内秘书院、内宏文院。康熙九年(1670年)仍改内阁,另设翰林院如旧制。③ 自此以后,遂成定制。

顺治初年,设满汉大学士,不备官,兼各部尚书衔。顺治十五年定,以大学士分兼殿阁,称中和殿大学士、保和殿大学士、文华殿大学士、武英殿大学士、文渊阁大学士、东阁大学士。康熙九年改内三院为内阁后,其大学士官衔俱照顺治十五年之例。④ 康熙年间,满汉大学士多用至四员,至雍正年间,多用至六员。⑤ 乾隆十三年(1748年),大学士定为满汉各二员,大学士兼衔省去中和殿,增入体仁阁,即其兼衔由四殿二阁改为三殿三阁。⑥

大学士之下,设有协办大学士。协办大学士始设于雍正年间,初置一二

---

① 见中央研究院历史语言研究所所藏明清档案,转引自刘景辉著:《满洲法律及其制度之演变》,71~72页。
② 《大清会典事例》卷11,1页。
③ 同上。
④ 同上书卷11,2~3页。
⑤ 同上书卷11,4页。
⑥ 同上书卷11,4~5页。

人协办,乾隆十三年定为满汉或一员或二员。① 此后以满汉各一员为常。协办大学士之下,设有学士。康熙十二年定为满洲六员、汉四员。②

(二) 内阁职掌(有关司法审判部分)

清初顺治、康熙、雍正三朝,内阁地位崇隆,国家政务俱出于内阁。雍正年间设立军机处后,军国大政俱出于军机处,内阁之权遂为军机处所分。惟国家政务中例行事务极多,仍由内阁处理,其重要性依然存在。关于其职掌,《大清会典》定曰:"掌议天下之政,厘治宪典,总钧衡之任,以赞上理庶务。"③ 所谓"议天下之政"自包括司法审判与司法行政。惟内阁与三法司不同,通常内阁并不直接进行司法审判,内阁系透过票拟,参与司法审判,审核法司所定拟之判决是否允当或合法。此外,内阁大学士亦经常以个人身份奉旨审判重大案件或参与秋审及朝审。

清代公文书主要有二种:一为题本(或称本章),一为奏折。清初顺治、康熙、雍正三朝公文书以题本为主。康熙初年以后,开始使用奏折。惟康熙、雍正两朝期间,奏折系君臣间之秘密文书,不能公开使用。乾隆初年以后,奏折逐渐化暗为明,成为正式公文书。因其使用及处理较为便捷,其使用范围日趋扩大,重要性日增,逐渐取代题本。光绪二十七年(1901年)八月,清廷更正式废除题本,完全以奏折取代题本。惟有清一代,自顺治元年至光绪二十七年,二百五十八年间,国家政务仍系以题本方式处理者最多,题本之重要性仍不容忽视。

内阁之主要职掌系为皇帝处理题本,所有有关司法审判之题本均经由内阁处理,内阁因之得以参与司法审判。易言之,内阁大学士及协办大学士因之得以参与司法审判。内阁对有关司法审判题本之处理程序,系清代司法审判程序之重要环节。

题本分为通本与部本。"各省将军、督抚、提镇、学政、顺天奉天府尹、盛京五部本章,俱赍至通政司,由通政司送阁,为通本。"④ "六部本章及各院府寺监衙门本章,附于六部之后,统为部本。"⑤

清代各部院衙门之部本多系满汉文合璧,而各省之通本则多系只有汉文,无满文。两者之处理程序稍有不同。兹列表分述如后:

---

① 《大清会典事例》。
② 同上书卷11,3页。
③ 《大清会典》卷2,1页。
④ 同上书卷2,6页。
⑤ 同上。

甲、各省题本(通本)处理程序表[①]

顺序	机 关	工 作 项 目
1.	各省	将题本送通政使司。
2.	通政使司	1. 校阅题本。 2. 将题本送阁。
3.	内阁(汉本房)	照贴黄(题本之摘要)缮清文(即满文)。
4.	内阁(满本房)	照所缮清文缮写清文(即缮写为工整之清文)。
5.	内阁(汉票签处)	(1)详校汉文。 (2)检查票签成式。 (3)拟写汉文草签。
6.	内阁(满票签处)	(1)详校清文。 (2)检查票签成式。 (3)拟写清文草签。 (4)呈堂(大学士、协办大学士)阅定票拟。 (5)缮写清汉文正签。
7.	内阁(批本处)	恭递题本于皇帝。
8.	皇帝	批览题本。
9.	内阁(批本处)	1. 领回题本。 2. 由批本处照钦定清字签,用红笔批于本面(即清文本正面)。 3. 由汉学士照钦定汉字签,用红笔批于本面(即汉文本正面)。
10.	内阁(满票签处)	领回红本(已批红之题本)。
11.	内阁(红本处)	将红本交六科。
12.	六科	1. 科抄(事属某部者,即由某科钞清汉文交出某部。) 2. 岁终将红本缴纳于内阁。
13.	各部院	奉旨该衙门议复、知道、察核或察拟者,依批红办理。

各省题本奉旨该衙门议复、察核或察拟者,必须进行第二阶段处理程序,各省题本如奉旨该部知道者,则仅止于第一阶段。此两阶段之起讫点分述如下:

第一阶段:通政使司—内阁—皇帝—内阁—六科—各部院。

---

① 参见《大清会典》卷 2,6～22 页;卷 69,3 页;卷 69,13 页。

第三章 清代中央司法审判机关

第二阶段:各部院—内阁—皇帝—内阁—六科—各部院。

前述处理程序表系各省题本第一阶段处理程序。各省题本第二阶段处理程序,即系各部院题本处理程序,应并入各部院题本处理程序中讨论。

各省题本第一阶段处理程序中,内阁之票拟极为简单。"某票拟之式,凡通本内应议覆者,则交各部院议奏,或查议,或察议,或议处,或严议,或速议。毋庸议覆者,则交各部院知道。钱粮出纳,则交部察核。刑名本罪至斩绞者,由三法司核拟,军流以下,由刑部核拟。"① 所谓刑名本,即各省送至通政使司之有关司法之题本。此等题本绝大多数奉旨:"刑部议奏"、"刑部核拟具奏(或速奏)"或"三法司核拟具奏(或速奏)"。奉旨后,仍须进行第二阶段处理程序。

乙、各部院题本(部本)处理程序表②

顺序	机　　关	工　作　项　目
1.	各部院	将题本送内阁。
2.	内阁(汉票签处)	(1)详校汉文。 (2)检查票签成式。 (3)拟写汉文草签。各部院题本有两拟者,内阁缮双签,若三签,若四签,皆备拟以候钦定,申以说帖(即意见书)。
3.	内阁(满票签处)	(1)详校清文。 (2)检查票签成式。 (3)拟写清文草签。 (4)呈堂(大学士、协办大学士)阅定票拟。 (5)缮写清汉文正签。
4.	内阁(批本处)	恭递题本于皇帝。
5.	皇帝	(1)批览题本。 (2)下达谕旨。
6.	内阁(批本处)	(1)领回题本。 (2)由批本处照钦定清字签,用红笔批于本面(即清文本正面)。 (3)由汉学士照钦定汉字签,用红笔批于本面(即汉文本正面)。
7.	内阁(满票签处)	领回红本(即已批红之题本)。
8.	内阁(红本处)	将红本交六科。

---

① 《大清会典》卷2,7页。
② 参见《大清会典》卷2,6~22页;卷69,3页;卷69,13页。

顺序	机 关	工 作 项 目
9.	六科	(1)科钞(事属某部者,即由某科钞清汉文交出某部)。 (2)封还执奏(本章已经奉旨,如确有不便之处,许该科封还执奏。) (3)驳正(本章已经奉旨,如内阁票签批本错误,及部院督抚本内事理未协,并听驳正。) (4)岁终将红本缴纳于内阁。
10.	各部院	遵奉谕旨执行。

各部院题本(部本)处理程序与各省题本(通本)处理程序有异,其效果亦不同。前者多数具实质性,因各部院题本经奉旨后,即成为国家政务之最终裁决。后者则多数仅具程序性,因各省题本经奉旨后,尚有待各部院进一步处理。两相比较可知,前者之重要性较后者为高。

关于两种处理程序之相异点兹分述如下:

1. 各部院题本系径送内阁,各省题本则须先送通政使司。

2. 各部院题本原已有清文,故无须缮清文及缮清文,即无须经由内阁之汉本房及满本房。各省题本则须先缮清文及缮清文,即须先经由内阁之满本房及汉本房。

3. 各部院题本之票拟较为复杂。各部院题本寻常事件,内阁皆票依议及知道了等签。如各部院所议未协,内阁随时更正票拟。[①] 各部院题本有两拟者(即两种处理意见),内阁应票双签:"各部院题请事件,有应准应驳未敢擅便,……本内双请候钦定者,……俱照拟(即部院定拟之处理意见)票写双签。"[②] 此外,三法司核拟罪名,……其有罪名已定而情节实可矜悯者,照拟(即部院定拟之处理意见)票写一签,再票九卿定议一签。"[③] 又"三法司驳审本,票依议一签,再票部驳甚是一签。"[④] 除上述内阁票双签之情形外,更有内阁票三签者,"三法司驳审本有该督抚原拟本无舛错,法司误驳者,除票双签(即依议一签及部驳甚是一签)外,再票照该督抚所拟完结一签。"[⑤]

---

① 参见《大清会典》卷2,7页。
② 《大清会典》卷2,7页。
③ 同上。
④ 同上。
⑤ 同上书卷2,8页。

"凡票拟双签、三签、四签,(内阁)皆加具说帖,申明义例。"① 至于各省题本之票拟则极为简单,前已述及,兹不赘述。

4. 各部院题本内阁票拟之处理意见多数具实质性,皇帝于批览后,常下达谕旨,指示政务处理原则。各省题本内阁票拟之处理意见则多数仅具程序性,皇帝于批览后,尚无须下达谕旨,指示政务处理原则。(有关参劾官员之各省题本则属例外)

5. 各部院题本已经奉旨,如确有不便之处,六科得封还执奏。如内阁票签错误,及部院督抚本内事理未协,六科得驳正。各省题本之票拟极为简单,多数仅系程序性,故无所谓六科"封还执奏"或"驳正"。

清代题本制度系沿袭明制而来,处理程序重复迂缓,容易泄密,十分不便,尤其是各省题本处理程序更是如此。以现代公文处理观念视之,此一处理程序似可省略,可与各部院题本处理程序合而为一。

清代内阁对各部院题本有票拟之权,票拟即由内阁写出所定拟之处理意见。就司法审判而言,对刑部或三法司等机关之题本,内阁可票写单签、双签、三签或四签,依其实际情形定拟出不同处理意见。内阁于有关司法审判之题本,或拟准,或拟驳,或拟以其他方式处理。就司法审判而言,内阁之票拟权,亦系司法审判权。使内阁有权审核法司所定拟之判决是否妥当或合法。

(三) 内阁大学士等司法审判上之职权

内阁对有关司法审判之题本,有票拟权。票拟权之行使系以内阁之名义行之,票拟之意见代表内阁全体之意见,而非某一大学士或者协办大学士之意见。票拟权为内阁之重要权力,系内阁参与司法审判之主要方式。除此种方式之外,内阁大学士、协办大学士或学士亦常以其他方式参与司法审判。其情形如下:

1. 参与司法审判最终裁决时之咨询

清代司法审判之最终裁决权掌握在皇帝手中,无论是各省案件或是京师案件,均系如此。雄才大略的皇帝对于司法审判更是极为重视,清初康、雍、乾三帝均系直接牢牢掌握此项权力,管理庞大的行政机关,处理政务。

中国幅员广大,人口众多,司法案件数量极大,皇帝必须倚靠中央司法审判机关先行审理或复核。法司(指中央司法审判机关)定拟出判决后,须奏闻于皇帝,由内阁票拟意见,再由皇帝为最终裁决。司法案件案情错综复杂,诡谲多变,大清律例未能悉予规范,法司定拟之判决或未尽妥当,或一案

---

① 《大清会典》卷 2,7 页。

两议,或甚至与律例不合,皇帝为最终裁决时,常向内阁大学士等咨询,征询其意见。票拟是内阁全体参与司法审判之重要方式,参与咨询则是内阁大学士等参与司法审判之重要方式。

内阁大学士等参与咨询之方式,多数系个别参与咨询,内阁大学士等各自向皇帝奏陈判决意见。也有少数系集体参与咨询,如内阁大学士等奉旨会同拟议,此时须定议后向皇帝奏陈集体之判决意见。皇帝咨询之范围很广,法司定拟之判决是否合法及妥当均在咨询范围内。兹举下列案例说明之:

(1)康熙十八年(1679年)十月初二日癸亥,"内阁大学士、学士随捧折本面奏请旨,……刑部议楚省民胡玉舒纠众夺寡妇管氏与其子为妻,应拟绞事。上曰:'为首与为从之人俱已治罪,其子占寡妇为妻,反不行治罪,可乎?'大学士索额图、明珠奏曰:'律内所定如此。'李蔚奏曰:'既有定律,或俟秋审再议。'冯溥奏曰:'此因伊父夺与其子为配,故议罪如此。'上曰:'仍著再行确议。'"①

(2)康熙二十年(1681年)五月二十五日丁丑,"大学士、学士随捧折本面奏请旨,……江宁巡抚慕天颜题,强盗张天性等打劫施又儒家,欲将失主杀死。同伙沈淑静、孙子奇劝止,又煮水与失主夫妇饮,以救其寒冷,应否从宽,听候法司定夺。部议定例从无因劝止送行宽免之条,应无容议。上曰:'尔等云何?'勒德洪、明珠奏曰:'此二人情有可原,故臣等拟票秋后处决。'上曰:'强盗情罪,原以杀人为重,劫财为轻。若强盗劫财,而不曾伤人者,律文亦有分别。此案情事本属创见,径行宽免可乎?'勒德洪、明珠奏曰:'圣恩宽免,亦无不可。'李蔚、冯溥奏曰:'强盗劫财而不伤人者,意行宽免,以后恐盗贼滋多矣。'学士希福奏曰:'格外宽免,后不为例,似亦可行。'李光地奏曰:'目今饥荒,所以穷民为盗者多。'张玉书奏曰:'律无可逭,而情有可原,格外宽免,总出自圣裁。'上曰:'各犯俱著立斩。沈淑静、孙子奇著监候,秋后处决。'"②

(3)康熙二十二年(1683年)闰六月十七日丁巳,"上御行宫,学士等捧折本面奏请旨,……刑部议丹阳县知县卞三锡闻母丧不即回旗,又钱粮交待故意迟延,应杖一百折赎事。上曰:'卞三锡闻丧不即回旗,不速交明钱粮,久住扬州,情甚可恶。应鞭一百,不准折赎。此事亦发与大学士等

---

① 《康熙起居注》,康熙十八年十月初二日癸亥。
② 同上书,康熙二十年五月二十五日丁丑。

商酌。'"①

（4）康熙二十二年（1683年）九月二十四日壬辰，"上御行宫，内阁学士等捧折本面奏请旨，……刑部再议陈应元因其兄应魁先行殴打，遂反击应魁致死。其父以赡养无人请贷。应元应免死，枷号两月，杖四十。上曰：'陈应元以弟反击其兄，致兄陨命，情罪可恶。兄弟关系伦常，谊不容逭，但其父年老无人赡养，亦属可悯。应作何处分方为允协，可令满汉大学士等会同详酌议奏。'"②

上述四案例，第一案系皇帝就法司定拟之判决意见是否合法，咨询内阁大学士等人之意见。第二、三、四案系皇帝就法司定拟之判决意见是否妥当，咨询内阁大学士等人之意见。又第一、二两案系内阁大学士等个别参与咨询之情形，第三、四两案则系内阁大学士等集体参与咨询之情形。

2. 奉旨审判重大案件

清代内阁大学士等常奉旨审判重大案件，奉旨审判之案件或系各省案件，或系京师案件；或系初审，或系复审；审判地或在各省，或在京师；其情形不一，兹举下列案例说明之：

（1）康熙二十三年（1684年）四月十八日癸丑，"上又顾大学士等曰：'近日天旱，宜照前遣大臣往审刑部重犯，著大学士王熙，尚书伊桑阿，学士阿哈达、王鸿绪去。'"③

（2）康熙四十五年（1706年）正月三十日己丑，"宗人府为赵格诬告其主宗室马喀纳杀妻及子，已问流徙。今赵格之子达哈台又代其兄赵格首告马喀纳，以曾为小校出兵、真正满洲之女子二十许口暗拆售卖诸款。审讯皆虚，将达哈台拟鞭一百，发往黑龙江新满洲为奴。上曰：'马喀纳素行不善，此事著交与都察院，提原告再加详审具奏。并著大学士席哈纳、学士二格会讯。'"④

（3）康熙四十五年（1706年）十月二十三日丁未，"大学士席哈纳、吏部侍郎张廷枢、兵部侍郎萧永藻等，为往审土司田舜年事，入请训旨。上命席哈纳等近至御榻前曰：'田舜年一事，关系土司，并于地方总督、提督亦有关系，若不明其本末，辨其是非，则众心不服。尔等到彼，可与前次都御史梅鋗、学士二格同审。凡事必共商酌而行，并取该督口供。如总督理亏，则罪

---

① 《康熙起居注》，康熙二十二年闰六月十七日丁巳。
② 同上书，康熙二十二年九月二十四日壬辰。
③ 同上书，康熙二十三年四月十八日癸丑。
④ 同上书，康熙四十五年正月三十日己丑。

坐总督,如土司理亏,则罪坐土司。'"①

(4) 康熙五十五年(1716年)四月初三日壬辰,"复请刑部等衙门复浙闽总督·觉罗满保所题,大盗许阿福等贼首尚未缉获,赃银费尽,并无失主凭证,仍照前拟斩监侯,秋后处决,准如所拟一疏。上曰:'许阿福等事已多年,应将此等从宽免死,减等完结。尔等(指大学士等)会同三法司议奏。本发回。'"②

上述四案例,第一、二两案均系内阁大学士等奉旨审判京师案件,第三、四两案则均系内阁大学士等奉旨审判各省案件。又四案均系复审,无初审者。至审判地,第一、二、四案均系在京师审判,第三案则系在外省审判。

3. 参与秋审及朝审

各省及京师死罪案件奉旨监候秋后处决者,须经次年秋审,方能最后定案。秋审分地方(督抚)与中央(三法司)两阶段施行,朝审则分刑部、特派大臣、与九卿等三阶段施行。均将案件分为情真(雍正时改为情实)、缓决、可矜、可疑(雍正时删去)、留养承嗣等类具题。内阁大学士等于法司将秋审、朝审案件具题后,除票拟判决意见外,并常于皇帝为最终裁决时(含勾决),参与咨询。兹举下列案例说明之:

(1) 康熙二十四年(1685年)十月二十三日庚戌,"大学士……学士……以折本请旨,……刑部题,秋审山西情真杨洞等十三起,缓决李鹤鸣等十三起,可矜张子彭等五起,共三本。上问曰:'此事尔等云何?'明珠等奏曰:'此内李鹤鸣、张林纶赃银俱已交完。曹理盈殴死伊族弟,其中情有可矜,似俱应减等完结。'上曰:'然。'"③

(2) 康熙二十四年(1685年)十一月初九乙丑,"大学士……学士……以折本请旨,在京秋审重犯,上曰:'尔等所议如何?'明珠等奏曰:'臣等会同再三详阅,此内有将情真拟缓决者,亦有将缓决拟减等者,或有援例议结者。'上曰:'照尔等所议拟票送进,朕详览之。至援引成例,乃部院奉行之事,朕与尔等裁断,必酌量情罪,审度时宜,岂可拘于定例。若果照律执议,则穆尔赛之罪不至于立决矣。今因惩创贪官,故不容宽恕。'明珠等奏曰:'圣谕诚然。凡情真内有可原者,可疑、可矜之内亦有情可恶者,诚难执一而论。'"④

(3) 康熙四十五年(1706年)十月初一日乙酉,"大学士……学士……以

---

① 《康熙起居注》,康熙四十五年十月二十三日丁未。
② 同上书,康熙五十五年四月初三日壬辰。
③ 同上书,康熙二十四年十月二十三日庚辰。
④ 同上书,康熙二十四年十一月初九日乙丑。

折本请旨,……刑部为秋审广东情真事件奏请,上顾大学士等问曰:'此中犹有可商者否?'张玉书等奏曰:'此俱系真正杀人者。'上曰:'伊等果皆真正杀人重犯,不可矜宥,如所议行。'"①

(4)康熙四十五年(1706年)十一月十三日丁卯,"大学士……学士……以掌山东道事御史常寿等所奏刑科三复奏,情真罪犯七十人应勾决者,请旨定夺。上将刑部重囚招册逐一详阅,反复审定,然后勾决。……又阅至打死人命之简思义,上问大学士马齐等曰:'尔等云何?'马齐等奏曰:'简思义始因拾砖打中吴吉祥耳根,后又用拳毒打,以致立毙。'上曰:'吴吉祥既因重伤仆地,简思义不应又加两拳。以理论之,自不可恕,但恐决者太多,亦不必勾。'"②

上述四案例,第一、三两案系各省秋审案件,第二、四两案则系京师朝审案件。又须说明者,第四案系朝审案件之勾决,勾决因系秋审及朝审程序之一部,故将有关勾决之案件并述于前。

三 军机处

(一)军机处设置沿革

清入关前,国家政务(含司法审判)由议政王大臣共议之,彼时设有议政衙门(或称议政处、会议处),军国大事均于议政衙门会议之。清入关后,议政制度仍继续施行,惟议政王大臣之权力已大为削减,与议国政之性质亦与以往不同。顺治、康熙二朝及雍正初年,议政制度仍系国家处理政务之重要环节,雍正年间设立军机处后,议政制度之重要性逐渐降低,乾隆五十六年(1791年)更正式取消了议政制度,处理军国大事之权力完全移转至军机处。

军机处全称为"办理军机处"③。军机处设置年月,说法不一,依《清史稿·军机大臣年表》,军机处始设于雍正七年六月。④ 依《大清会典事例》所载乾隆四十八年谕旨,军机处始设于雍正八年。⑤ 依《清世宗实录》所载,军机处始设于雍正十年三月三日。⑥ 各说均有所据,且均有旁证,目前尚无定论。

---

① 《康熙起居注》,康熙四十五年十月初一日乙酉。
② 同上书,康熙四十五年十一月十三日丁卯。
③ 见《嘉庆朝大清会典》卷3。按乾隆朝大清会典仍无军机处一门。
④ 《清史稿》卷176,《军机大臣年表一》。见鼎文版《清史稿》,6229页。
⑤ 《大清会典事例》卷1051,10页。
⑥ 《清世宗实录》卷116,2页。

办理军机处之名首见于雍正十年三月三日,《清世宗实录》载:"大学士等遵旨议奏,办理军机处密行事件,所需钤封印信,谨拟用办理军机印信字样,移咨礼部铸造,贮办理军机处,派员管理,并行知各省及西北两路军营。"① 自此,办理军机处始有印信。

雍正十三年八月二十三日,世宗崩逝,乾隆继承大统。同年十月二十九日,撤销办理军机处,是日上(乾隆)谕总理事务王大臣曰:"从前西北二路军务,交办理军机事务之大臣等定议。其苗疆事务,又另委大臣等定议。今西北二路既已无事,而苗疆之事亦少,大小事件亦交总理事务王大臣等办理。其军机事务与苗疆事务,亦着交总理事务王大臣等兼理。其原办理军机事务之讷亲、海望、徐本着协办总理事务,纳延泰着照班第、索柱例行走,丰盛额、莽鹄立着不必办理军机事务,各在本任行走。"②

撤销办理军机处后,所有军机事务改由总理事务处(或称为总理处)办理。惟乾隆服丧二十七月后释服,总理事务王大臣等奏辞总理事务。乾隆诏允之后,随即恢复军机处。

乾隆二年十一月二十七日,谕内阁:"昨庄亲王等奏辞总理事务,情辞恳切,朕勉从所请。但目前两路军务尚未完竣,且朕日理万机,亦间有特旨交出之事,仍须就近承办。皇考当日原派有办理军机大臣,今仍着大学士鄂尔泰、张廷玉、公讷亲、尚书海望、侍郎纳延泰、班第办理。"③ 此次恢复设置后,遂成定制。乾隆以后,军机处职掌日渐扩张,成为清代政治中枢,以迄于清末。

军机处设军机大臣。于满汉大学士、尚书、侍郎京堂内特简,无定员。④ 军机大臣之下设军机章京,满洲十有六人,汉十有六人。⑤

(二)军机处职掌(有关司法审判部分)

关于军机处之职掌,《大清会典》定曰:"掌书谕旨,综军国之要,以赞上治机务。"⑥ 又曰:"议大政,谳大狱,得旨则与。"⑦ 所谓"军国之要"系指军国大政,自包括司法审判与司法行政。所谓"议大政"系指与议国家重大政务,自亦包括司法审判与司法行政。又所谓"谳大狱"系指审判重大案件,此

---

① 《清世宗实录》卷 116,2 页。
② 同上书卷 5,42 页。
③ 同上书卷 57,6 页。
④ 《大清会典》卷 3,1 页。
⑤ 同上书卷 3,10 页。
⑥ 同上书卷 3,1 页。
⑦ 同上书卷 3,2~3 页。

第三章 清代中央司法审判机关

类重大案件多系由军机大臣等亲自审判。由上可知,军机处有关司法审判之职掌颇多,故《清史稿》曰:"军机处名不师古,而丝纶出纳,职居密勿。初只秉庙谟商戎略而已,厥后军国大计,罔不总揽。自雍、乾后百八十年,威命所寄,不于内阁而于军机处,盖隐然执政之府矣。"①

清代公文书,题本由内阁处理,奏折则由军机处处理。奏折之使用,始于康熙初年,原系君臣间之秘密文书,并非正式之公文书,不能公开使用。乾隆初年以后,奏折逐渐化暗为明,成为正式公文书。其使用范围日趋扩大,重要性日增。题本成为处理例行事务之公文书,奏折则成为处理重要政务之公文书。

军机处之主要职掌系为皇帝处理奏折,所有有关司法审判之奏折,多由军机处处理,军机处因之得以参与司法审判。易言之,军机大臣、军机章京均因之得以参与司法审判。军机处对有关司法审判奏折之处理程序,系清代司法审判程序之重要环节。

折奏者需具有一定之身份,"在京,宗室王公,文职京堂以上,武职副都统以上,及翰詹授日讲起居注官者,皆得递奏折,科道言事亦得递奏折。在外各省,文职按察使以上,武职总兵以上,驻防总管城守尉以上,新疆西路北路办事大臣领队大臣以上,皆得递奏折,道员言事亦得递奏折。"②

奏折原系秘密文书,清初康熙、雍正二帝均亲自处理,并不假手臣工。乾隆以后奏折数量日趋增多,皇帝无法一一亲为处理。自雍正年间设立军机处后,乃由军机处协助皇帝处理奏折,(甚至代为朱批。)乾隆初年以后,奏折处理程序逐渐形成规制。久之,遂成定制。兹列表分述如下:

甲、各省奏折处理程序③

顺序	机 关	工 作 项 目
1.	各 省	各省或驿递或专差赍送奏折。
2.	奏事处	值班章京接折。
3.	奏事太监	奏事太监呈览于皇帝。
4.	皇 帝	(1)批览奏折。 (2)将奏折发交军机处。
5.	军机处	会商处理意见。
6.	皇 帝	下达谕旨。(军机大臣述旨,军机章京拟写谕旨,钦定后发下。)
7.	军机处	将奏折发钞。(交内阁中书领出传钞。)

---

① 《清史稿》卷 176,《军机大臣年表一》。见鼎文版《清史稿》,6229 页。
② 《大清会典》卷 82,10~11 页。
③ 参见《大清会典》卷 3,1~2 页。卷 82,10~12 页。

续表

顺序	机关	工作项目
8.	奏事太监	(1)驿递之原折由奏事太监径交军机处封发,交兵部捷报处递往。 (2)专差赍送之原折,由奏事太监封固交奏事处。
9.	奏事处	发给原递折之人领。
10.	各省	

乙、各部院奏折处理程序[①]

顺序	机关	工作项目
1.	各部院	各部院笔帖式递折。
2.	奏事处	值班章京接折。
3.	奏事太监	奏事太监呈览于皇帝。
4.	皇帝	(1)批览奏折。 (2)将奏折发交军机处。
5.	军机处	会商处理意见。
6.	皇帝	下达谕旨。(军机大臣述旨,军机章京拟写谕旨,钦定后发下。)
7.	军机处	将奏折发钞。(交内阁中书领出传钞)
8.	奏事太监	奏事太监将奏折交奏事处。
9.	奏事处	传旨各部院给领,各部院笔帖式领回原折。
10.	各部院	

须说明者,上述两表系以需发交军机处拟写谕旨之奏折处理程序为基准。无需发交军机处拟写谕旨之奏折,其处理程序则较为简易。又留中之奏折或饬交大臣之奏折亦不适用上述两表之处理程序。

各省奏折奉朱批"该部议奏"者须发抄,交由各部院为进一步之处理。奉朱批"该部知道"者亦须发抄,交各部院知道奏折内容。奉朱批"览",或奉朱批"知道了",或奉朱批"依议",或奉朱批准驳其事,或奉朱批训饬嘉勉,如系部院应办者即发抄,不涉部院者不发抄。[②]

各部院奏折奉朱批"览",或奉朱批"知道了",或奉朱批"依议",或奉朱

---

① 参见《大清会典》卷3,1~2页。卷82,10~12页。
② 同上书卷3,2页。

批准驳其事,如系部院应办者即发抄,不涉部院者不发抄。①

各省及各部院奏折奉朱批"另有旨"、"即有旨"及未奉朱批者,军机大臣每日传见时,皆捧入以候旨。此时,军机大臣须拟写谕旨(实际拟写者为军机章京),此即所谓"掌书谕旨"。其所掌书之谕旨分为两大类,一为明发上谕,一为寄信上谕。前者简称为"明发",后者简称为"寄信",又名"廷寄"。皇帝之谕旨常就司法审判事项加以裁示,系清代司法审判制度极重要之环节。

明发谕旨,其颁发之情形有三:

1. 皇帝特降者为"谕"。
2. 皇帝因所奏请而降者为"旨"。
3. 皇帝因所奏请而即以宣示中外者亦为"谕"②。

至其格式,谕曰:"内阁奉上谕",旨曰:"奉旨"。明发谕旨因无关机密而明示天下,军机大臣拟写之谕旨经钦定后下于内阁传钞,以达于各部院。此即《大清会典》所称:"谕旨明降者,既述,则下于内阁。"③

寄信上谕,因事涉机密而不便公开,与明发谕旨之宣示天下者不同,寄信上谕由军机处撰拟后,径由军机处寄发,此即《大清会典》所曰:"谕军机大臣行者,既述,则封寄焉。"④ 其格式有二:

1. 军机大臣字寄:军机大臣行经略大将军、钦差大臣、将军、参赞大臣、都统、副都统、办事领队大臣、总督、巡抚、学政之寄信,曰"军机大臣字寄"。
2. 军机大臣传谕:军机大臣行关差、藩(布政使司)臬(按察使司),曰"军机大臣传谕"⑤。

内阁于题本有票拟权,军机大臣于奏折虽无票拟权,但有处理建议权,皇帝将奏折发交军机大臣后,军机大臣须共同研议处理意见,奏闻皇帝。有时皇帝更召见军机大臣独对,征询处理意见。此种奏折之处理建议权与题本之票拟权,其作用类似。内阁之票拟有一定之格式,奏折之处理建议,其格式较为弹性,或以奏片奏闻皇帝,或以口头方式奏闻皇帝。军机大臣因拥有奏折之处理建议权,所有有关司法审判之奏折,均经由军机大臣处理,军机大臣因之得以参与司法审判。就广义言之,军机章京亦因之得以参与司法审判。

---

① 参见《大清会典》卷3,1~2页。卷82,10~12页。
② 同上。
③ 同上。
④ 同上书卷3,2页。
⑤ 同上。

军机大臣之处理建议权,于有关司法审判之奏折,或拟准,或拟驳,或拟以其他方式处理,就司法审判而言,军机大臣之处理建议权亦系司法审判权,使军机大臣有权审核法司所定拟之判决意见是否妥当或合法。

(三)军机大臣等司法审判上之职权

军机大臣参与司法审判上之方式,除上述奏折处理建议权之外,军机大臣亦常以其他方式参与司法审判,其情形如下:

1. 奉旨审判重大案件

清代军机大臣常奉旨审判重大案件,其情形与内阁大学士相类。奉旨交审事件,如特交军机大臣审办者,即由军机处传讯,其应刑讯者,或就内务府公所,或就步军统领衙门公所提讯,其皂役刑具,皆于刑部。奉旨审判之案件或系各省案件,或系京师案件;或系初审,或系复审;审判地或在各省,或在京师,其情形不一,兹举下列案例说明之:

(1)乾隆二十年(1755年),军机大臣等奏,审拟御史胡定参奏琉璃厂监督刘浩侵帑剥商一案,奉旨:"此案胡定参奏监督刘浩克扣情节,朕因其条奏详明,非身在局中者,不能如此备晰,即知其必有所从来,是以面加询问。乃两经召见,伊止称得在道路听闻。及朕特派大臣,公同研鞫,始将潘复兴私嘱缘由,逐一究出。"①

(2)乾隆五十九年(1794年)上谕:"本日梁肯堂奏杀死一家母子二命邢守胧一折,已交军机大臣会同刑部核拟速奏矣。此等案件,各省向系具题,近因其情节可恶,未便照寻常命案办理,致凶犯日久稽诛,是以令各省督抚专折具奏。"②

(3)嘉庆九年(1804年)上谕:"外省遇有盗贼重案,州县官辄思规避疏防处分,讳匿不报,该管上司往往回护属员,颟顸了事。……如北城吏目冷皑讳盗一案,实深愧恨,此事既经事主呈报,有捆缚刀吓情节。该衙门即应一面具奏,一面饬缉,方为正办。而都察院堂官及步军统领衙门均不免有回护属员之见,意存压阁不办。……若非陈嗣龙参奏,特派军机大臣会同刑部秉公审讯,必不能水落石出。"③

(4)道光十二年(1832年)上谕:"所有会匪王老头子即王法中等习教一案,系给事中隆勋于上年冬间访闻,奏请拿办,兹据军机大臣等会同刑部,审出该犯等拜师传徒敛钱惑众实情,分别定拟,复究出尹老须、姬三白等犯习

---

① 《大清会典事例》卷 1000,9 页。
② 同上书卷 14,9 页。
③ 同上书卷 1003,15~16 页。

教重情,尚在研讯。"①

2. 参与秋审及朝审

清代军机大臣亦参与秋审及朝审(含秋审及朝审之勾决),又朝审案件于刑部具题后,皇帝常特派大臣复核,军机大臣常为朝审之特派大臣。兹举下列案例说明之:

(1) 乾隆四十二年(1777年),奉旨:"伊勒图等奏请将秋审二次缓决之刘宗武等发遣为奴一折,所拟未当。内地秋审人犯,缓决三次者,方准减等,情实十次未勾者改缓决。新疆人犯治罪,应较内地为重,庶各犯不敢轻蹈法纪,岂可转较内地从轻,著交军机大臣会同刑部另拟具奏。"②

(2) 乾隆四十六年(1781年)奉旨:"秋审勾到事件,军机大臣办理熟谙,著同大学士一体承旨。"③

上列案例中,第一案之内容有关秋审,第二案之内容有关秋审后之勾决。

四 吏部

(一) 吏部设置沿革

顺治元年(1644年),吏部设满洲尚书、满汉左右侍郎无定员。五年,定满汉尚书各一人。七年,增设满洲尚书一人。八年,以诸王贝勒兼理部务。九年,停诸王贝勒兼理部务。十年,裁满洲尚书一人。十五年,定满汉左右侍郎各一人。④ 自此,吏部堂官确定为尚书二人(满洲一人,汉一人),左侍郎二人(满洲一人,汉一人),右侍郎二人(满洲一人,汉一人)。

顺治元年,吏部设文选、考功、稽勋、验封等四司及其他单位。⑤ 此一组织形态,迄清末法治改革为止未有改变。

(二) 吏部职掌(有关司法审判部分)

清代重要官员犯罪,审讯之前须先题参。题参后,始得进行司法审判程序。依《大清律》第6条(职官有犯)附例规定:"文职道府以上,武职副将以上,有犯公私罪名应审讯者,仍照例题参,奉到谕旨,再行提讯。"(本条系乾隆十八年定例)所谓题参,指以题本参劾。在各省,题参多由督(总督)、抚(巡抚)、提(提督)、镇(总兵)为之。在中央,题参多由都察院科道官为之。

---

① 《大清会典事例》卷1008,2页。
② 同上书卷848,8页。
③ 同上书卷848,13页。
④ 同上书卷19,21~22页。
⑤ 同上书卷19,11页。

文职官员题参案多数由吏部办理。

题参后,如案情可疑须送刑部审办者,吏部得将受题参官员先行解任(解去职任)或革职(革去职衔)。案情较轻者,吏部常予受题参官员解任之处分。案情重大者,吏部常予受题参官员革职之处分。亦有先行解任,再行革职者,其情形不一。

此外,关于文职官员犯罪案件,吏部常会同三法司审理,兹举下列案例说明之:

(1) 康熙十九年(1680年)四月十三日,"吏部、三法司议罗人琮挟仇纠按察使崔维雅,应徒三年、责四十板。……上曰:'罗人琮徒责著从宽免。'"①

(2) 康熙十九年(1680年)十月初十日,"三法司议,张大春同笔帖式穆舒、侍卫巴式打死施景义,张大春应秋后处绞,穆舒、巴式交该部议处。……上曰:'伊等打死人命,殊为可恶。此事著会同吏、兵二部议奏。'"②

(三) 吏部尚书等司法审判上之职权

吏部尚书等参与司法审判之情形如下:

1. 奉旨审判重大案件

(1) 康熙十八年(1679年)五月二十三日,"吏部郎中雅思哈、刑部郎中敦多礼自浙江审学道程汝璞事还,具奏勘问情罪。"③

(2) 康熙十九年(1680年)闰八月十五日,"为湖广总督蔡毓荣疏劾总兵官姚珖克饷困兵、知府谢恩纶纵马回子前往贼营,兵部议令该督审明具题事。上曰:'……仍著吏、兵二部司官各一员,前往察审。尔等改拟票签来看。'"④

(3) 康熙五十四年(1715年)六月二十八日,"复请刑部覆江宁巡抚张伯行所题,劫夺商人丘三船之魏三等,应照例即行处斩,准如所拟一疏。上曰:'此事著交与吏部尚书张鹏翮审明具奏。'"⑤

2. 参与秋审及朝审

康熙十八年(1679年)十月二十一日,"九卿、詹事、科、道同奏秋审事宜。上问曰:'古纳杀主一案如何议?'……吏部尚书郝惟纳奏曰:'罪有可

---

① 《康熙起居注》,康熙十九年四月十三日壬申。
② 同上书,康熙十九年十月初十日乙未。
③ 同上书,康熙十八年五月二十三日丙辰。
④ 同上书,康熙十九年闰八月十五日辛丑。
⑤ 同上书,康熙五十四年六月二十八日壬辰。

疑，似当从轻。'吴正治奏曰：'此惟在皇上弘仁下沛耳。'上颔之。"①（文中所称秋审，指京师秋审而言，实即朝审。）

五 户部

（一）户部设置沿革

顺治元年，设满洲尚书无定员，满汉左右侍郎各一人。五年，定满汉尚书各一人。七年，增设满洲尚书一人，八年，以诸王贝勒兼理部务。九年，停诸王贝勒兼理部务，十年，裁满洲尚书一人。康熙六年，复增设满洲尚书一人。② 自此，户部堂官确定为尚书二人(满洲一人，汉一人)，左侍郎二人(满洲一人，汉一人)，右侍郎二人(满洲一人，汉一人)。

顺治元年，户部设江南、浙江、江西、湖广、福建、山东、山西、河南、陕西、四川、广东、广西、云南、贵州等十四司及其他单位。③ 乾隆十三年，户部设现审处，审理旗民户口田房案件。此一组织型态，迄清末法制改革为止未有改变。

（二）户部职掌(有关司法审判部分)

户部职掌中，有关司法审判部分为审理旗民争控户口田房案件。《大清会典》定曰："现审处掌听旗民之讼事。"④ 又曰："旗民争控户口田房之案，旗人于本旗具呈，民人于地方官具呈。如该管官审断不公及实有屈抑，而该管官不接呈词者，许其赴部控诉。亦有事系必须送部者，该管官查取确供确据，叙明两造可疑情节，送部查办。如两造匿情不吐，必须刑讯者，会同刑部处理。有地址不清必须查丈者，将两造押发州县官，会同理事同知查丈审结。在京宗室旗人如有庄地追租等事，准其在户部具呈。直隶承德府属旗地。遇有占地追租等事。如业主在京，照例在部旗控告。行文该处查办。"⑤ 兹举下列案例说明之：

(1) 康熙二十二年(1683年)四月二十七日，"户部议民人刘裕封等以庄头霸占叩阍一案，口供舛错，牵连多人，若皆调取审讯，有误农时，应俟秋后质问。……上曰：'此等控告事情不宜迟滞，应即行审明完结。郎中齐世前曾差审此案，可即令齐世前往质对，详审具奏。'"⑥

---

① 《康熙起居注》，康熙十八年十月二十一日壬午。
② 《大清会典事例》卷19,15～16页。
③ 同上书卷19,16页。
④ 《大清会典》卷24,1页。
⑤ 同上。
⑥ 《康熙起居注》，康熙二十二年四月二十七日乙亥。

(2) 康熙五十四年(1715年)十月初四日,"复请户部所题,正蓝旗罗思哈佐领下原任骁骑校巴布叩阍,控告伊同旗禄瑚佐领下骁骑校和善等,原系伊兄萨尔布善家奴一案。……上曰:'此案迟延日久,所议草率,中间甚属含糊。本发还,著再详议具奏。'"①

旗民互控事件,如涉及徒流以上犯罪,户部须将案件送交刑部,并派员会审。道光二十年(1840年)议准:"嗣后户部遇有旗民互控事件。除止系细故涉讼者,应由户部照例行令该管官(指各该旗及地方官)审明断理外,如查明档册界址确有实据,而本犯又罪在徒流以上,例准刑讯者,若匿情不吐,即将人证卷宗,一并送交刑部,派员赴刑部会讯。"②

(三) 户部尚书等司法审判上之职权

户部除审理旗民争控户口田土案件外,户部尚书等亦常参与司法审判,其情形如下:

1. 奉旨审判重大案件

(1) 康熙二十五年(1686年)闰四月二十五日,"户部尚书科尔坤等热审死罪减等发落者一百五十余人。"③

(2) 康熙五十三年(1714年)六月十九日,"复请吏部尚书富宁安、户部尚书赵申乔所议,刘展叩阍告太监候京倚仗势力,将伊为奴等因。太监候京诳骗庄头吴思信银两是真,亦应拟绞。但系赦前,应减等枷号两个月、鞭一百。刘展原依太监候京度日,将候京银两、衣服等物设谋拐骗是真,拟徒二年半。"④

2. 参与秋审及朝审

康熙十八年(1679年)十月二十一日,"九卿、詹事、科、道同奏秋审事宜。上问曰:'古纳杀主一案如何议?'……上又顾户部尚书伊桑阿等问曰:'尔等之意如何?'伊桑阿等奏曰:'古纳衣上血污,刀尖损折,因此实据,臣等共拟情真。'"⑤

六 礼部

(一) 礼部设置沿革

顺治元年,设满洲尚书无定员,满汉左右侍郎各一人。五年,定满汉尚

---

① 《康熙起居注》,康熙五十四年十月初四日丙寅。
② 《大清会典事例》卷850,11页。
③ 《康熙起居注》,康熙二十五年闰四月二十五日戊寅。
④ 同上书,康熙五十三年六月十九日己丑。
⑤ 同上书,康熙十八年十月二十一日壬午。

书各一人。八年,以诸王贝勒兼理部务。九年,停诸王贝勒兼理部务。① 自此,礼部堂官确定为尚书二人(满洲一人,汉一人),左侍郎二人(满洲一人,汉一人),右侍郎二人(满洲一人,汉一人)。

顺治元年,礼部设仪制、祠祭、主客、精膳等四司及其他单位。② 此一组织形态,迄清末法治改革为止未有改变。

(二) 礼部职掌(有关司法审判部分)

礼部仪制司掌学校、科学等事务,主客司掌接待外宾及外交事务。有关考试舞弊案件及涉外案件,通常由礼部审理。考试舞弊案件可分为两类,一类涉及考官舞弊,另一类仅涉及考生舞弊,两类考试舞弊案件处理情形不同。前者系科场大案,皇帝常指派议政王大臣、大学士、军机大臣或其他部院堂官审理,如顺治十四年(1657年)之江南乡试科场案及咸丰八年(1858年),顺天府乡试科场案,均系如此。至于仅涉及考生舞弊之案件,则多系由礼部审理或为初审,或为复审,其情形不一。下列案件可为说明:

康雍五十五年(1714年)十月初一日,"复请礼部议镶红旗马兰泰佐领下监生德寿倩江南无锡县监生张登瀛代作文字是实,应将张登瀛革去监生,徒两年半,德寿革去监生,枷三十五日,鞭九十一疏。上曰:'德寿于科场内倩人作文作弊,这所议太轻。本发还,著再议具奏。'"③

礼部掌外交事务,故审理涉外案件亦为礼部之重大职掌,兹举下列案例说明之:

(1) 康熙二十五年(1686年)二月初二日,"礼部题朝鲜国王李焞将本国人民不行严饬,致韩得完等三十一人违禁渡江,偷采人参,将遣往画地图人员用鸟枪打伤,应罚银二万两。上曰:'李焞将本国人民不行严禁,情形可恶,难从宽免,著依议。'"④

(2) 康熙五十四年(1715年)四月三十日,"复请礼部所题,朝鲜国贡使晋平君李泽等,偷买水牛角带去,大干法纪,应遣大臣严查审理,或交与该国王严查审理之处,伏候上裁一疏。上曰:'这事情,著交与该国王查明审理具奏。'"⑤

(三) 礼部尚书等司法审判上之职权

礼部尚书等参与司法审判之情形如下:

---

① 《大清会典事例》卷 19,18~19 页。
② 同上书卷 19,19 页。
③ 《康熙起居注》,康熙五十三年十月初一日己巳。
④ 同上书,康熙二十五年二月初二日丙戌。
⑤ 同上书,康熙五十四年四月三十日乙未。

1. 奉旨审判重大案件

康熙三十一年(1692年)二月初一日,"吏部议复,山东巡抚佛伦疏言原任运河同知陈良谟,告河道总督王新命,勒取库银。王新命题参陈良谟,悬欠河库银两。……上谕大学士等曰:'朕听政以来,以三藩,及河务漕运,为三大事。……遣户部尚书库勒纳,礼部尚书熊赐履,前往会同该抚察审。'"①

2. 参与秋审及朝审

康熙十八年(1689年)十月二十一日,"九卿、詹事、科、道同奏秋审事宜。上问曰:'古纳杀主一案如何议?'……礼部尚书吴正治等奏曰:'此案虽似可疑,但无可宽免之法。'"②

七 兵部

(一)兵部设置沿革

顺治元年,设满汉尚书无定员,满汉左右侍郎各一人。五年,定满汉尚书各一人。九年,以诸王贝勒兼理部务。九年,停诸王贝勒兼理部务。十一年,设兵部督捕满洲左侍郎一人,汉右侍郎一人,掌捕政。康熙三十八年,裁督捕侍郎。③ 自此,兵部堂官确定为尚书二人(满洲一人,汉一人),左侍郎二人(满洲一人,汉一人),右侍郎二人(满洲一人,汉一人)。

顺治元年,兵部设武选、职方、车驾、武库等四司及其他单位。顺治十一年,兵部设督捕衙门,由督捕左右侍郎领之,掌旗人逃亡案件。康熙三十八年,裁督捕衙门,并入刑部,为督捕清吏司。

(二)兵部职掌(有关司法审判部分)

兵部有关司法审判之职掌颇多,其司法审判上之地位,几乎与三法司相等。其有关司法审判上之职掌,兹分述如下:

1. 办理武职官员题参案件

清代重要官员犯罪审讯之前须先题参。题参后,始得进行司法审判程序,前于论述吏部职掌时,业已论及。依《大清律》第6条(职官有犯)附例规定:"文职道府以上,武职副将以上,有犯公私罪名应审讯者,仍照例题参,奉到谕旨,再行提讯。"武职官员题参案件,多数由兵部办理。

题参后,案情较轻者,兵部常予受题参官员解任之处分。案情重大者,

---

① 《清圣祖实录》卷154,9~10页。
② 《康熙起居注》,康熙十八年十月二十一日壬午。
③ 《大清会典事例》卷19,21~22页。

兵部常予受题参官员革职之处分。受题参官员解任或革职后,再由兵部审办。兹举下列案例说明之:

(1) 康熙二十年(1681年)八月十二日,"将军张勇参副将孙继善等,借称进剿兵丁无饷,退回成都,兵部议革职,令该抚究审拟罪事。"① 八月十三日,"……上曰:'部议太过,著将此本发回,令其再议。'"②

(2) 康熙二十八年(1689年)四月二十六日,"兵部题总兵官许盛系封疆大臣,为贼所执,复偷生潜往九江。彼处地方官问时,又言尔等守此空城何用,摇惑人心,情罪殊为可恶。宜革去许盛总兵及拖沙喇哈番,交刑部议罪。上曰:'……尔部乃以无据之言具议,殊属不合!著再议具奏。'"③

2. 审理军人犯罪案件

军人犯罪案件可分为二类,一类为触犯一般罪名者,另一类为触犯军法者,两类案件多数由兵部审理。军人触犯一般罪名之案件,其案例如下:

(1) 康熙二十二年(1683年)十二月初十日,"兵部议舒玉昆、李臻因诬告土司阿五叛逆,拟处死。其总兵张永祥用非刑拷讯阿五,亦应处死事。上曰:'……这所议太过,将原本发回,著该部另议具奏。'"④

(2) 康熙二十四年(1685年)六月十四日,"兵部等衙门议,原任福建副都统胡启元等、将耿精忠名下应撤回兵丁张君锡等五十四人,受贿留住福建,因将胡启元、原任参领杜荣及遗贿兵张君锡等四人皆拟绞监候,秋后处决。……上曰:'胡启元等甚是贪婪,妄行犯法,著依部议。'"⑤

军人触犯军法之案件,其案例如下:

(1) 康熙二十二年(1683年)二月初十日,"为兵部题,原任总兵官朱衣客领兵赴建昌,不能救援,失利败归,应依律拟斩监候事。……上曰:'朕阅朱衣客情罪似未至死,既系旗下人,著照旗下人例议罪具奏。'"⑥

(2) 康熙五十六年(1717年)二月二十六日,"复请兵部所题,将西安将军席住拟绞一疏。上曰:'席住将一切军机俱行违误,居官甚是贪婪,拟绞甚轻,应照迟误军机律,即行处斩,将妻子入官可也。传示议政大臣。'"⑦

又反叛案件之审理亦属兵部之职掌,其案例如下:

---

① 《康熙起居注》,康熙二十年八月十二日壬辰。
② 同上书,康熙二十年八月十三日癸巳。
③ 同上书,康熙二十八年四月二十六日壬戌。
④ 同上书,康熙二十二年十二月初十日丁未。
⑤ 同上书,康熙二十四年六月十四日癸卯。
⑥ 同上书,康熙二十二年二月初十日壬午。
⑦ 同上书,康熙五十六年二月二十六日辛亥。

康熙十九年(1680年)四月初九日,"兵部议叛逆吴之茂、韩晋卿应凌迟处死,王平藩等首级应枭悬示众。上曰:'吴之茂、韩晋卿著候旨发落,王平藩等首级著枭示。'"①

(三) 兵部尚书等司法审判上之职权

兵部尚书等参与司法审判之情形如下:

1. 奉旨审判重大案件

康熙十九年(1680年)闰八月十五日,"为湖广总督蔡毓荣疏劾总兵官姚珖克饷困兵、知府谢恩纶纵马回子前往贼营,兵部议令该督审明具题事。上曰:'……仍著吏、兵二部司官各一员,前往察审。尔等改拟票签来看。'"②

2. 参与秋审及朝审

康熙十八年(1679年)十月二十一日,"九卿、詹事、科道同奏秋审事宜。上问曰:'古纳杀子一案如何议?'兵部尚书宋德宜奏曰:'臣等拟定情真,但其中亦似有可疑。'"③

八 工部

(一) 工部设置沿革

顺治元年设满汉尚书无定员,满汉左右侍郎各一人,五年,定满汉尚书各一人。八年,以诸王贝勒兼理部务。九年,停诸王贝勒兼理部务。④ 自此,工部堂官确定为尚书二人(满洲一人,汉一人),左侍郎二人(满洲一人,汉一人),右侍郎二人(满洲一人,汉一人)。

顺治元年,户部设营缮、虞衡、都水、屯田等四司及其他单位。此一组织形态,迄清末法治改革为止未有改变。

(二) 工部职掌(有关司法审判部分)

工部有关司法审判之职掌极少。惟清初顺康雍三朝,工部曾办理官员赎罪事宜。但乾隆二十三年(1758年)以后,刑部设赎罪处,专司赎罪事宜。⑤ 此项职掌遂移至刑部。

关于官员之赎罪,"顺治十八年,有官员犯徒流籍没认工赎罪案例;康熙二十九年,有死罪现监人犯输米边口赎罪例;三十年,有军流人犯捐赎例;三

---

① 《康熙起居注》,康熙十九年四月初九日戊辰。
② 同上书,康熙十九年闰八月十五日辛丑。
③ 同上书,康熙十八年十月二十一日壬午。
④ 《大清会典事例》卷20,6~7页。
⑤ 《清史稿》卷143,《刑法二》,见鼎文版《清史稿》,4198页。

十四年,有通仓运米捐赎例;三十九年,有永定河工捐赎例;六十年,有河工捐赎例。然皆事竣停止,其历朝沿用者,惟雍正十二年户部会同刑部奏准预筹运粮事例。"①

雍正十二年,户部会同刑部奏准之预筹运粮事例,其规定为:"凡犯罪例不准纳赎,而情有可原者,其捐赎之数,斩绞罪三品以上官,一万二千两;四品官,五千两;五六品官,四千两;七品以下官,及进士举人,二千五百两;贡监生员二千两,平人一千二百两,军流罪各减十分之四,徒罪以下,各减十分之六,枷号杖责,照徒罪捐赎。"②

关于官员之赎罪,兹举下列案例说明之:

康熙十九年(1680年)闰八月初九日,"为工部题,拟绞原任学道程汝璞、原任知府周令树,拟戌原任知府刘余霖,请修城楼牌坊赎罪事。……上命程汝璞等俱准认工。"③

(三) 工部尚书等司法审判上之职权

1. 奉旨会议重大案件

吏、户、礼、兵、刑、工等五部尚书侍郎均常奉旨审判重大案件。此时,奉旨审判重大案件之官员,系以钦差大臣之身分进行司法审判。工部尚书侍郎似无奉旨审判重大案件之事例。但清代重大案件,皇帝常谕令"九卿会议具奏",此类九卿议奏之案,工部尚书等自得与议。此种与议重大案件之权亦属广义之司法审判权。

2. 参与秋审与朝审

工部尚书属九卿,自得参与秋审与朝审,有关案例,兹不赘引。

九 理藩院

(一) 理藩院设置沿革

顺治元年,定尚书一人,左右侍郎各一人。不分满洲蒙古补授。④ 理藩院职司外藩事务,其尚书侍郎原不分满洲蒙古补授,后均改为满缺。另设额外蒙古侍郎一人,此系清代各部院设官之特例,应注意及之。因之,理藩院堂官为尚书一人(满洲)、左侍郎一人(满洲)、右侍郎一人(满洲)、额外侍郎一人(蒙古)。

---

① 《清史稿》卷143,《刑法二》,见鼎文版《清史稿》,4197页。
② 《大清会典事例》卷724,11页。
③ 《康熙起居注》,康熙十九年闰八月初九日乙未。
④ 《大清会典事例》卷20,10页。

顺治十八年，理藩院设录勋、宾客、柔远、理刑等四司及其他单位。康熙三十八年，析柔远司为二，曰柔远前司，曰柔远后司。乾隆二十二年，改录勋司典属司，宾客司为王会司，柔远后司为旗籍司，柔远前司为柔远司。二十六年，并旗籍司、柔远司为一司，增设徕远司。二十七年，仍分旗籍司、柔远司为二司。二十九年，改典属司为旗籍司，其旗籍司即改为典属司。① 自此，理藩院共设旗籍、王会、典属、柔远、徕远、理刑等六司及其他单位。此一组织形态，迄清末法制改革为止未有改变。

(二) 理藩院职掌（有关司法审判部分）

理藩院有关司法审判之职掌，主要有二，兹分述如下：

1. 审理蒙古案件

蒙古案件审理程序，《大清会典》定曰："凡蒙古之狱，各以札萨克听之……不决，则盟长听之。不决，则报院（理藩院）。"② 又定曰："札萨克、盟长俱不能决者，即将全案遣送赴院。其或札萨克、盟长均判断不公，亦准两造赴院呈诉。"③ 又定曰："凡蒙古罪至遣者，令报于院以会于刑部而决焉。死者，则会三法司以定谳。"④ 兹举下列案例说明之：

(1) 康熙十九年(1680年)六月二十三日，"理藩院议翁牛忒部落阿林大踢死绰尔济，拟应绞事。上曰：'……著会同三法司再行核议具奏。'"⑤

(2) 康熙二十八年(1689年)九月初五日，理藩院题，苏尼特部落满济思哈硕色等，抢夺喀尔喀折布遵丹巴枯图克徒之弟子多尔济巴尔桑之骆驼、羊、行李等物。……上曰："满济思哈顿色从宽免死，照为从例完结，阿玉锡著罚俸半年，余依议。"⑥

2. 会同复核蒙古秋审案件

蒙古秋审案件之复核亦属理藩院之职掌，《大清会典》定曰："若（蒙古）监候，则入于秋审。"⑦ 又曰："（蒙古案件）秋审、满洲九卿会院（理藩院）议奏。"⑧

(三) 理藩院尚书等司法审判上之职权

理藩院尚书侍郎似无奉旨审判重大案件之事例，但奉旨"九卿会议具

---

① 《大清会典事例》卷 20，11～12 页。
② 《大清会典》卷 68，9 页。
③ 同上。
④ 同上书卷 68，11 页。
⑤ 《康熙起居注》，康熙十九年六月二十三日庚辰。
⑥ 同上书，康熙十九年九月初五日戊戌。
⑦ 《大清会典》卷 68，11 页。
⑧ 同上。

奏"之案件,理藩院尚书虽非九卿,亦常与议。故奉旨会议重大案件为理藩院尚书等司法审判上之职权。

十 通政使司

(一) 通政使司设置沿革

顺治元年定,满汉通政使各一人,满汉左通政各一人,汉右通政二人。乾隆十年,裁汉右通政一人。十三年,裁汉右通政一人,改满汉左通政为通政使司副使。① 自是年起,通政使司设通政使一人(满洲一人,汉一人),副使二人(满洲一人,汉一人)。

通政使司除本衙门内部单位外,下设登闻鼓厅(简称鼓厅),职司接收京控案件呈词。

顺治元年,设登闻鼓于都察院门首,每日御史一人,轮流监直。十三年,将鼓厅衙门移设于长安右门外,满汉科道轮流监直,康熙六十年,停差科道,将鼓厅事务交司(指通政使司)管理。② 雍正八年,题准:"鼓厅衙门,旧有科道轮流巡直。自归并通政使司管理以来,因未有专管之员,致有越过厅墙妄行击鼓等事。嗣后鼓厅衙门,应令通政使司,每日令参议一人,轮流掌管,并令该衙门知事委役昼夜巡察。遇有击鼓之人,由司讯取口供,果有冤抑确据,奏闻请旨,交部昭雪。"③

康熙六十年(1721年)以前,通政使司及都察院均得接收呈词,通政使司接收之呈词(诉状)称为"通状"。都察院登闻鼓厅接收之呈词(诉状)称为"鼓状"。彼时"通状、鼓状,纷争无已"④ 康熙六十年,遂将登闻鼓厅改隶通政使司。改隶之年,或有谓于康熙六十一年(1722年)者⑤ 目前尚难确定。

(二) 通政使司职掌(有关司法审判部分)

通政使司之职掌,《大清会典》定曰:"掌纳各省之题本,以达于内阁。凡大政事下九卿议者,则与焉。"⑥ 除此之外,通政使司所属鼓厅得接收京控案件呈词,此亦系通政使司有关司法审判之重要职掌。

清初,通政使司即得接收京控案件呈词。如顺治元年定:"凡斗殴及户婚田土细事,止就道府州县官听断归结,重大事情,方赴抚按告理,在京仍投

---

① 《大清会典事例》卷 21,7 页。
② 同上书卷 1042,13~14 页。
③ 同上书卷 1042,14 页。
④ 《清史稿》卷 115,《职官二》,见鼎文版《清史稿》,3308 页。
⑤ 参见《大清会典事例》卷 1013,10 页。
⑥ 《大清会典》卷 69,13 页。

通状,听通政使司查实,转送刑部问拟。"① 又如康熙七年定"凡内外官民果有冤抑事情,照例于通政司、登闻鼓衙门告理。"② 康熙六十年鼓厅改隶通政使司后,接收京控案件呈词一事统由鼓厅办理。《大清会典》定曰:"登闻鼓厅掌达冤民。"③ 又曰:"有击鼓之人,由通政司讯供,果有冤抑确据,奏闻请旨,交部昭雪。"④

通政使司所属鼓厅,接收京控案件呈词后,通政使司须为初步之审核,查其有无冤抑,如有冤抑,奏闻皇帝,请旨交刑部审理。鼓厅接收京控案件呈词,系审前程序,为司法审判程序之一环。

(三) 通政使司法审判上之职权

通政使为清代九卿之一。除上述接收京控案件并呈词之职掌外,通政使亦得参与司法审判。其情形如下:

1. 奉旨会议重大案件

《大清会典》定曰:"凡大政事下九卿议者,则与焉。"⑤ 故凡奉旨"九卿会议具奏"之重大案件,通政使皆得与议。

2. 参与秋审及朝审

通政使为九卿之一,得参与秋审及朝审,自不待言,兹不赘述。

十一　八旗都统衙门

(一) 八旗之建立

关于八旗之建立,《清史稿》简述曰:"初,太祖辛丑年使编三百人为一牛录,置一额真。先分四旗,寻增为八旗。乙卯年,定五牛录置一扎兰额真,五扎兰置一固山额真,左、右梅勒额真佐之,太宗御极,置总管旗务八大臣,主政事;佐管十六大臣,主理事听讼。……(天聪)九年,始分设蒙古八旗。崇德七年,复分设汉军八旗。二十四旗之制始备。"⑥

清太祖创建八旗制度时,以固山(gūsa)为单位,每一固山均以不同颜色之旗帜区分之。初设之四固山为正黄、正白、正红、正蓝,后增之四固山,为镶黄、镶白、镶红、镶蓝,共为八固山。八固山因各自旗帜之不同,故又称为八旗,后即以八旗一语取代八固山。

---

① 《大清会典事例》卷 816,1 页。
② 同上书卷 816,3 页。
③ 《大清会典》卷 69,15 页。
④ 同上。
⑤ 同上书卷 69,13 页。
⑥ 《清史稿》卷 117,《职官四》,见鼎文版《清史稿》,页 3369。

清入关后，为因应政治、军事之需要，八旗制度又起变化。八旗兵逐渐分成两大类，一类为京师八旗，一类为驻防八旗。驻防八旗又可分为畿辅驻防、东三省驻防、各省驻防三种。

京师八旗，以皇城为中心，按方位驻扎，两黄旗居北，两白旗居东，两红旗居西，两蓝旗居南。具言之，镶黄旗居安定门内，正黄旗居德胜门内；正白旗居东直门内，镶白旗居朝阳门内；正红旗居西直门内，镶红旗居阜城门内；正蓝旗居崇文门内，镶蓝旗居宣武门内。以镶黄、正白、镶白、正蓝四旗为左翼，正黄、正红、镶红、镶蓝四旗为右翼，环卫皇宫。①

八旗之中，正黄、镶黄、正白等三旗为上三旗。依满洲故俗，上三旗由天子自将。镶白、正红、镶红、正蓝、镶蓝等五旗为下五旗，由王公贝勒统属。又八旗内均有包衣（booi），包衣一词，为满语"包衣阿哈"（booi aha）之简称。包衣，汉义为"家下的"；阿哈，汉语义为"奴仆"。包衣、阿哈合之，汉语义为"家下奴仆"。包衣原为入关前归顺清室之辽东汉人，身份地位本为低下，入关后因与旗人相处久，地位逐渐提升。上三旗包衣隶内务府，为皇室服务，易得皇帝之信任，地位更为重要。大体言之，清乾隆以后，包衣与旗人无多差异。下五旗包衣案件司法审判程序与旗人案件类似。

八旗官员，《大清会典》定曰："八旗都统，满洲八人，蒙古八人，汉军八人（每旗满洲、蒙古、汉军各一人）。副都统，满洲十有六人，蒙古十有六人，汉军十有六人（每旗满洲、蒙古、汉军各二人）。"②

（二）八旗都统衙门之建立

清入关之初，八旗都统并无办事之公所衙门。顺治、康熙两朝，八旗都统处理旗务，系于都统宅邸中为之。雍正元年九月十五日，上"命以官房八所为八旗大臣等公衙门"。③关于八旗都统衙门之建立，《八旗通志》之记载较为详尽："上谕和硕庄亲王、内务府大人来宝：'现今八旗并无公所衙门，尔等将官房内，拣皇城附近选择八处，立为管旗大人公所，房舍亦不用甚宽大。特谕。'"④八旗都统衙门原有八所，后渐次增建成为二十四所，满洲、蒙古、汉军八旗都统均有各自之衙门。故《日下旧闻考》曰："各旗都统官署，雍正元年始行建立，满洲蒙古汉军同一庙宇。厥后渐次分建，遂为今制。"⑤

---

① 参见《大清会典》卷84,1页。
② 同上。
③ 《清世宗实录》卷11,21页。
④ 《八旗通志初集》卷23,《营建志一》。
⑤ 《日下旧闻考》卷72,《官署》。

(三) 八旗都统司法审判上之职掌

八旗都统于入关前,本拥有司法审判权,本书前于论述清入关前司法审判制度时已经论及。清入关后,顺治康熙两朝,八旗都统仍拥有广泛之司法审判权,纯粹旗人间之案件(两造均系旗人),八旗都统拥有完全之司法审判权。旗民交涉案件(一造为旗人,另一造为民人),刑部及户部分掌部分司法审判权。雍正元年以后,八旗都统之司法审判权大为减缩。关于八旗都统衙门司法审判上之职掌,其情形如下:

1. 审理旗人户婚田土案件

清代将户婚田土案件视为细事,民人之户婚田土案件均由州县官审理,旗人之互婚田土案件由所属牛录之佐领(及其上司)审理。《大清律》第332条(越诉)附例规定:"八旗人等如有应告地亩,在该旗佐领处呈递。如该佐领不为查办,许其赴部(指户部)及步军统领衙门呈递。"本附例虽系针对田土案件,惟户婚案件应亦类推适用。此种户婚田土案件,属于八旗都统衙门自行审理之范围。

2. 审理旗人笞杖徒流罪案件

依《大清律》第341条(军民约会词讼)附例规定:"八旗兵丁闲散家人等,有应拟笞杖罪名者,该管章京即照例回堂完结,其主仆相争,控争家产,隐匿入堂物件,长幼尊卑彼此相争,及赌博讹诈,擅用禁物,容留贩卖来历不明之人等事,俱由该旗审明,照例完结。"(本条雍正十一年定例,乾隆五年删)本附例前段所称之笞杖罪名,由该管章京(佐领、参领等)审理,审结后,回报堂官(指都统),即可完结。至本附例后段所称之主仆相争,控争家产等案,多系徒流罪案件,亦俱由该旗(指都统)审理完结。由本附例之规定可知,顺治康熙两朝,八旗都统之司法审判权极为广泛。

3. 审理旗人命盗案件

清入关前崇德年间,旗人命盗案件即已统由刑部审理,八旗都统并不参与审理。清入关后,顺治康熙两朝,八旗都统反而得以参与审理,由八旗都统初审,刑部复核。此种法制上之改变或系因各省督抚提镇对于军人案件均有审理之权,八旗都统似是比照办理。康熙五十五年七月初六日,就镶蓝旗护军校马什,被护军二雅图戳死,将二雅图即行正法一案,康熙曰:"此等事,由旗报部检尸,仍送该旗审理具奏,似觉太烦。况由部检尸,由旗审理,情罪未必恰当。人命事情关系重大,嗣后如此等事,旗下大臣会同刑部审明,一次完结。将此为例。"① 故自康熙五十五年七月后,八旗命案须由该

---

① 《康熙起居注》,康熙五十五年七月初六日癸亥。

旗大臣(指八旗都统)会同刑部审拟①,与前有所不同,兹就八旗都统独自初审,及会同刑部审理之情形,各举一例以说明之:

(1) 八旗都统独自初审

康熙四十五年(1706年)九月十二日,"正白旗都统崇古礼等奏,为护军保住,因西白西达角口至保住门前撒泼。保住喝令家人殴打,至五鼓时,西达身死。议照新例,将保住正法。上曰:'此事与近日照新例发落一案少异,著交与该部(指刑部)议奏。'"②

(2) 八旗都统会同刑部审理

康熙五十五年(1716年)七月二十五日,"复请刑部会同镶红旗满洲副都统偏图等,审得前锋刘柱等,将同旗图尔泰佐领下另户步军六十儿打死,应将刘柱照例即行正法,柱儿等枷号三个月,鞭一百一疏。上曰:'看此事,三人同打死一人,俱执器械,将致命之处中伤,本发还,著会同三法司再议具奏。'"③

雍正元年(1723年)十二月初四日,"添设刑部现审司,办理在京八旗命盗及各衙门钦发事件。"④ 自是年起,八旗都统审理命盗案件之权似已被剥夺。此一原则更于雍正十三年(1733年)立法确立。是年,《大清律》第341条(军民约会词讼)增订附例:"八旗案件俱交刑部办理。该旗有应参奏者,仍行参奏。"本附例所称八旗案件仍系指应得罪名在徒流罪以上者,此种案件始准送刑部审理。自是年起,八旗徒流罪以上案件均应由刑部审理,八旗都统已无审理之权。

十二 步军统领衙门

(一)步军统领衙门设置沿革

步军统领,其全称为"提督九门步军巡捕五营统领",或"提督九门巡捕五营步军统领",俗称"九门提督",其简称为"步军统领"。步军统领统率步军营、巡捕营及九门官员兵丁,职司京师治安,缉捕盗贼,位高权重。兹述其设置沿革如下:

1. 步军营设置沿革

国初(顺治初年),设步军统领一人,总尉,左右翼各一人。康熙十三年,

---

① 《清通典》卷80,《刑一》。
② 《康熙起居注》,康熙四十五年九月十二日丁卯。
③ 同上书,康熙五十五年七月二十五日壬午。
④ 《清世宗实录》卷14,4页。

命步军统领提督九门事务。三十年,命步军统领兼管巡捕三营。是年铸给"提督九门步军巡捕三营统领"印信。雍正七年定,步军统领衙门钦派部院堂官一人,协理刑名。乾隆四十三年定,嗣后步军统领,由尚书侍郎简放者,不必复派部臣协理刑名事务,其由都统副都统等官简放者,仍声明恭候简放。① 又须说明者,步军营系八旗兵。

2. 巡捕营设置沿革

顺治初年,建巡捕南北二营,设参将二人。顺治十四年,建巡捕中营,设参将一人。康熙三十年,命步军统领兼管巡捕三营,乾隆四十六年,巡捕营添设左右二营为巡捕五营。② 又须说明者,巡捕营系绿营兵。

综上所述可知,步军统领衙门之建置,至乾隆四十六年始行确定。步军统领衙门设步军统领一人,左翼总兵一人,右翼总兵一人,副将一人,参将五人。

(二) 步军统领衙门职掌(有关司法审判部分)

步军统领之职掌,《大清会典》定曰:"掌九门之管钥,统率八旗步军,京营马步兵,颁其禁令,以肃清辇毂。"③ 简言之,步军统领之职掌为京师治安。京师地域广大,维护治安时,步军统领自须加以分工,其分工情形如下:④

1. 步军统领:除统辖步军营外,专辖巡捕营中营,统辖南、左、北、右四营,十六门门千总。

(1) 中营副将:驻扎海淀下洼子,兼辖中营圆明园、畅春园、树邸、静宜园、乐善园五汛。

(2) 中营参将:驻扎春熙院。

2. 左翼总兵:与步军统领同堂办事,除统辖步军营外,专管巡捕营南、左二营。

(1) 南营参将:驻扎崇文门外抽分厂,兼辖南营西珠市口、东珠市口、东河沿、西河沿、花儿市、菜市口六汛。

(2) 左营参将:驻扎朝阳门外芳草地,兼辖左营左安、河阳、东便、广渠四汛。

3. 右翼总兵:与步军统领同堂办事,除统辖步军营外,专管巡捕营北、

---

① 《大清会典事例》卷 1156,1~3 页。
② 同上。(并参见上书卷 543,19 页)
③ 《大清会典》卷 87,12 页。
④ 参见《大清会典事例》卷 590,1~4 页。

右二营。

（1）北营参将：驻扎德胜门外大关，兼辖北营德胜、安定、东直、朝阳四汛。

（2）右营参将：驻扎阜城门外关厢，兼辖右营永定、阜成、西便、广安四汛。

步军统领衙门除维护治安、缉捕盗匪外，并拥有广泛之司法审判权，其情形如下：

1. 审理京师笞杖罪案件

康熙十三年定，凡审理八旗三营拿获违禁犯法奸匪逃盗一应案件，审系轻罪，步军统领衙门自行完结。① 又《大清律》第411条（有司决囚等第）附例亦规定："步军统领衙门审理案件，如户婚、田土、钱债细事，并拿获窃盗、斗殴、赌博以及一切寻常讼案，审明罪止枷杖笞责者，照例自行完结。"（本条系嘉庆十八年改定）由此可知，步军统领衙门得审理京师笞杖罪案件。

2. 审讯京师徒罪以上案件

康熙十三年定，凡审理八旗三营拿获违禁犯法奸匪逃盗一应案件，……徒罪以上，录供送刑部定拟。② 又《大清律》第411条（有司决囚等第）附例亦规定："步军统领衙门审理案件，……如应得罪名在徒流以上者，方准送部审办。"此种案件，步军统领衙门仅有初步审讯之权，并无审理权。此种案例极多，兹举一案例说明之：

> 康熙五十五年（1716年）四月十一日，"覆请刑部等衙门所题，提督隆科多咨送劫夺大兴县民韩增寿家大盗李秉义等，照律即行处斩一疏。上曰：'著问明具奏。'"③

3. 审理京师旗人犯奸案件

乾隆七年定，"八旗满洲蒙古汉军正身犯奸案件，流罪以下，步军统领审理，以清字文案自行完结，其因奸罪致死者，步军统领会同三法司满堂官，审明定拟，用清字具奏。"④ 旗人犯奸案件属寡廉鲜耻之事；故特定由步军统领衙门审理，与其他案件不同。

---

① 参见《大清会典事例》卷1158,1页。
② 同上。
③ 《康熙起居注》，康熙五十五年四月十一日庚子。
④ 《大清会典事例》卷1158,1～2页。

4. 接收京控案件呈词

民人京控案件,除向都察院、通政使司(鼓厅)呈递呈词外,亦常向步军统领衙门呈递呈词。步军统领衙门或具折奏闻,或咨回各该省督抚审办,或径行驳斥,情形不一。

(三) 步军统领司法审判上之职权

步军统领虽非九卿,惟地位崇隆,职司紧要,皇帝亦常指定步军统领审判重大案件。兹举一案例说明之:

> 康熙五十六年(1717年)七月二十七日,"复请刑部所题,步军统领隆科多拿送大盗窦尔东等,照例即行正法一疏,上曰:'……本发回,著隆科多会同三法司议奏。'"①

十三 五城察院

(一) 五城察院设置沿革

顺治初年,京师五城即设五城御史。惟五城御史人数及民族别均未见史料记载,其实情难以得知。顺治十年定,五城每城满洲、汉军、汉监察御史各一员。后屡有增减。雍正元年,定为每城满汉监察御史各一员。②

五城察院又称为五城御史衙门,简称五城。五城之下分别设兵马司。顺治元年,五城兵马司设指挥各一人,副指挥各二人,吏目各一人。康熙十一年,裁五城副指挥各一人③,自此,遂为定制。五城职官如下:④

1. 中城:巡城御史(满洲一人,汉一人),兵马司指挥一人,副指挥一人,吏目一人。

2. 东城:巡城御史(满洲一人,汉一人),兵马司指挥一人,副指挥一人,吏目一人。

3. 南城:巡城御史(满洲一人,汉一人),兵马司指挥一人,副指挥一人,吏目一人。

4. 西城:巡城御史(满洲一人,汉一人),兵马司指挥一人,副指挥一人,吏目一人。

---

① 《康熙起居注》,康熙五十六年七月二十七日己卯。
② 《大清会典事例》卷1025,12~13页。
③ 同上书卷20,14~15页。
④ 《大清会典》卷69,11~12页。

5. 北城:巡城御史(满洲一人,汉一人),兵马司指挥一人,副指挥一人,吏目一人。

(二) 五城察院职掌(有关司法审判部分)

五城察院之职掌,《大清会典》定曰:"掌分辖京师五城十坊之境,而平其狱讼,诘其奸慝,弭其盗窃。"① 维护京师治安亦系五城察院之职掌,执行此项工作时,自须分工,五城察院官员分工情形如下:

1. 中城:中西坊—副指挥分管。
   中东坊—吏目分管。
2. 东城:朝阳坊—副指挥分管。
   崇南坊—吏目分管。
3. 南城:东南坊—副指挥分管。
   正东坊—吏目分管。
4. 西城:关外坊—副指挥分管。
   宣南坊—吏目分管。
5. 北城:灵中坊—副指挥分管。
   日南坊—吏目分管。

清代五城十坊之境屡有变迁,乾隆以后始行确定,内城有五城领地,外城亦有五城领地,五城察院均各兼领内城及外城之一部。五城十坊之地界,《大清会典事例》详载,载于《大清会典事例》卷1032。

五城察院有关司法审判之职掌颇多,兹分述如下:

1. 审理京师笞杖罪案件

京师一般案件均由巡城御史听断,杖罪以下,自行完结。《大清律》第411条(有司决囚等第)规定:"五城审理案件,如户婚、田土、钱债细事,并拿获窃盗、斗殴、赌博以及一切寻常讼案,审明罪止枷杖笞责者,照例自行完结。"(本条系嘉庆十八年改定),依本条规定,五城察院得审理京师笞杖罪案件。

2. 审讯京师徒罪以上案件

五城御史审理京师案件,"徒罪以上,送部按拟。"② 其情形与步军统领衙门相类似。《大清律》第411条(有司决囚等第)附例规定:"五城审理案件,……如应得罪名在徒流以上者,方准送部审办。"此种案件,五城察院仅有初步审讯之权,并无审理权。

---

① 《大清会典》卷69,12页。
② 同上。

十四　宗人府

（一）宗人府设置沿革

顺治九年，置宗人府，设宗令一人，以亲王郡王统理府事。左右宗正二人，以贝勒贝子兼摄。左右宗人两人，以镇国辅国公与将军兼摄，俱由宗人府具题请旨。① 自是年起以迄清末，宗人府官员无甚变化，其官员为：宗令一人（于亲王或郡王内特简），左宗正一人，右宗正一人（于亲王郡王或贝勒贝子镇国公辅国公内特简），左宗人一人，右宗人一人（于贝勒贝子镇国公辅国公或镇国将军辅国将军内特简）。②

康熙十二年（1673年）宗人府设左司及右司。二司为宗人府之重要机构，掌左右翼宗室觉罗之事（含户口田土刑名之案）。

（二）宗人府职掌（有关司法审判部分）

宗人府之职掌，《大清会典》定曰："掌皇族之政令。"③ 所谓皇族之政令，含司法审判在内。清初顺治康熙二朝，宗人府对于宗室觉罗案件，拥有司法审判权。乾隆以后，宗人府之司法审判权逐渐缩小，须会同户部或刑部审办，故《大清会典》定曰："凡宗室觉罗之讼，则（宗人府）会户部、刑部而决之。"④ 乾隆以后，宗人府审理宗室觉罗案件之情形有四：⑤

1. 审理宗室户婚田土案件：由宗人府会户部审理。（宗人府主稿）
2. 审理宗室人命斗讼案件：由宗人府会刑部审理。（宗人府主稿）
3. 审理觉罗户婚田土案件：由户部会宗人府审理。（户部主稿）
4. 审理觉罗人命斗讼案件：由刑部会宗人府审理。（刑部主稿）

关于宗室人命斗讼案件之审理，兹举一案例说明之：

> 康熙四十五年（1706年）十二月十五日，"宗人府为闲散宗室儒富砍杀其家人筐儿，拟枷号三个月，鞭一百，械系拘禁家中。上曰：'……著从宽免治罪。'"⑥

关于觉罗户婚田土案件之审理，兹举一案例说明之：

---

① 《大清会典事例》卷19，1页。
② 《大清会典》卷1，1页。
③ 同上。
④ 同上书卷1，14页。
⑤ 同上。
⑥ 《康熙起居注》，康熙四十五年十二月十五日己亥。

康熙五十六年(1717年)五月初七日,"宗人府所题,觉罗海敦妻寡妇,因伊叔公原任护军参领富尔敦青年退任,私往噶礼处去,将所卖房银又不给伊等因叩阍。查系情真,拟将富尔敦枷号两月,鞭一百,发往黑龙江一疏。上曰:'富尔敦适又叩阍。将本发回,一并议奏。'"①

宗人府审理宗室觉罗案件,光绪以后一概由刑部或户部会同宗人府审理。(由刑部或户部主稿)②

十五　内务府

(一)内务府设置沿革

顺治初设内务府。顺治十一年,改设十三衙门,曰司礼监、尚方监、尚衣监、司设监、尚宝监、御用监、御马监、内官监、尚膳监、惜薪司、钟鼓司、兵仗局、织染局。十八年,裁十三衙门,仍设内务府,以总管大臣管理诸务。③ 分设六司,曰广储司、会计司、掌仪司、都虞司、慎刑司、营造司。康熙二十三年,增设庆丰司,是为七司。④

内务府所属机构主要有三院(上驷院、武备院、奉宸苑)、七司、上三旗包衣各营及敬事房(系太监管理机构)。

内务府所属七司中,慎刑司"掌谳三旗(包衣)之狱"⑤。职司审理上三旗包衣案件,太监案件亦同。

(二)内务府职掌(有关司法审判部分)

内务府之职掌,《大清会典》定曰:"掌上三旗包衣之政令与宫禁之治。凡府属吏户礼兵刑工之事皆掌焉。"⑥ 内务府系清代管理宫廷事务之机构,其所属人员主要可分为两类,一为上三旗包衣,一为太监。内务府于上三旗包衣案件及太监案件拥有司法审判权。其职掌如下:

1. 审理上三旗包衣笞杖罪案件

---

① 《康熙起居注》,康熙五十六年五月初七日庚申。
② 《钦定宗人府则例》卷31,15页。
③ 《大清会典事例》卷1170,1页。
④ 同上书卷21,4页。
⑤ 《大清会典》卷95,页1。
⑥ 同上书卷89,1页。

《大清会典》定曰："（内务府）凡谳狱，笞杖皆决之。"① 又曰："（内务府）佐领管领下人获罪及互控，并各部院衙门咨送审议者，罪在杖一百以下即议结。"②

2. 审讯上三旗包衣徒罪以上案件

《大清会典》定曰："（内务府）凡谳狱，……徒以上则咨刑部按焉。"③ 又曰："（内务府）佐领管领下人获罪及互控，并各部院衙门咨送审议者，……徒以上移送刑部定案。"④ 此种案件，内务府（慎刑司）仅得为初步审讯，并无审理权，须移送刑部审理。

3. 审理旗民交涉案件

内务府（慎刑司）审理旗民交涉案件，"笞杖皆决之，徒以上则咨刑部按焉。"⑤ 此处所称之旗人系指上三旗包衣。

4. 奉旨审判重大案件

《大清会典》定曰："（内务府）奉旨交讯，罪应死者，会三法司以定拟。"⑥ 又曰："凡奉特旨交讯，及首告机密，事干职官，奏请推鞫之案，罪应死者，皆会同三法司审拟，由府主稿具题。得旨，交刑部依原题治罪。"⑦

5. 审理太监案件

清代管理太监之机构为敬事房，敬事房设总管太监等官，太监犯轻微罪行，多由总管太监审办。情节较重者，总管太监奏明办理。皇帝或径行降旨定罪，或命交其他大臣议罪，或命交内务府治罪，其情形不一。如交内务府治罪，则由慎刑司审理，审理时，"凡太监之罪，比刑律以治之，轻重各以等。"⑧

十六　总理各国事务衙门

（一）总理各国事务衙门设置沿革

咸丰十年（1860年）十二月初一日，恭亲王奕䜣会同大学士桂良，户部左侍郎文祥奏请设立总理各国事务衙门。同年十二月初十日，咸丰帝批准

---

① 《大清会典》卷95，1页。
② 同上。
③ 同上。
④ 同上。
⑤ 同上。
⑥ 同上。
⑦ 同上。
⑧ 同上。

设立。咸丰十一年二月初一日,总理各国事务衙门正式成立。① 直至光绪二十七年(1901年)六月初九日,清政府始将总理各国事务衙门改为外务部。②

总理各国事务衙门设总理各国事务亲王、郡王、贝勒,(由皇帝特简,无定额。)总理各国事务大臣,(以军机大臣兼领,亦由皇帝特简,无定额。)总理各国事务大臣上行走。(由内阁部院满汉京堂内特简,亦无定额。)

(二) 总理各国事务衙门职掌(有关司法审判部分)

总理各国事务衙门之职掌,《大清会典》定曰:"掌各国盟约,昭布朝廷德信。凡水陆出入之赋,舟车互市之制,书币聘飨之宜,中外疆域之限,文译传达之事,民教交涉之端,王大臣率属议,大事上之,小事则行。每日集公廨以治庶务,奉事日则直朝房,以待召见。"③ 会典中所称"民教交涉之端"与司法审判有关。

清末,西洋各国教士渐次来华传教。因信仰不同,教民与民人易生争端。彼时有关民教案件,均先由各省地方官(州县官)审理。咸丰十一年奏准,各该地方官于凡交涉习教事件,豫须查明根由,持平办理。同治元年奏准,著各督抚转饬地方官,于凡交涉民教事件,务须迅速持平办理,不得意为轻重,以示一视同仁之意。④ 由此可知,民教案件司法审判程序,与一般犯罪案件大致相同,惟所异者为民教案件多数须报送总理各国事务衙门。

通商口岸中外交涉案件之处理亦属总理各国事务衙门职掌,如咸丰四年英法各国即在上海设立会审公堂,"中外商民交涉词讼,各赴彼告所属之国官员处控告,各按本国律例审断。"⑤

此种中外交涉案件,非但通商口岸须如此办理,京师五城察院亦同。光绪二年,总理各国事务衙门咨都察院:"中国各口,审断交涉案件,两国法律既有不同,只能视被告者为何国之人,其本国官员,只可赴承审官员处观审,倪观审之员,以为办理未妥,可以逐细辩论,庶保各无向隅,各按本国法律审断,两国官员,均当遵守,所有五城察院,一体查照办理。"⑥

---

① 《筹办夷务始末》咸丰朝,卷72。
② 《清季外交史料》卷147。
③ 《大清会典》卷99,1页。
④ 同上书卷99,11页。
⑤ 《清史稿》卷144,《刑法三》,见鼎文版《清史稿》,4216页。
⑥ 《大清会典事例》卷1021,13页。

十七　顺天府

(一) 顺天府设置沿革

国初于京师设置顺天府,设府尹一人。雍正元年,特简大使一人管理府事。乾隆十四年定,钦派大臣一人,兼管府尹事务。① 兼尹与尹共理顺天府政务,其职掌与各省总督巡抚类似。顺天府之兼尹系由各部院之尚书、侍郎中特简,故顺天府之地位特别,实为中央直辖之地方机关,故并叙于此节。

(二) 顺天府职掌(有关司法审判部分)

顺天府之职掌,《大清会典》定曰:"掌京畿地方之事,以布治于四路,率二京县而颁其禁令。"② 又曰:"京城内外民间干禁之事,由顺天府率大兴宛平二县,与步军统领衙门、五城示禁,犯者一体察拿。"③ 可知顺天府须与步军统领衙门及五城察院共同维持京师治安。

顺天府地近京师,民间刑名案件常与京师人民相牵连。民人呈控案件或须奏闻皇帝,或咨部办理,或自行审结。《大清会典》定曰:"凡民控告者,则听其狱。大事以闻,小事决之。"④ 又曰:"(顺天府)所属五州十九县控案,即与提审,重案奏请定夺,轻者或咨部办理,或自行审结。"⑤

又顺天府须办理徒流军罪案件之定地发配,《大清会典》定曰:"凡五徒三流,刑部以送于府,各定其地而配焉。(徒五等,由顺天府定地发驿,流三等,由顺天府照三流道里表,定地饬县递解)五军则兵部定地以送于府而发配(军五等,由兵部定地送府饬县递解)。"⑥

十八　其他

清代三法司为重要之司法审判机关,大多数各省及京师案件均由三法司复核或审理。但除三法司外,其他各部院亦分别掌有司法审判权,对于特定案件,各部院衙门有权审理、会同审理或参与审理,情形不一,业已分述如前。由此可知,清代中央之司法审判权并非仅仅集中于三法司,而系分散于中央各部院。依各省或京师案件之类别与性质之不同,清代中央各部院得分别行使司法审判权。

---

① 《大清会典事例》卷 1090,1~3 页。
② 《大清会典》卷 74,1 页。
③ 同上。
④ 同上。
⑤ 同上。
⑥ 同上书卷 74,7~8 页。

第三章 清代中央司法审判机关

除上述正常情形外,如遇重大案件,皇帝常谕令九卿会议具奏或指派钦差大臣审理。此外,皇帝出巡时,行在法司亦有权审理案件。又咸丰年间,为因应捻军北伐,京师成立京城巡防处,专责审理京师案件,此系因特殊变乱而成立者,则又属清代司法审判中之特例。兹将以上各种特殊情形分述如下:

(一)行在法司

清代皇帝常至各省巡幸,或北上至热河木兰围场秋狝,或至山东安徽等地巡视黄河工程,或至山东江苏浙江等省视察漕运情形。无论为秋狝、巡视河工或视察漕运,各部院大臣均有随行者。其中随行之刑部、都察院、大理寺等官员即组成行在法司。

行在法司主要处理之案件为叩阍案件,所谓叩阍即所谓"告御状"也。兹举下列案例说明之:

1. 康熙二十八年(1689年)二月初五日,"上巡察民生风俗,便道观虎丘山。是日,上驻跸苏州府。初五日癸卯。上观苏州府属万峰山、太湖。驻跸万峰山。是日,江南苏州府属吴县民徐长民妻周氏叩阍,称伊夫徐长民、伊子徐涊敏所坐死罪俱冤。上以其状命刑部、都察院更谳。两衙门议奏云:'徐长民、徐涊敏指称,钞关使用诳派贸易民船银两,应照律免死,各枷号两个月,发边卫充军。'上允行。"①

2. 康熙五十四年(1715年)九月十七日,"上驻跸中关。酉时,上御行宫……大学士松柱奏曰:'盛京刑部侍郎瓦尔达等,将王任太等所欠银两互相推诿,不行赔偿情由题参,已经批发。今王任太等叩阍呈子请旨交与何处?'上曰:'瓦尔达等所参之本,朕尚欲折。王任太家道殷实,非不能赔此数千金之人。将伊等题参革职严审,部内人有所贪而务行此,亦未可定。瓦尔达等所参之事著掣回。王任大等叩阍呈子一并交与此处刑部,会同都察院审明具奏。'"②

(二)九卿会议

九卿有大九卿、小九卿之说。③ 所谓大九卿,指六部、都察院、通政使司及大理寺。④ 所谓小九卿指都察院、大理寺、太常寺、光禄寺、鸿胪寺、太仆寺、通政使司、宗人府及銮仪卫。⑤ 此处所称之九卿为大九卿。

---

① 《康熙起居注》,康熙二十八年二月初五日癸卯。
② 同上书,康熙五十四年九月十七日己酉。
③ 《茶余客话》卷7,1页。
④ 《大清会典》卷69,1页。
⑤ 《中国古代职官辞典》,"九卿"条。

清代重大案件奏闻皇帝时,皇帝常谕令九卿会议具奏。九卿会议或系初审,或系复审,其情形不一。至其形式主要有四:(1) 九卿会议,(2) 九卿科道会议,(3) 九卿詹事科道会议,(4) 大学士九卿詹事科道会议。兹举例说明如下:

1. 九卿会议

康熙二十三年(1684年)二月初九日乙巳,"九卿会议孙四抛弃伊主骸骨,盗取衾物,改议立斩。上问曰:'此事尔等以为何如?'大学士明珠奏曰:'今九卿所议似当。'李霨等奏曰:'孙四抛弃伊主骸骨,情罪甚属可恶,依议正法为是。'上曰:'然。'先是,三法司议引平人例,监候秋后处决。上以孙四情罪重大,今九卿会议定例具奏。至是九卿会议孙四应立斩。"①

又九卿会议有特定由满九卿会议者:

康熙五十七年(1718年)正月二十七日,"(正月二十日,翰林院检讨朱天保奏请复立允礽为皇太子)满九卿等议奏,朱都纳,应凌迟处死。朱天保,立斩。朱都纳二幼子,立绞,家产籍没入官。戴保、常赉俱应绞,监候秋后处决。金宝,充发黑龙江当苦差。莘泰,枷号三个月,鞭一百。齐世,革去都统职衔,交该旗及族中人等,在伊家永行拘禁。"②

2. 九卿科道会议

康熙二十三年(1684年)四月初九日,"吏部等衙门会议,以私支库银,将原任布政使颜敏等拟秋后处决;其原任巡抚郝浴浮冒银九万两,应于郝浴家属追征。……上曰:'此事交与九卿科道会议具奏。'"③

3. 九卿詹事科道会议

康熙二十一年(1682年)二月初十日,"九卿詹事科道等议复,翰林院侍讲王鸿绪,疏参楚人朱方旦,诡立邪说,妄言休咎,煽惑愚民,诬罔悖逆。经湖广巡抚王新命,审实具题。朱方旦应立斩,顾齐弘、陆光旭、翟凤彩,甘称弟子,造刻邪书,传播中外,俱应斩监候,从之"④

4. 大学士九卿詹事科道会议

---

① 《康熙起居注》,康熙二十三年二月初九日乙巳。
② 《清圣祖实录》卷277,16页。
③ 《康熙起居注》,康熙二十三年四月初九日甲辰。
④ 《清圣祖实录》卷1001,10~11页。

(1) 雍正七年(1729年)五月二十一日,"先是,湖南靖州人曾静因考试劣等家居愤郁,忽图叛逆,遗其徒张熙,诡名投书于川陕总督岳钟琪,劝以同谋举事。岳钟琪拘留刑讯,究问指使之人,张熙甘死不吐。岳钟琪置之密室,许以迎聘伊师佯与设誓,张熙始将曾静供出。岳钟琪具折并其逆书奏闻,……随将曾静张熙,提解来京。旋命浙江总督李卫,搜查吕留良、严鸿逵、沈在宽家藏书籍。所获日记等逆书,并案内人犯一并拿解赴部。命内阁九卿等,先将曾静反复研讯。"①

(2) 乾隆二十年(1755年)三月十三日,"上召大学士九卿翰林詹事科道等,谕曰:'我朝抚有方夏,于今百有余年。列祖列宗深仁厚泽,渐治区宇,薄海内外,共享升平。……胡中藻、鄂昌已降旨拿解来京,俟到日,交大学士九卿翰林詹事科道,公同逐节严审定拟具奏。'"②

(三) 钦差大臣

清代诸帝常指派钦差大臣审理各省或京师重大案件,钦差大臣之人选,议政王大臣、内阁大学士、学士、军机大臣、章京、六部尚书、侍郎、郎中、都察院左都御史、左副都御史、监察御史等官员,均为可能人选。某些外省案件,皇帝也可能指派其他省份总督、巡抚前往审理,兹举下列案例说明之:

1. 康熙二十七年(1688年)五月二十七日,"(上)谕曰:'前差(直隶巡抚)于成龙、(左都御史)马齐、(户部右侍郎)凯音布往审(湖广巡抚)张汧一案,曾谕云:尔等往审此事,须就欵鞠问,不可蔓延。若蔓延,则牵累者多矣。'"③

2. 康熙五十四年(1715年)十一月初五日,"(大学士)松柱等又奏,为审(太原府知府)赵凤诏派出堂官……上曰:'此处大臣不可派出。著湖广总督额伦忒、河南巡抚李锡驰驿速往,会同该抚审讯。'"④

康熙末年曾一度停止差遣京师大臣前往各省审理案件。康熙五十四年十二月初一日,上谕曰:"从前外省常遣京师大臣审拟。但督、抚乃封疆重臣,不令伊审,而遣京师大臣赴审,恐苦累地方,因是停止差遣京师大臣。"⑤惟此种停止差遣京师钦差大臣之情形,仅系一时之现象,雍正以后,差遣京师大臣前往各省审理案件又行恢复。

---

① 《清世宗实录》卷 81,24~25 页。
② 《清高宗实录》卷 484,页 17~23。
③ 《康熙起居注》,康熙二十七年四月二十七日己巳。
④ 同上书,康熙五十四年十一月初五日丁酉。
⑤ 同上书,康熙五十四年十二月初一日癸亥。

(四) 京城巡防处

咸丰三年一月,太平天国定都南京,四月,太平军北伐。五月十八日,咸丰帝谕令科尔沁郡王僧格林沁等人专办京城各旗营巡防事宜。[①] 九月九日,特命和硕惠亲王绵愉为奉命大将军,郡王僧格林沁为参赞大臣。九月十三日,绵愉等奏请设立公所,借值年旗衙署办公,京城巡防处遂正式成立。

京城巡防处主要任务是,防剿太平军,维护京师治安,并有权审理京师案件。凡掳获之太平军均由京城巡防处审理,京师各地命盗案件,京城巡防处亦得审理。京城巡防处内设审案处,负责审理各种案件。

咸丰五年年初,太平军北伐失败后,五月初十日,咸丰帝谕令裁撤京城巡防处。此一临时性之司法审判机关遂行结束。

---

① 《剿平粤匪方略》卷41。

第四章 清代中央司法审判程序之一
——各省案件复核程序

第一节 各省案件司法审判程序概说

一 各省司法审判机关及审级管辖

清代各省司法审判机关层级颇多,自州县厅至省,各级衙门均拥有司法审判权,州县厅系初审机关,其余各级衙门均系复审机关。各级司法审判机关因案件刑责之轻重而定其审级管辖。兹将各级司法审判机关审级管辖之概况分述如后:

(一)第一级司法审判机关——州县厅

州县厅为最基层之司法审判机关,其地位至为重要。绝大多数民事及刑事案件,均由州县厅进行初审,故语云:"万事胚胎,皆由州县。"① 民事案件由州县自理,州县官堂断后即可结案。至于刑事案件,则依案件刑责之轻重而作不同之处理。笞杖罪案件亦由州县自理,州县官堂断后即可结案。徒罪以上案件,则须定拟招解,解送上一级司法审判机关复审。

(二)第二级司法审判机关——府、直隶州、直隶厅

《大清会典》定曰:"府属之州县厅,由府审转。……直隶厅直隶州属县由该厅州审转。"② 府审转所属州县厅之案件时为第二审,直隶州或直隶厅审转所属属县时,直隶州或直隶厅亦为第二审。惟府、直隶州、直隶厅有本管(亲辖地方)者,府、直隶州及直隶厅须审理本管案件,此时,府、直隶州及直隶厅为第一审。

(三)第三级司法审判机关——道

《大清会典》定曰:"直隶厅直隶州本管者,由道审转。……知府有亲辖地方者,其本管亦由道审转。"③《大清会典》此项规定与清代司法审判实务

---

① 王又槐:《办案要略》,见《入幕须知五种》,493页。
② 《大清会典》卷55,3页。
③ 同上。

似有出入。按清代直隶州及直隶厅徒罪以上案件,无论是否本管均须由道审转,薛允升即曰:"直隶州一切案犯由道审转解司,此定章也。"① 故道转之案件,并不限定于直隶州及直隶厅之本管案件。直隶州及直隶厅无属县时,道为第二审。直隶州及直隶厅有属县时,道为第三审。

(四)第四级司法审判机关——按察使司

按察使司为一省刑名总汇,府或道审转之案件均须由按察使司再行复审,复审后,申详督抚。由府审转时,按察使司为第三审。由道审转时,按察使司或为第三审或为第四审。

(五)第五级司法审判机关——督抚

依《大清律例》规定,无关人命徒罪案件,督抚即可批结。此类案件,按察使司每季造册详报督抚,督抚出咨报部。② 有关人命徒罪案件及军流罪案件,督抚专案咨部核复,年终汇题。③ 情罪重大罪应凌迟斩枭斩决之案,督抚应专折具奏,其余寻常罪应凌迟斩枭斩决之案(应亦含绞决及斩绞监候案件),督抚应专本具题。④ 由府审转时,督抚为第四审,由道审转时,督抚或为第四审或为第五审。

上述情形为各省司法审判机关审级管辖之原则,某些特殊地方,如顺天府及奉天府,其司法审判机关之审级管辖与各省并不相同,特分述如后:

(一)顺天府司法审判机关及审级管辖

《大清会典》定曰:"顺天府所属京县二,近京州五,县十七,分隶于四路同知,皆辖以府尹。……其刑名,流以上由四路厅申按察司转督抚达部。徒杖以下,尹自决之。"⑤ 又曰:"京畿西路厅、东路厅、南路厅、北路厅同知,管理刑钱,分属顺天府二十四州县,以隶于直隶布政司,制如知府。"⑥ 由上述规定可知,顺天府所属州县之审级管辖,以州县为第一级司法审判机关,四路同知为第二级司法审判机关,顺天府或直隶按察司为第三级司法审判机关(徒罪以下案件由府复审结案,流罪以上案件由直隶按察司复审),直隶总督为第四级司法审判机关(流罪以上案件,直隶按察司复审后,仍由直隶总督复审)。其审级管辖较为特殊。又顺天府尹之地位,虽未见明文规定,惟其地位实与各省巡抚相同。

---

① 薛允升:《读例存疑》,见黄静嘉编校之重刊本,页1252。
② 《大清会典事例》卷837,5页。
③ 同上书卷845,5页。
④ 同上书卷845,15~16页。
⑤ 《大清会典》卷74,1页。
⑥ 同上书卷4,6页。

第四章　清代中央司法审判程序之———各省案件复核程序

（二）奉天府司法审判机关及审级管辖

《大清会典》定曰："奉天府所属京县一，厅四，州二，县四。又领锦州府一（所属州二，县二），昌图府一（所属县三），（凤凰）直隶厅一（所属州一，县二），兴京（直隶）厅一（所属县二）。"① 又奉天府之下设有驿巡道一人，得审转奉天府属刑名。② 其审级管辖，就奉天府属州县厅而言，各州县厅为第一级司法审判机关，二府二厅为第二级司法审判机关，奉天驿巡道为第三级司法审判机关，奉天府为第四级司法审判机关。（以上均就民人犯罪案件而言，旗人犯罪案件则归盛京刑部审判）奉天府所属州县徒罪以上案件审级管辖，与各省大致相同。依《大清会典》规定，奉天府尹之地位与各省巡抚相同。③

二　各省案件司法审判程序

清代，各省案件依案件刑责之轻重而定其司法审判程序。民事案件，由州县自理，即由州县官全权审判、执行。兹以刑事案件为中心，略述各省案件司法审判程序之梗概如后：

（一）州县厅初审程序

清代行政与司法不分，司法审判亦无审检分立之概念，各级衙门之正印官兼具警察局局长、检察官、法官及典狱长等多项身份，各级衙门实系"行政与司法合一，审判与检察合一。"故清代州县厅初审程序，应包括审前程序（放告、呈控、批词、查验、检验、通禀、通详、传唤、拘提、缉捕、看押、监禁及保释等）和审理程序（调处、和息、审讯、判决及定拟招解），兹分述如后：

1. 审前程序

清代州县衙门均规定有放告期日，以每月三六九日或三八日放告。于放告日呈控，谓之期呈，于非放告日呈控，谓之传呈。重大案件得随时呈控。州县官收呈后，常须当堂审讯查问，依据大清律例及各州县自定条款批词，决定准理或不准理。除呈控外，被害人的呈报、喊禀、投禀帖，一般民人的告发、公呈，犯罪人的投首（自首），州县官的访闻，上司衙门的发审或委审等，均构成受理事由。盗案常须查验，命案及斗殴案常须检验。命盗案件，州县官于查验或检验后，须将初步案情报告各级上司衙门（督抚藩臬道府），谓之通禀。又州县官于通禀之后将详细案情报告各级上司衙门，谓之通详。

---

① 《大清会典》卷74,9页。
② 同上书卷75,1页。
③ 同上书卷74,9页。

案件准理后,情节轻微的,州县官得签发传票,传唤被告。有时尚须传唤乡约、地保及证人。传唤时,由州县官签差给票,由差役持票传唤应传之人。州县官发给之传票为印票(盖上州县官大印之票)。情节重大的,州县官得签发拘票,由差役持票拘提被告。州县官发给之拘票亦系印票。

人犯如已逃匿,州县官应签发缉票(亦系印票)缉捕。缉捕人犯,常须临近州县协缉。缉捕要犯或重犯,又常须详明督抚,转咨各省通缉。

人犯到案后,轻罪人犯及干连人证,州县官常交差役看押。差役看押人犯之处所,称为班房。情节较重人犯则交监狱监禁。人犯如符合条件,得予保释。

2. 审理程序

州县官审理案件时,于轻微案件多予调处和息。重大案件不得调处和息,必须加以审讯。审判时须依审讯原则(依状以鞫情,如法以决罚,据供以定案),人犯不吐实供时,州县官得依规定加以刑讯。审讯完毕,应予判决。笞杖罪案件,州县自理,州县官堂断后,即可结案。徒罪以上案件,则须定拟招解,解送上司衙门复审。

(二) 府、直隶州及直隶厅复审程序

州县厅徒罪以上案件须送府、直隶州及直隶厅复审。府、直隶州及直隶厅之复审,其案件管辖之原则如下:①

1. 寻常徒罪案件,府、直隶州及直隶厅复核后,转道司复核。

2. 有关人命徒罪案件及军流罪案件,府、直隶州及直隶厅复审后,应解人犯转道司复审。

3. 死罪案件,府、直隶州及直隶厅复审后,应解人犯转道司复审。

府复审时,如遇原审定拟不当,府得为驳诘,称为府驳。府驳诘时,情节重大者,得发回人犯重审。情节轻微者,得不发回人犯,止用檄驳。府驳审时,如符合律例,州县自应遵驳改正。

(三) 道复审程序

府、直隶州及直隶厅徒罪以上案件因审级管辖之不同,或转道复审,或转司复审。其须转道复审者,其案件管辖之原则如下:②

1. 寻常徒罪案件,道复核后,转司复核。

2. 有关人命徒罪案件及军流罪案件,道复审后,应解人犯转司复审。

3. 死罪案件道复审后,应解人犯转司复审。

---

① 参见《大清律例》第 411 条(有司决囚等第)及该条诸附例。
② 同上。

第四章 清代中央司法审判程序之一——各省案件复核程序

道复审时,如遇原审定拟不当,道亦得为驳诘,其情形与府同。

（四）按察司复审程序

府、直隶州及直隶厅徒罪以上案件,有须转道复审者,有无须转道复审,而迳转按察司复审者,无论何者,其案件管辖之原则如下:①

1. 寻常徒罪案件,按察司复核后,转督抚复核。
2. 有关人命徒罪案件及军流罪案件,按察司复审后,转督抚复审。
3. 死罪案件,按察司复审后,应转督抚复审。

司复审时,如遇原审定拟不当,司亦得为驳诘,称为司驳,其情形与道府同。

（五）督抚复审程序

按察司徒罪以上案件,须转督抚复审,其案件管辖之原则如下:②

1. 寻常徒罪案件,督抚复核后,即可批结。由该按察司按季汇齐,每季造册详报督抚,督抚出咨报部。
2. 有关人命徒罪案件及军流罪案件,督抚复审后,咨部复核。
3. 死罪案件,督抚复审后,寻常死罪案件,须专本具题,奏闻于皇帝。情节重大死罪案件,须专折具奏,奏闻于皇帝。

督抚复审时,如遇原审定拟不当,督抚亦得为驳诘,称为院驳。《大清律》第410条(辩明冤枉)附例规定督抚臬司复审时之处理:"命盗案件,经该督抚臬司驳审,除案情重大,须该知府赴省审理,或系委派会审,仍听该督抚随时酌量办理外;如果案情与原招并无出入,即由附省知府审转,仍许原审知府一体列衔申详。"(乾隆二十七年定例)

死罪人犯,应解审到院(督抚),由督抚亲提人犯审讯。惟事实上"外省督抚每遇应行审理之案,动辄委员查讯。"③ 督抚极少亲提审讯,大多委由司道或首府首县审讯。清代中叶(约嘉庆道光年间),部分省份设"发审局",协助督抚审理全省案件,并办理秋审及司法行政工作。发审局又称谳局,为一省级临时性司法审判机关,不属于国家正式编制之内。

第二节 各省案件之咨部具题与具奏

清代各省徒罪以上案件均须咨部或奏闻于皇帝。原则上徒流军罪案

---

① 参见《大清律例》第411条(有司决囚等第)及该条诸附例。
② 同上。
③ 《六部处分则例》卷47,10页。

件,督抚复审后,须咨部复核。年终时,督抚须将此类案件汇题。寻常死罪案件,须专本具题。情节重大死罪案件,须专折具奏。兹分述如下:

一 徒流军罪案件之咨部

《大清律》第411条(有司决囚等第)附例规定:"外省徒罪案件,如有关系人命者,均照军流人犯解司审转,督抚专案咨部核复,仍令年终汇题。其寻常徒罪,各督抚批结后,即详叙供招,按季报部查核。"(乾隆四十年定例)

由本条附例规定可知:

(一)无关人命徒罪案件(寻常徒罪案件),督抚批结后,应按季报部查核。

(二)有关人命徒罪案件,督抚复审后,应以专案咨部核复,并应年终汇题。

(三)军流罪案件,督抚复审后,亦应以专案咨部核复,并应年终汇题。

军流罪案件,原则上固系咨部核复,但亦曾规定此类案件须具题。雍正三年议准,"外省人命案件,拟以军流等罪,咨部完结者,俱驳令具题。嗣后不行具题者,将该督抚查议。①惟此项规定,后于乾隆四年废止适用。乾隆四年奏准,"嗣后除人命强盗情罪重大案内,例应发黑龙江、宁古塔等处者,应仍令各督抚特疏具题外,其余因事拟遣,一切军流等案,如果案犯情节显明,别无疑窦者,俱照诬告反坐等项之例,令各督抚迅速审拟,咨部完结。统于岁底汇题,仍将各案原招,造册送部查核。"② 军流罪案件,时或具题,时或咨部,常有变化。故雍正四年即有官员奏称:"各省军流案件,或题或咨,因无一定章程,是以有特疏具题者,有年终汇题者,亦有咨部完结者,办理殊未画一。"③

二 寻常死罪案件之具题

题本原系明代制度,应具本人,清初原定:"在京六部及院寺等堂官,在外文官督抚,武官将军都统提镇,其余均令上司官代奏。"④ 规定甚明。顺治、康熙、雍正年间,一切死罪案件,俱用题本具题。乾隆年间,杀死多命及逆伦重案改用奏折具奏,然尚未定有条例。嘉庆十三年始就应专折具奏之

---

① 《大清会典事例》卷750,4页。
② 同上。
③ 薛允升:《读例存疑》卷49,见黄静嘉编校之重刊本,1265页。
④ 《大清会典事例》卷1042,5页。

第四章 清代中央司法审判程序之一——各省案件复核程序

死罪案件详予规定订定条例。死罪案件之具题与具奏,遂有区分。死罪案件凡非属应专折具奏者,俱应专本具题。惟此系原则而已,许多依条例规定非属专折具奏者,嘉庆以后,亦多以专折具奏。同治年间,太平军兴,死罪案件以专折具奏益形普遍。光绪二十七年,清廷下令,改题为奏(改题本为奏折),奏折终于取代题本,明清两代通行之题本制度遂行废除。光绪二十八年正月,清廷明令裁撤通政使司。

题本内容必须精简,雍正二年议定:"凡内外官员题奏本章,不得过三百字。虽刑名钱谷等本,难拘字数,亦不许重复冗长,仍将本中大意,撮为贴黄,以便览阅,其贴黄不许过一百字。如有字数溢额,及多开条款,或贴黄与原本参差异同者,该衙门不得封进,仍以违式纠参。"① 惟此项规定于民刑案件题本并无意义,各省题本为使案件叙说明白,大多超过三百字,多者甚至达二三千字以上。

雍正五年上谕:"向来督抚提镇陈奏本章(指题本),例有副本,投递通政使司;又有揭帖,知会关涉之各部院,往往紧要之事,未达朕前,而先已传播于众口。"② 因此之故,乾隆以后,一般例行性政务使用题本,重大政务则使用奏折。在司法审判上亦同,换言之,寻常死罪案件使用题本,情节重大死罪案件则使用奏折。

三 情节重大死罪案件之具奏

清代康熙初年,各省地方公事始以奏折形式奏闻于皇帝。康熙及雍正两朝,奏折系君主与臣工间之秘密文书,有折奏权之官员原本不多。康熙年间,内而部院满汉大臣,外而督抚提镇,始有权使用奏折密奏。雍正年间放宽臣工专折具奏之范围,允许布按两司用折奏事,后又扩大至知府、道员、副将及参将等微员,惟此等微员仅部分有折奏权。关于臣工专折具奏之范围,雍正八年七月初七日,上谕内阁曰:"……各省督抚大臣,于本章之外,有具折之例。又以督抚一人之耳目有限,各省之事,岂无督抚所不及知,或督抚所不肯言者,于是又有准提镇藩臬具折奏事之旨。即道员武弁等,亦间有之。"③

康熙、雍正年间,奏折并非正式公文书,未取得法定之地位。奏折朱批之后仍不可据为定案。臣工奉到朱批之后,如欲付诸实行,仍应另行以题本

---

① 《大清会典事例》卷13,2~3页。
② 同上书卷1017,3页。
③ 《清世宗实录》卷96,5页。

具题。雍正八年七月初七日,世宗曾指出:"并非以奏折代本章,凡折中所奏之事,即属可行之事也。是以奏折进呈时,朕见其确然可行者,即批发该部施行。若介在疑似之间,则交与廷臣查议。亦有督抚所奏而批令具本者,亦有藩臬等所奏而批令转详督抚者,亦有听其言虽是,而不能必其奉行之无弊,则批令实心勉励,还朕一是字者。凡为督抚者奉到朱批之后,若欲见诸施行,自应另行具本,或咨部定夺。为藩臬者,则应详明督抚,俟督抚具题或咨部之后,而后见诸施行。……则奏折之不可据为定案,又何待言乎?著将此晓谕各省奏折诸臣知之。"①

乾隆以后,奏折之使用日益广泛,具奏之后应再行具题之原则逐渐不再被遵守。原系秘密使用之奏折亦逐渐公开使用。原由皇帝亲自处理之奏折,亦逐渐改由军机大臣处理。惟就司法审判而言,何者应专本具题,何者应专折具奏,迄乾隆末年仍无一定之章程。薛允升曰:"乾隆年间,间有因杀死多命及逆伦重案奏请(指专折具奏)正法者,尚未定有专条。"②嘉庆十三年议准:"卑幼因图财强奸谋杀尊长,及谋故杀一家二命,死系父祖子孙,并服属期亲以上,罪应斩枭各犯,俱改题为奏。并罪应凌迟处死之案,其情较斩枭为尤重,亦应一体专折具奏。③

惟嘉庆十三年议准之条例并不详尽,嘉庆十七年,始就应专折具奏之案件订定条款,详予规定,按嘉庆十七年上谕曰:"直省命盗案件,各督抚有专折具奏者,经朕详核,其中有批交该部速议之件,原因案犯情罪重大,不容稽诛,是以定限于五日内覆奏。乃近日各省专奏案件,阅其情节,有尽可照例具题之案,而该督抚亦改题为奏者。限期既迫,部臣不能详悉复核,设有疏率,流弊滋甚,殊非慎重民命之道。著交刑部,将命盗各案详悉区分,定为何者应题,何者应奏,酌议条款。奏准后,行知各督抚永远遵行。如定例后,督抚仍有任意迟速,题奏混淆者,即著该部查参,以归画一。"④

嘉庆十七年订定之条款,后于道光二十四年及咸丰二年两次改定。两次改定后应专折具奏之条款,见《大清律》第411条(有司决囚等第)附例,其内容如后:⑤

(一)罪应凌迟案:

1. 谋反大逆但共谋者。

---

① 《清世宗实录》卷96,5~6页。
② 薛允升:《读例存疑》卷49,见黄静嘉编校之重刊本,1265页。
③ 《大清会典事例》卷750,7~8页。
④ 同上书卷750,8页。
⑤ 薛允升:《读例存疑》卷49,见黄静嘉编校之重刊本,1264~1265页。

2. 谋杀祖父母、父母者,妻妾杀夫之祖父母、父母者。
3. 妻妾谋杀故夫祖父母、父母者。
4. 杀一家非死罪三人及支解人为首者。
5. 谋杀期亲尊长外祖父母者。(情可矜悯,例准夹签声明之案,仍专本具题。)
6. 采生折割人为首者。
7. 子孙殴死祖父母、父母者。
8. 纠众行劫在狱罪囚,持械拒杀官弁为首及下手杀官者。
9. 尊长谋占财产,图袭官职,杀功缌卑幼一家三人者。
10. 发遣当差为奴之犯,杀死伊管主一家三人者。
11. 罪囚由监内结伙反狱,持械拒杀官弁为首,及下手杀官者。
12. 妻妾因与有服亲属通奸同谋杀死亲夫者。(若与平人通奸谋杀,仍专本具题。)

(二) 罪应斩枭案:
1. 卑幼图财强奸谋杀尊长者。
2. 杀一家非死罪二人,如死系父祖子孙及服属期亲者。
3. 洋盗会匪及强盗,拒杀官差者。

(三) 罪应斩决案:
1. 子孙殴祖父母、父母。
2. 妻妾殴夫之祖父母、父母者。

(四) 两造赴京呈控,奏交该省审办之案。

(五) 曾经刑部奏驳之案。

为避免专折具奏之案过于浮滥,《大清律》第 411 条(有司决囚等第)附例特规定:"各督抚于专奏折尾,将援照刑部议定条款,例得专折陈奏之处声明。倘有强行比附,率意改题为奏,刑部即参奏驳回,仍令照例具题;或应奏不奏,亦即查参。"(嘉庆十七年定例)

第三节 各省案件复核程序之一——各省徒流军罪案件之复核

一 各省徒流军罪案件之咨部

依《大清律》第 411 条(有司决囚等第)有关诸附例之规定,徒流军罪案件均须于督抚审结后咨部。或按季咨部,或专案咨部,年终汇题,其情形不

一,兹将咨部有关情形分述如下:

(一) 徒罪案件之咨部

徒罪案件可分为两类,一类为无关人命徒罪案件,一类为有关人命徒罪案件。依《大清律》第411条(有司决囚等第)附例:"寻常徒罪(指无关人命徒罪案件),各督抚批结后,即详叙供招,按季报部查核。"由本附例可知,无关人命徒罪案件,督抚应按季咨部查核。清初人口较少,刑事案件不多,此类案件之按季咨部查核尚能确实执行,惟至清末,人口大增,刑事案件亦因之大增,所谓按季咨部,实务上已成具文。薛允升即曰:"寻常徒犯,现在按季咨部者,不过十分之一二,岂真不知有此例耶?"①

至有关人命徒罪案件,依《大清律》第411条(有司囚决等第)附例:"外省徒罪案件如有关系人命者,……督抚专案咨部核复,仍令年终汇题。"由本附例可知,有关人命徒罪案件,督抚应专案咨部核复,并应年终汇题。"专案咨部"自较"按季咨部"慎重,盖因慎重人命也。又本附例所谓年终汇题,应系指乾隆二十三年以前之情形。乾隆二十三年以后,《大清律》第68条(照刷文卷)订定条例,统一规定:"各省汇题事件,统限开印后两月具题。"因之,《大清律》第411条(有司决囚等第)附例所定"年终汇题"之规定,与清代中期以后之实务不符。

(二) 军流罪案件之咨部

《大清律》第411条(有司决囚等第)附例:"军流人犯解司审转,督抚专案咨部核复,仍令年终彙题。"薛允升曰:"军流止解臬司,专案咨部……此定章也。"② 军流罪案件之咨部,其执行情形较为确实,盖因军流人犯须由刑部及兵部定地发配也。

清代于徒流军罪之外,另有所谓遣罪者。遣罪原为职官等犯军流罪时之处罚特例,后亦扩大适用至一般民人。发遣分当差、为奴二种情形,一般言之,职官及生员以上人等犯罪,发遣当差。民人犯罪,发遣当差或为奴。发遣地通常为黑龙江、吉林(宁古塔)、新疆(伊犁、乌鲁木齐)等地。此种遣罪实系军流罪之加重,督抚审结后自应比照军流罪案件,专案咨部核复。惟有关职官之遣罪案件,自仍应专本具题。

二 刑部对咨部之各省徒流军罪案件之处理

刑部对各省咨部案件有权查核或复核。对按季咨部之徒罪案件有权查

---

① 薛允升:《读例存疑》卷49,见黄静嘉编校之重刊本,1261页。
② 同上书,页1260。

第四章 清代中央司法审判程序之一——各省案件复核程序

核;对专案咨部之徒流军罪案件有权复核。或为依议之判决,或为径行改正之判决,或为驳令重审之判决,惟均须获得皇帝最后裁决之认可,始能生效。

清代并无严格意义之"审判独立"之概念,督抚审理徒流军遣罪案件,如遇疑义,督抚得咨请部示,如何处理。严格言之,此时,督抚既尚未对所审理之案件,定拟出判决,即尚未审结。其咨请部示原不在本节讨论范围之内。但因此种案件之咨请部示与清代中央司法审判之关系密切,故将此种情形于此处加以讨论。兹举下列案例以说明之:①

> 为请咨部示事,看得(直隶省)通州拿获逃军杨二即于花子,究出逃后同逸贼马四行窃事主麦得福家衣服一案。据直隶总督周元礼咨称:缘杨二即于花子,系山东陵县回民,先于乾隆三十八年三月初一日听从逸贼李老店纠邀,执持木棍,同冯起文、金山、杨令等前赴昌平州西事主于德成家门首扒墙进院。李老店即令冯起文、金三、杨令三人在院看守接赃,于花子拨窗入屋,窃得衣服两包,撩出堂屋地上,复进内摸取棉被一床,并将柜锁拧断,取出大钱一千五百。……经于德成报州,先后缉获冯起文、金三、杨令到案,起获赃物,给主认领,并据于花子自行投首,讯认不讳。将于花子依律拟斩立决,声明法无可贷,系闻拿自首,照凶恶棍徒执持凶器伤人例,问发边远充军。于三十九年五月间奉准部复,檄令佥发浙江绍兴府山阴县充军,交保管束。嗣于四十年四月二十五日,该犯因配所贫苦难度,起意逃逸,即于是日起身潜逃至京。迨七月内该犯复起意行窃,即邀同素识之德平县人马四,于三十日夜偕至通州事主麦得福家上墙下院,窃得衣服而出,将赃当得钱文与马四表分花用。经事主麦得福查知,报州差缉。至四十二年十月二十一日当被州捕盘获禀送,究出犯事脱逃行窃各情由。该州知州龙舜琴审拟将该犯依窃盗拟军到配后在逃行窃,不论次数赃数复犯者,改发云贵两广极边烟瘴充军例,遵照新例以极边足四于里为限,充当苦差,面刺逃军并刺烟瘴改发字样,由厅解司。……该犯于行劫投首减军之后,不思安分在配胆敢起意潜逃,纠伙行窃,实属怙恶不法,虽详查律例并无伤人之伙盗于闻拿投首拟军之后,在逃为匪被获者,作何治罪明文。……惟是新例内,并未指有此等人犯脱逃治罪之条。事关生死出入,办理恐致错误,拟合先行咨请大部示复,以凭遵照办理等因前来。……此案于花子原犯系依伙盗虽曾伤人旋即平复,姑准自首,照凶器伤人例,发边远充

---

① 《驳案新编》卷 2,32~38 页。

军之犯本例,罪止拟军,并非免死发遣黑龙江之犯。遇有脱逃,自应仍照军犯脱逃例办理,相应咨覆该督,并传知各司抄录通行可也。

上述案例中,乾隆四十二年年底,直隶总督周元礼就直隶省通州拿获逃军杨二等行窃一案,咨请部示,如何处理,以凭遵照办理。刑部直隶司拟定法律见解,认本案逃军杨二,应仍照军犯脱逃例办理。此项法律见解经呈堂核定后,咨覆直隶总督,并传知刑部各司抄录本案,通行各直省督抚,转饬所属一体遵照办理。

刑部对专案咨部之徒流军罪案件有权复核,刑部所为之判决以下列三种判决最多:

(一) 依议之判决。
(二) 径行改正之判决。
(三) 驳令再审(驳审)之判决。

兹将上述三种判决分述如后:

(一) 依议之判决

徒流军罪案件审结后,督抚专案咨部。刑部于咨部案件,如认事实认定合乎情理,适用律例亦无不当,即可定拟依议之判决(如该督抚所题完结),以题本奏闻于皇帝。奉旨依议后,刑部咨复该督抚,该督抚接获部咨后,即可执行。

(二) 径行改正之判决

各省咨部案件如适用律例不当时,刑部得依据律例径行改正,而不驳令再审。刑部径行改正之判决,须以题本奏闻于皇帝,奉旨依议后,咨复该督抚,该督抚接获部咨后,应依部咨执行。兹举下列案例以说明之:①

为请旨事,会看得(广西省)北流县拿获逃军赵二一案。先据广西巡抚钱度咨称:缘赵二原籍山东峄县人,因行窃沂州通判衙署衣物,审依积匪猾贼例,应发新疆,改发广东极边烟瘴充军咨解来粤,酌发海康县安置。讵该犯于乾隆三十三年二月初八日乘间脱逃,二月二十三日行至北流县被兵役盘获。报县讯明,逃后并无行凶为匪,亦无知情容留之人,将赵二依原发极边烟瘴充军人犯在配脱逃获日,即改发黑龙江等处给与披甲人为奴等因咨达前来。臣部查例载,新疆改发内地烟瘴充军人犯如有脱逃被获,将该犯请旨即行正法等语。查赵二于乾隆三十

---

① 《驳案新编》卷 3,32~33 页。

第四章　清代中央司法审判程序之一——各省案件复核程序

二年闰七月内因偷窃衙署案内（衣物），审依积匪猾贼应发新疆，照新例改发云贵两广极边烟瘴充军之犯脱逃被获，自应遵照定例正法。今该抚疏内将该犯照寻常发遣军犯脱逃例，拟发黑龙江等处为奴，与新疆改发之例不符。若驳令改拟，往返迟延，转致有稽显戮。相应请旨，将赵二依例拟斩立决，俟命下之日行文该抚，于拿获地方即行正法等因。乾隆三十三年十月十三日奏，本日奉旨：赵二著即处斩，余依议，钦此。

上述案例中，乾隆三十三年年中，广西巡抚钱度就广西省北流县拿获逃军赵二一案，专案咨部复核。刑部山东司认本案应依积匪猾贼应发新疆，照新例改发云贵两广极边烟瘴充军之犯脱逃被获，自应遵照定例正法。今该抚疏内将该犯照寻常发遣军犯脱逃例，拟发黑龙江等处为奴，与新疆改发之例不符。又认若驳令改拟，往返迟延，转致有稽显戮，相应请旨，将赵二依例拟斩立决。广西巡抚原判决赵二发黑龙江等处为奴，刑部则径行改正，改拟斩立决。本项径行改正之判决呈堂核定后，即以题本奏闻于皇帝。奉旨依议后，刑部咨复广西巡抚，该巡抚即应依径行改正之判决执行。

（三）驳令再审之判决

各省咨部案件如认定事实不合情理或适用律例不当时，刑部亦得驳令再审。刑部驳令再审之判决，须以题本奏闻于皇帝，奉旨依议后，咨复该督抚，该督抚接获部咨后，应行再审。兹举下列案例以说明之：①

为淫棍抢妻等事，会看得上海县民刘四与刘六之妻徐姐奸逃伙抢一案。先据江苏巡抚陈宏谋咨称，缘刘六与刘四并非同宗，刘四与徐姐之父瞿才交好，常至其家，遂与徐姐通奸。闻刘六择期完姻，刘四即拐徐姐潜逃，经县拘获，分别枷责，徐姐给亲领回。及刘六赘居岳家，刘四又将徐姐诱拐，复经枷责，将徐姐交刘六领回。乾隆六年三月二十五夜，刘四纠邀郑先往抢，路遇邻人严十、方运同行，至刘六门首，严十等在外等候，刘四同郑先推墙入室，用带缚住刘六之手，将徐姐抢出，郑先等散归。刘四带徐姐辗转藏匿乔英、张伽、郑先、陈象家，刘六控县缉获，审认不讳。刘四黩夜伙抢，其迹虽似强夺，但徐姐既与刘四通奸同逃，败名失节，非比良家之妇。且抢夺之时，虽无预约之事，实有愿从之情，未便按照抢夺良家妇女律科断，将刘四照和诱知情例拟遣，徐姐及方运等分别拟以杖徒枷责等因咨部。经臣部查律载豪势之人强夺良家

---

① 《驳案新编》卷4，页19~22。

妇女奸占为妻妾者绞监候,又例载和诱知情之人发云贵川广烟瘴少轻地方各等语,……该地方官将刘四奸拐之罪宽纵于前,又将刘四抢夺情形开脱于后,不惟律例牵混,且不足以惩凶淫。再随行之严十等,知系抢夺,自应走避,乃仍在外等候,明系帮抢,应令该抚审明妥拟具题,到日再议等因咨驳去后,续据该抚疏称,……自应遵照部驳依律改拟,除纵女犯奸之瞿才及被诱从行并未帮抢之严十俱经病故不议外,将刘四改为拟绞监候。徐姐、方运拟徒,乔英、张伽等拟以枷杖等因具题前来。除瞿才、严十取供后病故不议外,应如该抚所题,刘四合依强夺良家妻女奸占为妻妾者绞监候律,应拟绞监候,秋后处决。徐姐从前既经同逃,应依被诱之人减一等例,杖一百,徒三年。系犯奸之妇,杖罪之决,徒罪收赎,交与本夫听其去留。……均应如该抚所议完结等因。乾隆九年五月十四日题,十六日奉旨:刘四依拟应绞,著监候,秋后处决,余依议,钦此。

上述案例中,乾隆九年年初,江苏巡抚陈宏谋就上海县民刘四与刘六之妻徐姐奸逃伙抢一案,专案咨部复核。刑部江苏司认该地方官将刘四奸拐之罪宽纵于前,又将刘四抢夺情形开脱于后,不惟律例牵混,且不足以惩凶淫。认应令该抚审明妥拟具题,亦即驳令再审。本项驳令再审之判决,呈堂核定后,即以题本奏闻于皇帝。奉旨依议后,刑部咨复江苏巡抚,该巡抚即应行再审,依部驳改正,再行具题。

督抚接获驳令再审之部咨后,如认原判决并无违法或不当时,各省督抚亦得固执原题(原判决),针对部驳说明,仍依原判决二次具题。此时刑部如认督抚二次具题之判决仍属违法或不当,亦得定拟二次驳令再审之判决,以题本奏闻于皇帝。奉旨依议后,刑部咨复督抚,督抚即应行二次再审。兹举下列案例以说明之:①

为报明事,会看得六合县陈相礼等听从故父陈嘉旦强抢韩九姐为妻奸污一案。先据苏州巡抚陈宏谋咨称,缘陈相礼籍隶丹阳,有远房表兄贾鸣远在六合开张烟店,与韩周氏附近认识。乾隆二十一年贾鸣远荐引陈嘉旦佃种韩周氏田亩,因陈相礼尚未定亲,陈嘉旦欲图韩周氏之女九姐为媳,曾央贾鸣远作伐,贾鸣远知氏不从,未曾转说。迨二十五年十一月陈嘉旦辞佃回籍,仍欲图娶九姐。二十六年正月初八日,陈嘉

---

① 《驳案新编》卷4,32~40页。

第四章 清代中央司法审判程序之——各省案件复核程序

旦相邀张宗文、陈相仁、张公秀、张成宗、陈鸣远、陈相彭、陈继福共饮年酒。张宗文等六人先至，陈嘉旦捏称，原聘六合韩周氏之女九姐为媳，今因回籍，韩姓欲悔婚，约张宗文等同往抢回，与子成婚，各皆允从。……陈相礼、陈鸣远入内，陈相礼踢开九姐房门，将九姐连衣抢抢而出……韩周氏鸣保报县，会营查勘。陈嘉旦于十三日回家，即令陈相礼与九姐成亲，九姐不从，陈相礼将九姐袄褂拉破，继因哭骂，又复殴打，撕破小衣，强行奸污。先后关获各犯，审供前情不讳。除起意为首应拟绞罪之陈嘉旦已经病故不议外，陈相礼、张宗仁、陈相仁均合依强夺良家妻女奸占为从，减一等例，各杖一百流三千里。……等因咨达前来。查律载强抢良家妻女奸占为妻妾者绞监候，妇女给亲配与子孙弟侄家人者，罪归所主，仍离异。又律载一家共犯，止坐尊长。侵损于人者以凡人首从论，不独坐尊长。……陈相礼踢开九姐房门，将九姐自行捆缚抬回。陈嘉旦令陈相礼与九姐成亲，九姐不从，陈相礼辄将九姐袄褂扯破，九姐哭骂，陈相礼又复殴打，撕破小衣，强行奸污。核其情事，陈嘉旦图娶强抢，虽系所主，而捆缚殴打、撕衣强奸则系陈相礼一人之事，是该犯实属此案首恶。准情定法，自应以强夺之罪归于陈嘉旦，以强奸之罪归于陈相礼，始与名例一家共犯侵损于人以凡人首从论，不独坐尊长之义相符。今该抚乃因图娶强夺之陈嘉旦业已病故，随欲将捆殴强奸之陈相礼曲为议减，殊觉情法未平。事关生死，不便议复，应令该抚详核案情妥拟具题，到日再议等因咨驳去后，续据该抚陈宏谋咨称，遵即提犯亲讯，……矧陈嘉旦强夺韩九姐配与伊子陈相礼为妻，如未成奸，止应照强夺尚未奸污律减等拟流，因已成奸，故将首犯拟以缳首，正依律罪归所主也。陈相礼如未殴逼，并得照男女不坐之律免议。盖奸由于强，故照为从拟流，止依名例所谓侵损于人以凡人首从论，不独罪坐尊长也。前拟按律从严，并非曲情议减。除应拟绞罪之陈嘉旦已故不议外，陈相礼应仍照原议，依强夺良家妻女奸占为从例，杖流等因咨部。复查律载强夺良家妻女配与子孙弟侄者罪归所主，系指受配之人并未帮同抢夺者而言，……况陈相礼肆抢于前逼奸于后，核其情罪较寻常奸占为尤重，乃与随从抢夺之张宗文等一例问拟满流，准情按法，轻重失伦，事关强夺奸占生死悬殊，本部碍难率复，应令该抚再行虚衷研究按律妥拟具题，到日再议等因咨驳去后，续据苏州巡抚庄有恭疏称，遵驳提犯复讯，据陈相礼坚称，实系陈嘉旦起意强抢，并未串供开脱，臣研复案情，详求律义，平情论断，……今奸以殴逼而成，乃犹拘泥律文，罪归其父，而转将陷父于死者，请从轻定拟，殊于伦化有关，诚属未协。陈相礼应改照强夺良家妻女奸占为妻妾律,拟绞监候。……等因具题前来。应如该抚所题,陈相礼合依强夺良家妻女奸占为妻妾者绞律,拟绞监候,秋后处决,……完结等因。乾隆二十八年十月十七日题,十九日奉旨:陈相礼依拟应绞,著监候,秋后处决,余依议,钦此。

上述案例中,乾隆二十六年年初,苏州巡抚陈宏谋就六合县陈相礼等听从故父陈嘉旦强抢韩九姐为妻奸污一案,专案咨部复核。刑部江苏司认应以强夺之罪归于陈嘉旦,以强奸之罪归于陈相礼,认应令该抚详核案情妥拟具题,亦即驳令再审。本项驳令再审之判决,呈堂核定后,以题本奏闻于皇帝。奉旨依议后,刑部咨复苏州巡抚,该巡抚即行再审,因该巡抚认本案认事用法均无违误,仍照原议(原判决)咨部复核。刑部接获该抚咨文后,仍认本案准情按法,轻重失伦,认应令该抚再行虚衷研究,按律妥拟具题,亦即二次驳令再审。后据新任苏州巡抚二次再审,遵驳提犯复讯,依部驳改正具题。刑部遂定拟依议(如该抚所题完结)之判决,奉旨依议后,本案始行定案。

第四节　各省案件复核程序之二——各省死罪案件之复核

一　各省死罪案件之具题或具奏

《大清律》第411条(有司决囚等第)规定:"至死罪者,在外听督抚审录无冤,依律议拟(斩绞情罪),法司复勘定议奏闻。(候有)回报,(应立决者,)委官处决。"本条所称之"奏闻",系指以题本具题,或以奏折具奏,奏闻于皇帝。

关于死罪案件之具题及具奏,《大清律》第411条(有司决囚等第)附例详予规定,原则上,寻常死罪案件,督抚应专本具题,情节重大死罪案件,督抚应专折具奏。(有关死罪案件之具题及具奏,参见本章第二节各省案件之咨部、具题与具奏。)

各省专本具题之题本,须先送至通政使司,通政使司须将题本送至内阁。内阁票拟后,恭递题本于皇帝。皇帝批览后,由内阁(批本处)批红,再由内阁(红本处)将红本交六科。六科科抄后,交相关之各部院。各部院即应依有关程序处理,定拟判决,奏闻于皇帝,俟皇帝裁决。

各省专折具奏之奏折,须先送至奏事处。由奏事处送奏事太监,再由奏事太监呈览于皇帝。乾隆以后,皇帝多将奏折发交军机处,由军机大臣述

第四章 清代中央司法审判程序之一——各省案件复核程序

旨,军机章京拟写谕旨,候钦定后,发交军机处,军机处随将奏折发抄,交内阁中书领出传抄各部院,各部院即应依有关程序处理。

各省死罪案件,或专本具题,或专折具奏,大清律例均有规定,各省督抚亦严格遵行。惟道光二十八年(1848年)以后,各省命盗死罪案件之具题或具奏,其范围渐行缩小。各省督抚对死罪案件,可不必先行题奏。甚至可将人犯即时就地正法。此为清代司法审判制度中一大变革,宜加以说明。

各省督抚得将命盗死罪人犯就地正法之事例,起于道光二十八年。按是年上谕:

> 前据林则徐奏查拿迤西匪犯,请审明立时惩办,毋庸解省审转,当交刑部议奏,兹据该部查核云南迤西一带,界在边隅,嗣后该地方除寻常命盗各案,仍按例办理外,如有党与众多匪犯,准其批解该管道府,于审明移交臬司具详督抚复准后,就地正法,以儆凶顽,并请酌定年限等语,该处军务甫竣,余匪正当严办,著即予限五年,俟限满后,仍照例由督抚亲提审明题奏,以示限制。①

本项就地正法章程原仅适用于云南迤西一带,施行期间限定为五年,期限届满后,仍须由督抚审明后题奏。惟道光三十年(1850年),广西太平军兴,南方各省军务紧急,遂于咸丰初年定有就地正法章程,其施行地域大为扩大。南方各省太平军经过之地,均获准实施就地正法章程。同治三年(1864年)太平天国覆亡,惟不久后捻乱继起,因之,就地正法章程并未废止。"同治八年,御史袁方城奏请盗案照旧核办,而直隶总督曾国藩仍奏请照章就地正法,并请令山东河南一体照办。"②

此段期间,各省命盗死罪案件,或照例具题,或照常就地正法,办理颇不一致。以光绪五年(1879年)为例,当时之情形如下:"查各省拿获土匪,并强劫盗犯,就地正法章程,彼时因军务吃紧,变通办理。乃各省遇有此等案件,有照例具题者,有声称照章就地正法,甚有寻常盗案,该州县拿获讯明后径行处决,随后始通详上司,备录供招送部者,办理未能一律。"③ 此段期间,各省命盗死罪案件依规定题奏者逐渐减少,形成"题奏之件,十无一二"之情形。

---

① 《大清会典事例》卷850,14页。
② 同上书卷850,19~20页。
③ 同上书卷850,18页。

光绪八年(1882年),"御史陈启泰奏各省盗案就地正法章程,流弊甚大,请饬停止。"① 惟因各省督抚反对,朝廷亦仅能略予限制而已,清末,各省督抚权重,于此可见一斑。

各省死罪案件之题本或奏折,其格式有一定之体例,兹抄录题本、奏折各一则如后:

(一)督抚题本一则:(福建巡抚潘思榘题本)②

巡抚福建等处地方·提督军务·都察院右副都御史·纪录二次·驻扎福州府臣潘思榘谨题,为乞偿侄命事。

据福建按察司按察使陶士僙招呈:问得一名林元,年三十六岁,台湾府淡水人。状招:林元与先存今被伊推跌身死之卓勇素无仇隙。缘卓勇佃种林元田地二甲二分,每年约纳租谷五十石。乾隆十三年九月初三日,林元以卓勇稻已收割,租未交还,前向取讨,适卓勇患病在床,答称因病不能交还。林元斥詈其非。卓勇爬起赶殴林元,林元随手用掌拦挡,伤及卓勇右乳。卓勇因病脚软,站立不稳,转身跌倒,致被凳角磕伤左肋。卓勇伤重,逾时殒命。屡审各供招证。(删)该臣看得台湾府住居淡水民林元致死卓勇一案。(删)林元合依斗殴杀人者,不问手足、他物、金刃,并绞律,应拟绞监候。卓兴达讯属乡愚,因畏累收埋,并非受贿不报,且旋即告明尸亲,实无得赃隐匿情事。卓兴达应照地界内有死人里长地邻不申报官司检验律,杖八十。查卓兴达事犯在乾隆十四年四月初九日恩诏以前,应予援免。卓勇已死,所欠租谷,照例免追。理合具题,伏乞皇上下敕法司,核复施行。(删)

乾隆十四年七月十四日(删)

(二)督抚奏折一则:(闽浙总督玉德奏折)③

闽浙总督臣玉德跪奏,为拿获从逆贼党及在洋行劫接赃服役各犯审明分别办理恭折具奏事:窃照蔡逆窜台,勾结陆路匪徒滋事,臣恐大兵过台剿捕,该逆又复窜回内洋,其陆路匪徒亦均系漳泉无籍民人,更难保无驾坐小船逃回内地,希图漏网。是以臣奏明分派舟师,在扼要洋面截拿,并饬沿海各营县添派兵役在岸防堵。据南澳镇总兵杜魁光禀报,督率兵船在大坠洋面拿获自台窜回贼船三只,打沉一只,生擒贼犯三十三名。其余贼犯凫水登岸脱逃,……以上共获犯一百一十六名,委员分赴各属提解至厦门,发交泉州总局司道督同泉州府审明定拟,并案解勘前来。臣随督回福建布政使景

---

① 《大清会典事例》卷 850,21 页。
② 《清代地租剥削形态》,58~59 页。
③ 《明清史料戊编》第五本,498~500 页。

安、兴泉永道朱理、泉州府知府王诏兰等提犯逐一研讯。缘陈花一案,系嘉庆三年间投上蔡逆盗船,派为贼目管驾盗船一只,在洋行劫不记次数。……以上各犯严诘至再,矢口不移,案无遁饰,查律载凡谋叛不分首从皆斩,又例载江洋行劫大盗立斩枭示,又洋盗案内接赃仅止一次者,发黑龙江给打牲索伦达呼尔为奴,又被胁服役鸡奸者,杖一百徒三年,又办理洋盗案内买交盗单之王元超等犯,部议其情可恶,改发黑龙江给披甲人为奴各等语。此案陈花、郭长、蔡阿放、陈勇、施阿黄、金士谅、朱审七犯,或受有伪职,戕害官兵,或开放火炮,率众攻城,实属罪大恶极,应请凌迟处死。陈阿新、黄灿、林四、陈敏、盛伏、陈必代、陈九、丁先、陈廷、林秉、程赐、陈吉、陈魁、郑许、林禧、朱契晏、王贡、郑常七、吴岳、郭郡、陈强、黄成、梁阿予、邱港、徐宽、许香、林六、李晃、董湖、曾叶、王春、蔡钻、江得意、陈赤、许狗、林洪秀、王赐、杨宗山、康讲三十九犯各持器械随同助势打仗,均属同恶相济,合依谋叛律,拟斩立决。朱晶、林致志、洪启、林鸟灿四犯,在洋肆劫,合依江洋行劫例,拟斩立决。臣于审明后即恭请王命,饬委兴泉永道朱理、署水师提标参将黄大武,将陈花等五十犯绑赴市曹,分别凌迟处斩,仍传首枭示,以昭炯戒。各该犯家属财产饬查另办。……所有审明办理缘由,臣谨恭折具奏,伏乞皇上睿鉴,敕部施行。谨奏。

嘉庆十一年三月二十六日,内阁奉上谕:玉德奏拿获从逆贼党及在洋行劫各犯分别定拟一折,所有业经凌迟之陈花、郭长、蔡阿放、陈勇、施阿黄、金士谅、朱审七犯,或受伪职,戕害官兵,或开大炮率众攻城,实属罪大恶极,均应照例缘坐。此外各犯,除业经正法外,余著该部核拟具奏。……

二 法司复核(定拟判决、会核及会题)

各省专本具题之死罪案件,多奉旨:"三法司核拟具奏",而三法司核拟具奏时,亦系以题本专本具题。各省专折具奏之死罪案件,多奉旨:"刑部议奏"或"刑部核拟具奏(或三法司核拟具奏)"。刑部议奏或核拟具奏时,亦系以奏折专折具奏。

应由刑部核拟具奏之案完全由刑部核复,应由三法司核拟具奏之案,亦由刑部主稿,故三法司中刑部之权最重,《大清史稿·刑法志》即曰:"外省刑案,统由刑部复核,不会法者,院寺无由过问,应会法者,亦由刑部主稿。……而部权特重。"① 无论专本具题或专折具奏之死罪案件,绝大多数均由刑部主稿。惟专本具题之死罪案件须由三法司会同复核,其程序较为繁复。

---

① 《清史稿》卷144,《刑法志》,见鼎文版《清史稿》,4206页。

关于会核与会题,顺治十年题准:"凡奉旨三法司核拟事件,刑部审明,成招定罪,注定谳语,送都察院参核。都察院参核既确,送大理寺平反。会稿具题,三衙门议同者,合具谳语,不同者各出谳语具奏。"① 以上所述仅系会核与会题程序之大概情形。

各省死罪案件具题时,其题本应送通政使司,并应送揭帖至都察院及大理寺。都察院之接受揭帖始见于康熙十七年,康熙十七年议准:"各省由三法司核拟事件,各具揭帖二通,一揭送(都察)院,一揭送该道。"② 大理寺之接受揭帖,未悉始于何年,惟《大清会典》定曰:"各省总督巡抚具题重辟,皆以随本揭帖投寺,各按其应分应轮,发左右寺。"③

关于三法司之会核,其大概情形如下:

(一)刑部之定拟判决:绝大多数死罪案件,无论专本具题或专折具奏,奉旨"三法司核拟具奏"或"刑部核拟具奏"之后,均由刑部主稿。刑部定拟判决时,自应依《大清律例》。惟律例有限,案情无穷,刑部各司常于律例之外,引用该部所自定之说帖、通行及成案。所谓说帖,"始自乾隆四十九年,因各司核复外省题奏咨文并审办词讼各案,逐一拟稿,呈堂阅画。遇有例无专条情节疑似者,当经批交律例馆复核。于核定时,缮具说帖,呈堂酌夺,再行交司照办。"④ 所谓通行,系刑部就各省咨题案件有疑义者议定办法,通行各省。所谓成案,系"例无专条,援引比附,加减定拟之案。"⑤(关于援引比附,《大清律》第44条及其附例定有详细规定。)刑部各司定拟之判决,应呈堂核定后,将谳语(指刑部之判决)分送都察院及大理寺。

(二)都察院之会核:各省死罪案件题本,均送揭帖至都察院。康熙二十七年议准:"外省揭帖到日,(该道)御史豫看全招。"⑥ 可知都察院各道御史,早于奉旨三法司核拟具奏之前已进行审判工作。"俟三法司核拟旨下,会议定稿。"⑦ 会核时,"如有情节不符,许别议。"⑧ 雍正二年议准"刑部应会三法司画题案件,……如稿内有酌议改易之处,限五日内,即将应酌议改易之处,用印文声明缘由,送回刑部察核定拟。刑部仍用印文,将应否改易

---

① 《大清会典事例》卷1043,6页。
② 同上书卷1021,9页。
③ 《大清会典》卷69,17页。
④ 《刑案汇览》,凡例,1页。
⑤ 同上。
⑥ 《大清会典事例》卷1021,9页。
⑦ 同上。
⑧ 同上。

之处声明,再送法司衙门。"①

（三）大理寺之会核:各省死罪案件题本,亦送揭帖至大理寺。大理寺左右寺官员,亦早于奉旨三法司核拟具奏之前,即已进行审判工作。《大清会典事例》即曰:"凡奉旨三法司核拟者,直省揭帖到寺,左右寺官即据揭详核,查所拟罪名是否与律例相符,出具谳语呈堂,俟刑部定稿送寺画题时,视其谳语意见相同无疑义者,堂属一同画题。或情罪未明,律例未协,将稿送还刑部,再为参酌,若彼此意见仍有异同,该左右寺官即拟稿别为一议呈堂,送刑部、都察院酌量议复。"② 会核时,大理寺如意见不同,自得别为一议。此时,大理寺亦应遵守酌议改易之期限,其期限如同都察院,亦为五日。又关于大理寺之会核,《大清会典》定曰:"左右寺先据接帖,详推案情,与所拟罪名,所引律例,是否符合,豫定谳语呈堂,俟刑部定稿送寺,谳语相合无疑义者,堂属一体画题。"③ 其规定与《大清会典事例》所述者类似。

关于三法司之会题,其大概情形如下:

  刑部定拟判决,分送都察院及大理寺会核时,院寺如无不同意见,即可画题。院寺如认应酌议改易,院寺应声明缘由,送回刑部查核定拟。"刑部定期移知院寺赴部,细绎案情,详推例意,各秉虚公,画一定谳。"④ 定谳后,刑部再行定拟判决,分送院寺画题。

关于三法司画题之期限,雍正二年议准:"刑部应会三法司画题案件,将稿面钤盖司印,注明缘由,移送法司衙门画题,限十日内,亦用印文送回。"⑤ 惟此项期限,后缩短至八日,道光元年定:"刑部应会三法司事件,用印文移送法司衙门画题,限八日内亦用印文送回。"⑥

三 法司定拟判决

各省死罪案件题本(或奏折)奉旨三法司核拟具奏后,绝大多数案件之判决均由刑部主稿。刑部定拟判决后分送院寺会核,院寺如无不同意见,即可画题。此时,刑部定拟之判决即为三法司定拟之判决。(或称为法司定拟

---

① 《大清会典事例》卷1021,9页。
② 同上书卷1043,5~6页。
③ 《大清会典》卷69,17页。
④ 同上。
⑤ 《大清会典事例》卷1021,9页。
⑥ 同上书卷1043,7页。

之判决)三法司或以题本,或以奏折,奏闻于皇帝。院寺如认应酌议改易,刑部须参酌院寺意见,再行定拟判决,俟院寺画题后,始行定谳。此时刑部二度定拟之判决始为三法司定拟之判决。

(一) 法司定拟判决之种类

法司定拟之判决主要有三:1. 依议之判决;2. 径行改正之判决;3. 驳审(驳令再审)之判决。兹分述如后:

1. 依议之判决

各省具题或具奏之死罪案件,三法司(或刑部)如认案情认定妥当,且适用律例无误,三法司(或刑部)即可为依议之判决(如该督抚所题之判决)。惟仍须奏闻皇帝,俟皇帝裁决,始可定案。依议之判决,其格式有一定之体例,兹举下列案例说明之:①

刑部等衙门,经筵讲官·太子太傅·议政大臣·领侍卫内大臣·武英殿大学士·内务府总管兼管兵部·暂管刑部事务·教习庶吉士臣来保等谨题,为乞偿夫命事。

刑科抄出闽浙总督·署理福建巡抚印务喀尔吉善题前事,内开:据署福建按察司事分巡粮驿道佥事李方勉招呈,问得一名蔡送,年二十九岁,原籍漳州府平和县人,寄居台湾府诸罗县地方。状招:蔡送与先存今被伊戳伤身死之蔡夫,同庄而居,素无嫌隙。缘蔡送本姓方,自幼随母赖氏改嫁与蔡夫小功兄蔡文为继子。蔡夫有水田一甲三分给蔡送佃耕,议约收成对半分租。乾隆十四年十月十七日,蔡夫同幼子蔡乞到田与蔡送分收稻谷。傍晚时候,蔡送稻已割毕,携带铁稻叉欲先回家吃饭,蔡夫令其对分明白,方许回归。蔡送不允,两相争角。蔡夫气念,随拾扫稻竹扫帚赶打蔡送头上一下,蔡送以系田主,不敢回抵,仍携叉而走。蔡夫复赶打蔡送头上,蔡送情急,转身以叉抵格,不期戳伤蔡夫心坎偏左倒地。蔡送奔回,蔡乞归报,伊母甘氏赶至,将蔡夫扶回,逾时殒命,屡审各供招证。(删)

该臣等会同都察院、大理寺,会看得原籍平和县寄居诸罗县民蔡送戳伤蔡夫身死一案。(删)查蔡送与蔡夫本属异姓,应同凡论。将蔡送依律拟绞监候等因,具题前来。据此,应如该署抚所题,蔡送合依斗殴杀人者,不问手足、他物、金刃,并绞监候律,应拟绞监候,秋后处决。该署抚既称:尸子蔡乞年幼不能劝阻,应予免议。所收稻谷饬令对半分给

---

① 《清代地租剥削形态》,59～61页。

甘氏收回,另行招佃耕种等语。均应如该署抚所议完结。臣等未敢擅便,谨题请旨。

　　乾隆十五年十一月初八日(删)
　　(批红)蔡送依拟应绞,着监候,秋后处决。余依议。

2. 径行改正之判决

各省具题或具奏之死罪案件,三法司(或刑部)如认案情认定虽然妥当,但适用律例错误,三法司(或刑部)亦可为径行改正之判决。《大清律》第422条(断罪不当)附例:"凡斩绞案件,如拟罪过重而部议从轻,……倘刑部所见既确,改拟题复,不必辗转驳审,致滋拖累。"(本附例,乾隆八年定。)本附例系就一般情形而言。此外,刑部如驳审三次,督抚仍固执原题,法司亦得径行改正。《大清律》第409条(官司出入人罪)附例:"凡督抚具题事件内,……若驳至三次,督抚不酌量情罪改正,仍执原议具题,部院复核。其应改正者,即行改正。"(本附例,雍正三年定,道光十四年删。)上述两种径行改正之情形,虽然不同,其效果则一。径行改正之判决仍须奏闻皇帝,俟皇帝裁决,始可定案。径行改正之判决,其格式有一定之体例,兹举下列案例说明之:①

　　(刑部等衙门,经筵讲官·议政大臣·刑部尚书·加二级·纪录三十一次臣尹继善等谨题。)(前残)(删)该臣等会同吏部都察院大理寺,会看得柳州府罗城县瑶人贾扶南等烧杀何扶反等二十五命一案。据广西巡府杨超曾疏称:缘何扶反系贾扶吾之义弟,先年贾扶吾念其穷苦,将架或村田房分给何扶反住居耕种。讵何扶反不务恒业,荡尽无倚。(删)
　　兹据审拟招解,经臣覆加研鞫。据贾扶南直将听从已故贾扶吾商约索取猪酒起衅,伤死何扶反、杨富升、杨富明、杨苏桥,及贾扶紧放火烧屋,共伤二十五命,并掳得牛只猪鸡等物,宰食俵分,各实情供认不讳。再三严诘,并无预谋劫掳烧杀情事。查贾扶吾殴死何扶反杨富明杨苏桥三命,除殴伤杨氏轻罪不议外;应拟斩决。贾扶素持枪连戳伤何扶反、欧贵明、杨富明,应行拟遣,但均已病故,应毋庸议。贾扶南业经殴倒杨富升,又连殴头颅两下,以致杨富升登时殒命,应拟斩监候。未获之贾扶紧、贾扶凤、贾扶稿、贾扶施、贾扶引、贾扶该、贾扶齐、贾扶痕,缉获另结。将村老石扶调等拟杖,援赦免罪等因,具题前来。

---

① 《清代地租剥削形态》,21~25页。

　　　　查贾扶吾等烧杀何扶反等六家二十五命，虽据该府审明，并无预谋劫掳杀烧情事，但殴杀四命，又连伤多人，复行烧杀二十余命，虽属临时起意，故杀惨毙六家，凶残已极，不应如该抚所拟。除戳伤三人应改拟斩决之贾扶素于取供后病故不议外；贾扶吾应改照杀一家非死罪三人为首监故者，将财产断付被杀之家，妻子流二千里，仍剉尸枭示例，應仍剉尸枭首示众，将财产断付被杀之家，妻子流二千里安置。为从之贾扶南，应改照杀一家非死罪三人为从加功者斩律，应拟斩立决。脱逃未获放火杀人之贾扶紧，及伤人之贾扶凤贾扶稿并伙犯贾扶施、贾扶引、贾扶该、贾扶齐、贾扶痕，应令该抚悬赏勒缉，务获审拟具题。……再，此案系刑部主稿，合并声明。臣等未敢擅便，谨题请旨。
　　　　乾隆三年四月十二日
　　　　经筵讲官·议政大臣·刑部尚书·加二级·纪录三十一次臣尹继善。
（删）

3. 驳审（驳令再审）之判决

　　各省具题或具奏死罪案件，三法司（或刑部）如认案情认定不当，或适用律例有误，三法司（或刑部）亦可为驳审之判决。《大清律》第 409 条（官司出入人罪）附例："凡督抚具题事件内，有情罪不协，律例不符之处，部驳再审。"（按本附例，雍正三年定，道光十四年删）又部驳之原因，或因督抚拟罪过轻，或因督抚拟罪过重。《大清律》第 422 条（断罪不当）附例："凡斩绞案件，如督抚拟罪过轻而部议从重者，应驳令再审。如拟罪过重而部议从轻，其中尚有疑窦者，亦当驳令妥拟。"驳审之判决仍须奏闻皇帝，俟皇帝裁决，始可定案。驳审之判决，其格式有一定之体例，兹举下列案例以说明之：①

　　　　刑部等衙门，经筵日讲起居注官·太子太保·东阁大学士·礼部尚书·管刑部事务臣刘统勋等谨题，为报明乞究事。
　　　　刑科抄出前任贵州巡抚喀宁阿题前事，内开：据署按察司事贵东兵备道魏涵晖，据署毕节县知县王一曾详称，乾隆三十四年五月十二日，据平定里苗民林文彬报称：缘蚁佃种杨时亨田土，被时亨起田另佃许进耕种，蚁心不甘。本月初九日，蚁母高氏同妻妹赴田栽秧，被时亨工人阿长、张贤、并保戈把临田争阻，将蚁母殴伤身死，只得报乞验究等情。
（删）

---

①　《清代地租剥削形态》，154～155 页。

第四章 清代中央司法审判程序之一——各省案件复核程序

该臣等会同都察院、大理寺,会看得毕节县苗民倮戈把拾石掷伤老高氏身死一案。(删)细核阿长先殴老高氏右额颅,色止紫红,伤痕不重。倮戈把石掷老高氏脑后,皮破见骨,实属下手伤重。应以倮戈把拟抵,将倮戈把依律拟绞监候,阿长等拟杖等因,具题前来。

查律载:奴婢殴良人至死者,斩监候等语。今老高氏同子林文彬虽佃种杨时亨家田土,究属良人。倮戈把如系杨时亨契买家奴,其殴伤老高氏身死,自应按律拟斩监候。但查该抚看内首称:倮戈把系毕节县苗人,又称:倮戈把系杨时亨家奴,前后互异。遽将该犯照凡斗律拟绞,尚未允协。应令该抚再行详查,倮戈把果否实系杨时亨契买家人,抑或系苗民之处,查讯明确,另行妥拟,具题到日再议。臣等未敢擅便,谨题请旨。

乾隆三十五年四月二十一日(删)

(批红)依议。

(二)法司定拟判决之特殊情形

法司定拟判决除上述三类判决外,另有两项特殊情形。兹分述如后:

1. 夹签声明请旨(或称夹签声请)

各省题奏之死罪案件,如其情节实可矜悯,法司得夹签声明。《大清会典》定曰:"殴伤及殴死期亲以下尊长,或因金刃误伤,或因迫于威吓,或死在余限内外,俱系情轻者。督抚按律例定拟,止于案内叙明,不得两请。法司核复亦照本条科罪,若核其情节实可矜悯者,夹签声明,恭候钦定。"① 又定曰:"刑部本内,有罪应重辟,或案关服制,罪名加重,而核其情有可原,或死者在保辜限外,例得减等者,刑部另缮夹签,随本声明请旨。"② 上述两项规定可相互参看。

2. 三法司两议

各省死罪案件题本,刑部定拟判决后,分送院寺会核,院寺如无不同意见,即可画题。院寺如认应酌议改易,院寺应声明缘由,送回刑部查核定拟。刑部须参酌院寺意见,再行定拟判决,俟院寺画题后,始行定谳。就一般正常情形而言,三法司会核后,应均为一议,极少所谓三法司两议之情形。

三法司核拟各省死罪案件,原则上"凡应法司会议者,刑部引律不确,院寺即行查明律例改正。院寺驳改未允,三法司堂官会同妥议。"③ 故绝大多

---

① 《大清会典》卷53,16页。
② 同上书卷2,6页。
③ 《大清会典事例》卷1021,10页。

数三法司核拟之死罪案件,均可依此程序协商解决。惟亦有少数案件,三法司意见不同,且难以协商解决者。此时,三法司得为两议。

《大清会典》定曰:"三法司核拟重案,如迹涉两是,有一二人不能尽归画一者,许各抒所见,候旨酌夺。但不得一衙门立一意见,判然与刑部立异。其有两议者,刑部进本时,亦不得夹片申明前议之是,指驳后议之非,惟当两议并陈,静候上裁。"① 乾隆十八年上谕亦曰:"谳狱重案,敕交三法司核拟,原期详慎,以昭平允。其事属众议会同,固成信谳。如或迹涉两是,有一二人不能尽归画一者,自不妨各抒所见,候旨酌夺。向来原未定有不准两议之例,……嗣后三法司核拟重案,如有一二人意见不能相同者,原可两议具题。但不得合部合院各成一稿。朕钦恤庶狱,不厌博谘,诸臣亦当悉祛成见,励乃靖共。"②

复核各省死罪案件时,三法司两议之情形并不多见,兹举下列案例以说明之:

(1) 康熙十九年(1680年)五月十九日,"三法司拟强盗刘三等十七人罪,一议俱应立斩,一议李四等三人未经承认,应监候秋审,余照前议。上曰:'尔等以为何如?'大学士索额图等奏曰:'臣等亦曾公同商酌,罪疑惟轻,后议似是。'上曰:'朕意亦以后议为允当,著即照后议行。'"③

(2) 康熙二十年(1681年)四月初三日,"为三法司将强盗孟金标、钱家祯等十九人两议具题,前议立斩,后议贼首张文焕等在逃,俟获日对质审结事。上曰:'罪疑惟轻,与其失入,毋宁从宥。尔等云何?'大学士勒德洪等奏曰:'诚如圣谕。'上曰:'此案著依后议。'"④

四 内阁票拟或军机大臣会商拟办

(一) 内阁票拟

各省死罪案件题本,三法司复核后具题,奏闻于皇帝。此时,内阁应票拟意见。内阁之票拟,绝大多数为单签,但遇有特殊情形,内阁亦得票拟双签、三签或四签,依实际需要定拟不同处理意见。兹分述如下:

1. 票拟单签

《大清会典》定曰:"寻常事件,皆票依议及知道了等签,又有该部院所议

---

① 《大清会典》卷69,17页。
② 《大清会典事例》卷1021,11页。
③ 《康熙起居注》,康熙十九年五月十九日丁未。
④ 同上书,康熙二十年四月初三日丙戌。

未协,随时更正票拟。"① 各省具题之死罪案件,三法司多定拟依议之判决,内阁则多票拟"依议"一签。所谓"依议"即依三法司拟议之意。在实务上,题本上批红之文字除"依议"二字外,下列文字亦与"依议"二字同义:

(1)×××依拟应绞,著监候,秋后处决。余依议。
(2)×××依拟应斩,著监候,秋后处决。余依议。
(3)×××著即处绞,余依议。
(4)×××著即处斩,余依议。
(5)×××著即凌迟处死,仍枭示,余依议。

2. 票拟只签

《大清会典》定曰:"(部院)有两拟(指三法司两议等情形)者,(内阁)缮只签。"② 又曰:"凡各部院题请事件,有应准应驳未敢擅便,……俱照拟票写双签。"③ 又曰:"三法司核拟罪名,除双请(指两拟请旨)及夹签(声明请旨)外,其有罪名已定,而情节实可矜悯者,照拟票写一签,再票九卿定议一签。三法司驳审本,票依议一签,再票部驳甚是一签。"④ 又曰:"凡双签次序,如一准一驳,以准者为第二签。罪名一轻一重,以轻者为第二签。"⑤

关于两拟票签一事,雍正至嘉庆年间事例颇多,下列上谕可证明之:

(1)雍正元年奉旨:"嗣后命案内有可矜可恕者,尔等两拟票签进呈,再各部院本内有不合之处,尔等俱声明缘由,或两拟票签,或夹单奏闻,以便披览。"⑥

(2)雍正三年奉旨:"奸夫致死亲夫,奸妇虽不知情,而亲夫之死实由其通奸之故,拟以绞罪,此律固不可改。但陈氏一闻奸夫害死本夫,即行叫喊,将奸夫刘之用指拿,尚有不忍致死其夫之心。……嗣后如有此等情事,尔等仍照律定拟,加签呈览。"⑦

(3)嘉庆十一年上谕:"嗣后遇有此等妇人因疯殴毙本夫之案,确凿无疑者,刑部仍按本律定拟具题,内阁核明,于本内夹叙说帖,票拟九卿议奏及依议斩决双签进呈,候朕定夺。"⑧

---

① 《大清会典》卷 2,7 页。
② 同上。
③ 同上。
④ 同上。
⑤ 同上。
⑥ 《大清会典事例》卷 14,15 页。
⑦ 同上。
⑧ 同上书卷 14,页 23~24。

3. 票拟三签或四签

《大清会典》定曰："（内阁票拟），若三签，若四签，皆备拟以候钦定。"①又曰："三签四签之式，如应准应驳双请，而准驳之例各有差，……俱分别票拟三签四签。"② 又曰："三法司驳审本，有该督抚等原拟本无舛错，法司误驳者，除票只签外，再票照该督抚所拟完结一签。"③

关于驳审本票拟三签，其事例起自雍正十二年，雍正十二年奉旨："嗣后刑部驳议本内，拟写依议票签外，再写部驳甚是依议一签，又写照该督所拟一签，共三拟票签进呈。"④

内阁票拟三签或四签时，须申以说帖。大清会典定曰："凡票拟双签三签或四签皆加具说帖，申明义例。"⑤

（二）军机大臣会商拟办

各省死罪案件奏折，系各省督抚直接奏闻于皇帝，其数量较之死罪案件题本，自系微小。康熙、雍正时期，此类奏折均由皇帝亲自处理，并不假手大臣，各省督抚奉到朱批之后，仍须专本具题。乾隆以后，此类奏折之数量大幅增加，皇帝渐难亲自处理。各省死罪案件奏折奉旨刑部议奏（或刑部核拟具奏，少数案件亦有奉旨三法司核拟具奏者）后，刑部（或三法司）复核后具奏，军机大臣即透过下列两种方式会商拟办：

1. 见面及述旨

《大清会典》定曰："军机大臣掌书谕旨，综军国之要，以赞上治机务。常日，直禁庭以待召见。"⑥ 又曰："军机堂在隆宗门内，每日寅时，军机大臣入直于此。……召见无时，或一次，或数次，军机大臣至上前，豫敷席于地，赐坐。凡发下各处奏折，奉朱批另有旨，即有旨，及未奉朱批者，皆捧入以候旨，承旨毕，乃出。"⑦

关于见面及述旨。梁章钜曰："每日寅时，军机大臣及章京等以次直入，辰刻军机大臣始入见，或不待辰刻而先召见，每日或一次或数次。军机章京皆随入，只候于南书房。军机大臣至上前，豫敷席于地赐坐，承旨毕乃出，授

---

① 《大清会典》卷 2，7~8 页。
② 同上书卷 2，8 页。
③ 同上。
④ 《大清会典事例》卷 14，16~17 页。
⑤ 《大清会典》卷 2，8 页。
⑥ 同上书卷 3，1 页。
⑦ 同上书卷 2，8 页。

军机章京书之。"①

皇帝与军机大臣见面，自须博谘众议，军机大臣亦得申述意见。又因军机大臣系共同进见皇帝，一切政务（含司法审判）自系会商拟办。军机大臣与皇帝见面之后，又有所谓"述旨"。所谓"述旨"即述写谕旨之意。"述旨"工作原由军机大臣亲为，并不假手于军机章京。后政务渐繁，军机大臣仅口述谕旨，而由军机章京拟写谕旨。"述旨"一词遂由原先之广义（述写谕旨）转为狭义（口述谕旨）。

2．共商奏闻

乾隆以后，奏折数量大幅度增加，逐渐成为正式之公文书。原则上，例行公事用题本，紧要公事用奏折。咸丰以后，奏折更有取代题本之趋势。处理奏折时，虽仍以上述之见面及述旨为主，但亦逐渐采行类似处理题本之方式。军机大臣处理奏折时，虽不用票拟方式，但渐采行军机大臣共商意见奏闻皇帝之方式。皇帝每日发下奏折，由军机大臣共同阅看，共商意见，然后以奏片奏闻于皇帝。

五 皇帝裁决

（一）皇帝裁决题本之情形

各省死罪案件题本，经三法司复核及内阁票拟后，须奏闻皇帝。一般言之，皇帝均依三法司定拟之判决及内阁之票拟加以裁决，因此，绝大多数之裁决，均系依议之裁决，即依三法司定拟之判决。皇帝裁决各省死罪案件时，如有疑义，常将题本折角，俟御门听政时处理。折角之题本谓之折本。

关于折本之交下及处理，批本处现行事宜曰："御门日，内奏事传旨派某人读本，如派出之阁学系在内廷行走者，该员至本房（指批本处）清本，如不兼内廷者，批本官将折本交出，由阁学只领，每折本下，即交内阁听本人将所折本写二单，次日随本交进，另匣收存本房（指批本处）。俟有旨于某日御门理事，即将所折本若干件并二单交内阁，另缮次序清单，于御门前二日交进。御门前一日，随交事时进呈，晚膳后随当日交下，存本房（指批本处）。御门后，阁学读毕，交内阁，遵旨改签"②

所谓御门听政，系指皇帝亲临宫门听政。此项制度渊源极早，西周时代之"外朝"与"治朝"皆在门外，即有御门听政之意。明初诸帝已有御门听政之记载，明太祖"每日御皇极门决事"，明成祖常"御右顺门便殿听百官奏事"。清

---

① 梁章钜：《枢垣记略》卷13。
② 转引自章乃炜：《清宫述闻》，405页。

初,顺治帝采纳给事中魏象枢等人建议,定逢五视朝之制。又据《清稗类钞》记载:"顺治中,徐立齐相国元文,请令各省藩、臬得面陈章奏,亲加谘访,以观其才,世祖从之。至日御乾清门,科道官侍班,通政司引藩、臬官以次面奏。"① 可知顺治年间已行御门听政之制。惟御门听政之制,自康熙朝始行完备。康熙年间御门听政的次数每月在二十次上下,全年处理折本的数量约四百件,占当年题本总数的百分之四左右。雍正时每月御门听政减为三四次;乾隆时再减至每月二次;到了道光朝,御门听政次数几乎为两月一次,全年折本数量也只有五十余件。② 故《清宫述闻》载:"清代御乾清门听政,康熙朝最勤。雍、乾、嘉、道、咸五朝踵行勿替,咸丰以后遂无闻焉。"③

关于御门听政之制,《大清会典事例》:"先期,内阁得旨,传知各部院官,至日,黎明咸集竢。侍卫传旨宣入,乃鱼贯以进。皇帝升座,记注官由西阶升,翰林科道至西阶下,咸就位立。部院奏事官由东阶升,尚书一人奉疏折旋而西,余人就位面西跪。奉疏者至正中北面,进诣黄案前跪,恭设于案,兴,少退,趋至左楹,转入班,跪奏某事毕,兴,少退,循东阶左降。其次各班,依序进奏如前仪。吏部引见各部院属官毕退,内阁侍读学士二人升东阶,诣案前跪,奉奏疏退,降阶,翰林科道暨侍卫皆退。大学士、学士升自东阶,以次跪御榻之左,西面北上。记注官进立御榻之右,满内阁学士一人奉折本至黄案前,北面跪奏。每奏一事,皇帝降旨,大学士、学士承旨讫,兴,由东阶降,记注官由西阶降。皇帝还宫,皆退。"④

《大清会典事例》载:"满内阁学士一人奉折本至黄案前,北面跪奏。每奏一事,皇帝降旨,大学士、学士承旨。"即系皇帝御门听政时处理折本之情形。康雍乾时期,各省死罪案件题本因案情含混或适用律例有误,经皇帝折角成为折本者亦复不少。皇帝御门听政时处理折本,常与内阁大学士、军机大臣及各部院尚书侍郎等商酌政务,因系共同议事,自有集思广益之效。较有疑义之各省死罪案件题本(即折本),经御门听政程序处理后,自可避免偏颇。皇帝裁决时,当较为妥适。

(二)皇帝裁决奏折之情形

奏折制度系清代所独创,大约起于康熙初年。奏折原系君臣间之秘密文书,臣工具奏或皇帝朱批,原先均系亲自为之,并不假手他人。康熙、雍正

---

① 转引自章乃炜,《清宫述闻》,406 页。
② 参见《明清档案与历史研究》(上册),544~545 页。
③ 章乃炜:《清宫述闻》,404 页。
④ 《大清会典事例》卷 299,10~11 页。

二帝对于臣工之奏折无不亲自处理。康熙帝即使遇身体不适,右手无法批示时,即改由左手批示。雍正帝亦曰:"各省文武官员之奏折,一日之间,尝至二三十件,或多至五六十件,皆朕亲自览阅批发,从无留滞,无一人赞襄于左右。不但宫中无档案可查,亦并无专司其事之人,如部中之有司员、笔帖式、书吏多人掌管册籍,翻阅规条,稽查原委也。"①

乾隆以后,奏折逐渐成为正式公文书。乾隆初期,各省情节重大死罪案件,督抚常先行具奏,奉到朱批之后,仍须再行具题。乾隆中期以后,情节重大死罪案件之奏折已完全取代题本,奏折已直接发交各部院处理,督抚无须先行具奏再行具题。

乾隆以后,各省情节重大死罪案件奏折,数量大增,皇帝常批交刑部议奏(或三法司核拟具奏),奏折于公务上之作用已与题本无异。其相异者,惟奏折之处理须经军机大臣耳。

奏折之批示,原应由皇帝亲自为之。后亦有由军机大臣代批者。此事首开其端于嘉庆年间。嘉庆二十四年八月初四日,方本上谕档抄录启文一纸,其原文云:"敬启者,奉旨令津等传知,圣躬右臂微痛,初一、初二两日,手指微肿,运用不能自如,外省奏折,俱奉旨令荫溥代批。"是年,军机大臣为托津、卢荫溥、戴均元、和瑛、文孚诸人,卢荫溥以军机大臣代清仁宗批阅奏折。② 自此之后,军机大臣代批奏折之情形逐渐增多。

皇帝处理各省情节重大死罪案件奏折时,自须与军机大臣等商酌意见,故皇帝经常与军机大臣见面,会商后就情节重大死罪案件奏折加以裁决。同治以后,两宫太后数度垂帘听政,奏折之处理遂成为军机大臣之主要职责。除重大政务外,两宫太后及皇帝已少过问,皇帝司法审判权大权旁落之情形已可概见。

(三)皇帝裁决之种类

各省死罪案件题本或奏折,经三法司或刑部复核,内阁票拟或军机大臣会商拟办后,皇帝须加以裁决。皇帝对题本之裁决主要有下列几种(对奏折之裁决亦可准用):1.依法司定拟判决之裁决(即依议之裁决),2.依督抚所拟完结之裁决,3.法司再行复核之裁决,4.九卿会议之裁决,5.另行处置之裁决。兹分述如后:

1.依法司定拟判决之裁决(即依议之裁决)

法司定拟之判决,主要有(1)如督抚所拟完结之判决,(2)驳令再审之判

---

① 《清世宗实录》卷96,6页。
② 庄吉发:《清代奏折制度》,81页。

决,(3)径行改正之判决等三类。前于讨论法司定拟判决时业已述及并举例说明,兹不赘述。

2. 依督抚所拟完结之裁决

各省死罪案件题本,法司或定拟驳审之判决,或定拟径行改正之判决,或对该督抚所请减等发落一事,认无庸议者。经内阁票签后,皇帝如认为法司定拟之判决并不妥当,可裁决依督抚所拟完结。兹举下列案例说明之:

(1)康熙五十三年(1714年)四月十九日,"刑部等衙门复江宁巡抚张佰行题,李纪将伊妻打死,应照律拟绞。但李纪因金氏与人私通,忿怒打死,情属可矜。查康熙八年旗下人贾纪,因妻与人私通,用刀刺死,免死在案。今李纪亦请照此例减等发落等因。查康熙八年,以大雨库圮,档案浥烂,无贾纪事。该抚所引,无庸议一疏。上曰:'李纪著照该抚所请,从宽免死,照例减等发落。'"①

(2)康熙五十五年(1716年)三月初七日,"刑部复总督·管理直隶巡抚事务赵弘燮所题,王廷彩、杨五等曾为大盗,今自行出首,援赦拟徒所请,查得所审不明,议驳回审明,到日再行完结一疏。上曰:'此事照该巡抚所题完结。'"②

3. 法司再行复核之裁决

各省死罪案件题本,法司定拟判决经内阁票签后,皇帝如认法司定拟之判决并不妥当,可谕令法司再行复核。兹举下列案例说明之:

(1)康熙二十五年(1686年)三月十三日,"刑部等衙门题,打劫孙如丰家强盗李小楼等,拟立斩。上曰:'王二等六人,因李小楼坚供同伙,该部即议立斩。但该部夹讯时,王二等始终未曾招认,竟拟立斩,情有可疑。人命关系甚为重大,此审当否?着再核议具奏。'"③

(2)康熙五十五年(1716年)二月十七日,"刑部(等衙门)复江南江西总督贺寿所题,窃盗庞国求搕死陈文昌,应照律拟斩监候,秋后处决,准照所拟一疏。上曰:'律内谋杀得财者,皆即处斩。庞国求欲行偷窃,将陈文昌搕死,又点灯入船仓内,将衣服等盗去,该部引窃盗拒捕伤人律,所议是否?将李发还,着再议具奏。'"④

(3)康熙五十五年(1716年)三月初七日,"刑部(等衙门)复署理宁古塔

---

① 《康熙起居注》,康熙五十三年四月十九日庚寅。
② 同上书,康熙五十五年三月初七日戊戌。
③ 同上书,康熙二十五年三月十三日丁卯。
④ 同上书,康熙五十五年二月十七日戊寅。

将军事务。护军统领穆森等所题,捕牲人巴颜兔家人苗虎,将刘彩麟家仆妇席尔妈打死,抛入火内,夺去盐米等物,将苗虎拟斩监候,秋后处决一疏。上曰:'苗虎将人殴死,抛入火内,又夺去米粮等物,其情可恶!将本发回,着照谋财害命律议奏。'"①

4. 九卿会议之裁决

各省死罪案件题本,法司定拟判决经内阁票签后,皇帝如认案情重大,须由九卿会议者,可谕令九卿会议具奏。清初诸帝常以此种方式处理重大案件,至其形式主要有四:(1) 九卿会议,(2) 九卿科道会议,(3) 九卿詹事科道会议,(4) 大学士九卿詹事科道会议。雍正帝曾自述其发交九卿会议之原因:"各省人命抵罪之案,其应轻应重,朕确有所见者,即降旨定夺。若其情罪在疑似之间,而拟罪在可轻可重之际,朕心不能即定者,方交九卿定拟,以期平允。"② 关于九卿会议死罪案件,兹举下列事例说明之:

(1) 康熙四十五年(1706年)四月二十四日,"刑部等衙门议复,偏沅巡抚赵申乔题,刘招凤、刘子善系胞弟兄。刘招凤自幼过继伊亲叔刘官生为后,刘子善应分祖留之地向系刘官生垦种,因与刘官生口角,刘招凤见之,夺棍击刘子善致死,其亲母张氏七十有余,止生此二子,今将刘招凤抵偿,实无人奉养,且至绝嗣。应否存留养亲,伏候上裁。拟无庸议。上曰:'此案着九卿、詹事、科、道会议具奏。'"③

(2) 康熙四十五年(1706年)六月二十二日,"刑部(等衙门)一本,据江苏巡抚于准疏称,宋九锡等乘夜将山阳县城内居住生员孙鼎房墙用钻挖入。孙鼎家人周三知觉,挺身而出。九锡等以刀加周三之颈,明火劫去银两衣服。宋九锡等同谋行窃,因而用强,依抢劫城郭禁地律例,拟立斩,枭首示众。部议准行。上曰:'本内称用钻挖墙,钻岂挖墙之物乎?原审不明。事关人命,著九卿、詹事、科、道会议具奏。'"④

(3) 康熙五十三年(1714年)十月十三日,"刑部等衙门议复浙江巡抚王度昭题,打死小功兄王伯齐之王七六,依律拟立斩,应照所拟一疏。上曰:'着九卿、詹事、科、道会议具奏。'"⑤

(4) 康熙五十四年(1715年)十一月十七日,"刑部(等衙门)复湖广巡抚刘殿衡所题,张圣照打死亲伯父张兆升,应照律即行处斩。但张圣照打张炳

---

① 《康熙起居注》,康熙五十五年三月初七日戊戌。
② 《大清会典事例》卷853,9页。
③ 《康熙起居注》,康熙四十五年四月二十四日辛亥。
④ 同上书,康熙四十五年六月二十二日戊申。
⑤ 同上书,康熙五十三年十月十三日辛巳。

之时,误伤伊伯父致死,应否引黄公从之例,拟斩监候,秋后处决之处,请旨施行等因。无庸议,张圣照仍照律即行处斩一疏。上曰:'张圣照误打死伊伯父,伊兄弟三人惟此一子,此处着九卿、詹事、科、道会同再议具奏。'"①

5. 另行处置之裁决

各省死罪案件题本,法司定拟判决经内阁票签后,皇帝如认法司定拟之判决并不妥当,自得另行处置。或为加重其刑之裁决,或为减轻其刑之裁决,或为其他之裁决,均无不可。在中国古代,君主至上,皇权至高无上,刑赏之柄操于其一人。法外施恩(或加重),无所不可。皇帝可依其意志不受拘束地裁决。

各省死罪案件加重其刑之裁决,兹举下列案例说明之:

> 嘉庆四年(1799年)奉旨:"三法司衙门具题湖南省杜梅兆偷窃伊母黄氏花钱致母自尽一案,依违犯教令例拟以绞候,固属按例办理。今细核案情,杜梅兆素性游荡,不服其母管教,将所有分田亩卖尽,欠债无偿。经伊母将膳田转卖,代为还欠,杜梅兆复忍于窃取,以致伊母抱念投缳,即无触忤情节,亦不得齿于人类。杜兆梅着即行处绞。"②

各省死罪案件减轻其刑之裁决,兹举下列案例说明之:

(1) 康熙二十年(1681年)五月二十一日,"三法司题,河间府民周济民违禁,令郑才将伊子周明阉割,议将周济明、郑才拟斩,秋后处决事。上曰:'此案虽至秋审,未必便决,彼时既不处决,今徒监数月,何苦即行宽免。尔等云何?'明珠奏曰:'诚如上谕。'上曰:'周济明、郑才免死,减等发落。'"③

(2) 康熙二十四年(1685年)四月二十八日,"刑部等衙门题,拟逆犯王于玉凌迟处死。上曰:'法司将王于玉拟凌迟固当,可从轻改拟否?'明珠等奏曰:'皇上法外施恩,无所不可。'上曰:'王于玉着改为立斩。'"④

(3) 嘉庆四年(1799年)上谕:"三法司衙门具题浙江省民人汪应凤,殴伤胞兄汪应陇身死,并声明救母情切一案,经内阁票拟斩决及斩候双签请旨,固皆系按律办理。今朕详阅案情,……是汪应陇之蔑伦肆逆,殊为凶横

---

① 《康熙起居注》,康熙五十四年十一月十七日己酉。
② 《大清会典事例》卷14,9页。
③ 《康熙起居注》,康熙二十年五月二十一日癸酉。
④ 同上书,康熙二十四年四月二十八日丁巳。

第四章　清代中央司法审判程序之一——各省案件复核程序

可恶,汪应凤往拉不放,见其母面胀气塞,事在危急,用拳向殴,实属出于迫切。以情急救母之人,毙忤逆不孝之犯,固不得以寻常殴死胞兄论。即改拟斩候,亦尚觉情节可悯。汪应凤着免死改为满流,定地发配。"①

（四）三法司两议时皇帝之裁决

三法司复核各省死罪案件题本时,原应会同妥议,画一具题。原则上,"凡应法司会议者,刑部引律不确,院寺即行查明律令改正,院寺驳改未允,三法司堂官会同妥议。"② 因之,绝大多数三法司可核拟之死罪案件,均可依此程序协商解决,画一具题。少数案件,三法司难以画一具题时,三法司得为两议。《大清会典》定曰:"三法司核拟重案,如迹涉两是,有一二人不能尽归画一者,许各抒所见,候旨酌夺。"③ 乾隆十八年上谕亦曰:"谳狱重案,……如或迹涉两是,有一二人不能尽归画一者,自不妨各据所见,候旨酌夺。……嗣后三法司核拟重案,如有一二人意见不能相同者,原可两议具题。"④

三法司复核各省死罪案件题本时,三法司两议之情形系属特例。如遇此等情形,皇帝常须与内阁大学士等商酌。康雍乾时期,有时更将三法司两议之题本折角,使成为折本。俟御门听政时处理。

皇帝于三法司两议时,或径行裁决依其中一议,或令画一具奏。兹举下列案例以说明之:

1. 依其中一议之裁决

（1）康熙十九年（1680年）五月十九日,"三法司拟强盗刘三等十七人罪,一议俱应立斩,一议李四等三人未经承认,应监候秋审,余照前议。上曰:'尔等以为何如?'大学士索额图等奏曰:'臣等亦曾公同商酌,罪疑惟轻,后议似是。'上曰:'朕意亦以后议为允当,着即照后议行。'"⑤

（2）康熙二十年（1681年）四月初三日,"为三法司将强盗孟金标、钱家祯等十九人两议具题,前议立斩,后议贼首张文焕等在逃,俟获日对质审结事。上曰:'罪疑惟轻,与其夫入,毋宁从宥。尔等云何?'大学士勒德洪等奏曰:'诚如圣谕。'上曰:'此案着依后议。'"⑥

2. 画一具奏之裁决

（1）康熙二十年（1681年）五月二十日,"三法司题,吴三、王四将萧顺儿

---

① 《大清会典事例》卷14,21～22页。
② 同上书卷1021,10页。
③ 《大清会典》卷69,17页。
④ 《大清会典事例》卷1021,11页。
⑤ 《康熙起居注》,康熙十九年五月十九日丁未。
⑥ 同上书,康熙二十年四月初三日丙戌。

捆打,又用刀伤其头,抢夺银钱事。前议立斩;后议引窃盗拒捕伤人例拟斩,秋后处决。上曰:'尔等之意如何?'大学士明珠奏曰:'臣与勒德洪、李霨、杜立德皆欲依前议,冯溥欲依后议。'上问冯溥曰:'尔等意云何?'冯溥奏曰:'前后议同是死罪,只分立斩与秋决耳。'上曰:'仍著画一具奏。'"①

(2) 康熙四十五年(1706年)九月二十日,"刑部(等衙门)为义儿夜入爱子家中,爱子拿住打死。一议照斗殴律例,拟绞监候,秋后处决。一议黑夜无故入人家,其家主拿住擅杀律例,拟将爱子枷号四十日,鞭一百。上曰:'是何大事?所取口供及定例俱甚明白,依前一议亦候秋后处决,即使依后议,亦不可谓之轻。且其余所拟,又照前议。如此小事,亦两议,殊为不合!本发还,着画一定议具奏。'"②

第五节 秋 审

一 沿 革

各省死罪案件题本经三法司复核奉旨依议后,即已结案。惟斩、绞立决案件与斩、绞监候案件不同,斩绞立决案件情节较为重大,结案之后,各省应依部文立即执行。而斩、绞监候案件,其情节较轻。为慎重决囚起见,明清两代逐渐发展出两种慎刑制度,即秋审与朝审。秋审系就各省斩、绞监候案件,每年加以复核之制度;朝审系就京师斩、绞监候案件,每年加以复核之制度。于此仅先论述秋审制度。

明初,死罪原无监候、立决之别,明弘治十年(1497年)始区分二者。清顺治四年(1647年)定律,乃予明白规定。《清史稿·刑法志》曰:"明弘治十年,奏定真犯死罪决不待时者,凌迟十二条,斩三十七条,绞十二条;真犯死罪秋后处决者,斩一百条,绞八十六条。顺治初定律,乃于各条内分晰注明,凡律不注监候者,皆立决也。凡例不言立决者,皆监候也。"③ 死罪案件自有斩、绞监候名目后,秋审制度遂渐次发展。

清代之言秋审,始于顺治元年(1644年)。是年,"刑部侍郎党崇雅奏言:'旧制,凡刑狱重犯,自大逆大盗,决不待时外,余俱监候处决。在京有热审朝审之例,每至霜降后方请旨处决。在外直省亦有三司秋审之例,未尝一

---

① 《康熙起居注》,康熙二十年五月二十日壬申。
② 同上书,康熙四十五年九月二十日乙亥。
③ 《清史稿》卷143,《刑法二》,见鼎文版《清史稿》,4194页。

第四章 清代中央司法审判程序之一——各省案件复核程序

丽死刑,辄弃于市。望照例区别,以昭钦恤。'此有清言秋、朝审之始。"① 顺治初年,南方各省仍未征服,清原有之司法审判制度又与明不同,党崇雅之奏言虽为清廷首肯,惟一时之间尚难施行。

清代之恢复秋审制度,始于顺治十年。顺治十年八月二十一日,"刑部题朝审事宜日期,于霜降后十日举行。将情实、矜疑、有词各犯,分为三项,各具一本请旨。奉有御笔勾除者,方行处决。在外则督抚会同三司,查应决囚犯,酌量行刑。其余仍监候奏闻。直隶地方,则刑部差司官二员,前往会同督抚审决,从之。"② 刑部所题虽系有关朝审事宜日期,惟外省死罪案件,则督抚会同三司,查应决囚犯,酌量行刑。其所述情形与秋审无异,故以顺治十年为清代恢复秋审制度之始。

后至顺治十五年(1658年),秋审制度更行完备。顺治十五年十月初六日,"刑部等衙门遵旨会议,各省秋决重犯,该巡按会同巡抚、布、按等官,面加详审,列疏明开情真应决、应缓、并可矜疑者,分别三项,于霜降前,奏请定夺。命永著为例。"③ 其永著为例之例,载于《大清会典事例》:"其各省秋审,务依地方远近,先将奉旨秋决重犯,各该巡按会同该抚及布按二司等官,照在京事例详审,将情实应决、应缓并有可矜可疑者各案,分别开列,均定期于霜降前具奏,候旨定夺。"④

由上述史料可知,顺治年间之秋审与明代之差官审决类似。惟清初之秋审系五年一次。顺治年间各省均有巡按,权力极大,会审案件时,均由巡按领衔具题。顺治十七年裁撤巡按后,各省秋审遂由巡抚照例举行。⑤

康熙十二年(1673年)以后,秋审制度渐与朝审制度类似,均须经九卿复核。康熙十二年十一月初一日,上谕刑部:"各省秋审本内止有节略,观览未能明晰。……以后各省秋审应令照在京朝审例,豫期造册进呈,亦著九卿、科道会同复核,奏请定夺。"⑥

秋审为清代重要司法审判制度,顺治、康熙及雍正三朝渐次发展,制度渐立。乾隆以后,乃成定制。惟清律中并无有关秋审之律文,有关秋审制度之规定均附于《大清律》第411条(有司决囚等第)之中。

---

① 《清史稿》卷144,《刑法三》,见鼎文版《清史稿》,4207页。
② 《清世祖实录》卷77,15~16页。
③ 同上书卷121,4页。
④ 《大清会典事例》卷846,2页。
⑤ 同上。
⑥ 《清圣祖实录》卷44,1页。

二　秋审程序

各省死罪案件奉旨"依拟应斩(绞),著监候,秋后处决"者,均系秋审案件,须经秋审确定之后始得执行死刑。所谓"秋后处决"一语并非意指秋后一律处死。实际情形为凡经秋审核定为"情实",且经皇帝勾决者,始执行死刑。其余死罪人犯仍应监候,俟来年秋审,再行复核。

(一) 各省秋审

清代秋审分各省及中央两阶段进行。各省秋审又可分为两审。以司道为第一审,以督抚司道为第二审。第一审及第二审之审判事务均由按察司(臬司)负责办理。《大清律》第411条(有司决囚等第)附例规定:"各省每年秋审,臬司核办招册,务须先期定稿,陆续移咨在省司道,会同虚衷商榷,联衔具详,督抚复核定拟,至期,会审司道等官,俱赴督抚衙门办理。"(乾隆三十二年定例)

各省秋审应注意截止秋审日期,《大清会典》定曰:"各省截止秋审日期,以本(刑)部题复奉旨之日为断。云南、贵州、广西、广东、四川以年前封印日为止,福建以正月三十日为止,奉天、陕西、甘肃、湖北、湖南、浙江、江西、安徽、江苏以二月初十日为止,河南、山东、山西以三月初十日为止,直隶以三月三十日为止,新疆、察哈尔以六月三十日为止。"① 故截止日期以前题结之案件,均可入当年秋审。反之,截止日期以后题结之案件,归入下年秋审办理。

各省秋审时,原则上应将秋审人犯解送省城,由督抚司道会勘后,定拟具题。惟缓决人犯,二次秋审即不复解送。此之解犯,谓之解勘。《大清律》第411条(有司决囚等第)附例规定:"直省每年应入秋审案犯,于应勘时,仍令各督抚提解省城,率同在省司道,公同会勘定拟具题。至缓决人犯,解审一次之后,情罪无可更定者,只令有司叙由详报,停其解审。其曾拟情实未经勾决人犯,及前拟缓决后改情实,并缓决人犯内情可矜疑者,仍照例解审。"(乾隆四十一年定例)

各省秋审事宜系由按察司主持,但各省督抚系按察司之上司,故各省秋审仍由督抚负其全责。会审之时,司道等官不敢置喙。雍正十三年(1735年)雍正帝曾加以指斥:"朕闻外省会审之时,不论案件多寡,悉于一天定议,均听督抚主张,司道守令,不敢置喙,究其实督抚亦未必了然,不过凭幕宾略

---

① 《大清会典》卷57,12页。

第四章　清代中央司法审判程序之一——各省案件复核程序

节,贴于册上,徒饰观瞻而已。"①

各省秋审完结后,督抚应分别新事、旧事具题,新事应备叙案由,确加看语,旧事则仅须摘叙简明略节。《大清律》第411条(有司决囚等第)附例规定:"各省秋审本揭,如系新事初次入秋审者,照旧备叙案由,确加看语,以凭会核;其旧事缓决人犯,摘叙简明略节,依次汇为一本具题,俱不必叙入问供,以省繁冗。"(乾隆三十七年定例)

各省秋审题本,其格式有一定之体例。兹以乾隆五十九年山西巡抚蒋兆奎具题之秋审题本为例,以为说明:②

> 谨题为慎刑奉有恩纶事,例请归画一,以重民命,以广皇仁事。……所有山西乾隆五十九年分,免解应解共三百三十五起,……各厅州县将免解各犯查叙案由,由本管道府州核转,并将应审各犯委员亲身押解前来。
>
> 臣随同布政使善泰、按察使祖之望、冀宁道张曾谊、太原府知府邓希曾、太原府同知梁世治、太原府通判德晖、署阳曲县知县李会观在于臣署,将旧案会同确核,并提(新事应审各)犯逐细审明,除问语、口供遵照定例不叙外,如:
>
> 一起为活杀父命事……三百三十五起案犯分为实、缓、矜、留四大类,各简叙案由)伏乞皇上睿鉴,敕下三法司核复施行。为此具本谨题请旨。
>
> 奉旨:三法司知道。

各省秋审,督抚除以题本汇题外,还应缮造黄册奏报。黄册是黄绫封面的册子,清以黄为正色。清代各部院及各省常于年终缮造黄册,奏送皇帝阅看。康熙十六年以前,"直省督抚办理秋审,例将各犯始末情由,备悉缮造黄册,随本具题。康熙十六年,经刑部议准,黄册情节繁多,一时难以遽毕,免其缮造,止拟情实、缓决、矜疑三项,缮本具题。"③

《大清律》第411条(有司决囚等第)附例规定:"秋审时,督抚将重犯,审拟情实、缓决、可矜具题,限五月内到部。"依本附例所示,秋审案件处理类别只有情实、缓决、可矜三种,惟依《大清会典》规定,尚有留养承祀一种,总共

---

① 《大清会典事例》卷846,13页。
② 转引自郑秦:《清代司法审判制度研究》,175~176页。
③ 《大清会典事例》卷847,14页。

四种。① 而《秋谳志略》则将留养承祀分为留养、承祀二种,总共五种。② 惟承祀一项并不多见,一般仅有实缓矜留四种。

(二) 中央秋审

各省秋审题本具题后,照例奉旨:三法司知道。刑部奉旨后,正式开始办理该年中央之秋审。清初,刑部四川司办理秋审业务。雍正十三年(1735年),刑部设立总办秋审处,办理秋审业务。在秋审实际运作上,刑部各司应先核办各该省秋审案件,各司核办后应送秋审处汇办,然后呈报堂官批阅,再送九卿会审与会题。俟皇帝裁决后,再行办理复奏与勾决。

1. 刑部定拟看语

中央秋审系以九卿会审方式进行,九卿会审之前,刑部应就各省秋审案件先行定拟看语。关于刑部之定拟看语,《大清会典》定曰:"总办司员于年底即请堂派各司专办次年秋审官,满洲一员,汉二员。将各该司应入秋审人犯,依原案题结先后,以次摘叙案由,分别实缓矜留,出具看语,曰初看,用蓝笔标识。再为复看,用紫笔标识,陆续汇送本处。坐办司员将各司略节删繁补漏,交总看司员酌核允当。加具看语,呈堂批阅。仍于堂议之前,总看坐办各司员,齐集核议。将情实、缓决、可矜、留养承祀各犯,详加参酌,平情定拟。"③《秋谳志略》亦曰:"每年各本司由堂官选派满汉各一员,专司一年秋审之事,各本司选经承通晓谳事者各一人,抄录应审之案,每十案为一册,不得增减一字。各本司用蓝笔删订略节,删繁存要,其字简而事详,逐案各拟看语,分别应情实、应缓决、应可矜、应留养、应承祀,悉明列加签,每十案订一小册,加以目录,送秋审处。总办司员,用紫笔覆校,增删案身并订看语,核其当否,其应改者即改注,毋庸再商。其应呈堂会议酌定者,则注明临时商定字样,本司原议,不必遽驳,止别立册以记之。"④ 关于刑部之定拟看语,《清史稿·刑法志》所载与上述记载稍有不同,按《清史稿·刑法志》曰:"刑部各司,自岁首将各省截止期前题准之案,分类编册,发交司员看详。初看蓝笔句改,覆看用紫,轮递至秋审处坐办、律例馆提调,墨书粘签,一一详加斟酌,而后呈堂核阅。"⑤ 其所述定拟看语程序应系清末秋审之实况。

刑部定拟各省秋审案件看语系依各省原案定拟,并不等待各省秋审题本之到部。"刑部俟定限五月中旬以前,各省后尾到齐,查阅外勘与部拟不

---

① 《大清会典》卷 57,14 页。
② 刚毅辑:《秋谳辑要》卷 1,1 页。
③ 《大清会典》卷 57,14 页。
④ 刚毅辑:《秋谳辑要》卷 1,1 页。
⑤ 《清史稿》卷 144,《刑法三》,见鼎文版《清史稿》,4208 页。

符者,别列一册。始则司议,提调、坐办主之。继则堂议,六堂主之,司议各员与焉。"① 又乾隆二十六年(1761年)议准:"刑部历年办理秋审,先将各犯原案,摘叙情节,刊刻招册,俟督抚本揭到日,加入看语,分别办理,缮本具题。"②

决定秋审人犯实缓矜留之标准,乾隆卅二年以后方才逐渐建立。《清史稿·刑法志》曰:"乾隆以前,各司随意定拟,每不画一。卅二年,始酌定比对条款四十则,刊分各司并颁诸各省以为勘拟之准绳。四十九年,复行增辑。嗣刑部侍郎阮葵生别辑《秋谳志略》,而后规矩略备,中外言秋勘者依之。"③

2. 九卿会审与会题

刑部定拟看语后,应将秋审案件刊刷招册,分送九卿、詹事、科道进行九卿会议。《大清律》第411条(有司决囚等第)附例规定:"刑部将原案及法司看语,并督抚看语,刊刷招册,送九卿、詹事、科道各一册,八月内在金水桥西,会同详核情实、缓决、可矜,分拟具题,请旨定夺。"④ 依本条例规定,仅九卿、詹事、科道得参与秋审,但实际上,内阁大学士也参与会审。至光绪年间,"三品官衙门则与会审"⑤。参与秋审之官员大为增加。

关于各省秋审招册之咨送九卿,乾隆年间原定为会审日前十五日。乾隆二十八年(1763年)曾奏准:"嗣后秋审届期,刑部将各省招册,于十五日以前,即分送各衙门,俾得从容翻阅,克单乃心,庶谳狱益昭慎重。"⑥

嘉庆年间,秋审招册之咨送九卿,其期限原未限定。嘉庆七年(1802年)上谕:"秋审册籍,著该部饬司于秋朝审上班数日前,分送大学士、九卿科道等,以便伊等细心研勘,用昭详慎。"⑦ 嘉庆二十一年(1816年)上谕:"每年九卿科道所阅招册,刑部于七月二十后,始行分送,距上班之期,止三四日,未免稍促。嗣后刑部堂议,著较向来移前数日,其招册亦可赶早分送,俾得从容核阅,以昭详慎。"⑧ 此项咨送招册之期限,光绪年间又恢复为会审日前十五日。光绪五年(1879年)上谕:"秋审咨送招册,向有定限。嗣后秋审届期,着刑部恪遵定限,于上班十五日前,将招册咨送各衙门,以符旧制。"⑨

---

① 《清史稿》卷144,《刑法三》,见鼎文版《清史稿》,4208页。
② 《大清会典事例》卷847,14页。
③ 《清史稿》卷144,《刑法三》,见鼎文版《清史稿》,4208页。
④ 《大清会典事例》卷844,2页。
⑤ 薛允升:《读例存疑》卷49,见黄静嘉编校之重刊本,1241页。
⑥ 《大清会典事例》1021卷,17~18页。
⑦ 同上书卷1021,19页。
⑧ 同上书卷1021,22页。
⑨ 同上书卷1021,24页。

刑部咨送九卿之招册,原则上仅情实未勾及初次入秋审者,须刷印招册分送详核。《大清律》第411条(有司决囚等第)附例规定:"至九卿会审时,刑部分送招册内,除情实未勾及初次入秋审者,仍刷印招册分送详核外,其旧事已入缓决者,不必重复备册,分送会审,止于会审时逐一唱名。"

清代认秋谳大典为重要典章制度,但因参与秋审官员人数众多,与审官员多数随声附合而已。其于司法审判上之形式意义大于实质意义。乾隆二十六年(1761年)秋审,左副都御史窦光鼐于秋审会审时,力持异议。此种情形乃属特例。《清史稿》载此事曰:"(乾隆二十六年)秋谳,光鼐以广西囚陈父悔守田禾杀贼,不宜入情实;贵州囚罗阿扛逞凶杀人,不宜入缓决;持异议,签商刑部,语忿激。刑部遽以闻,上命大学士来保、史贻直,协办大学士梁诗正复核,请如刑部议,且言光鼐先已画题,何得又请改拟。上诘光鼐,光鼐言:'两案异议,本属签商,并非固执。因会议时言词过激,刑部遽将签出未定之稿先行密奏。臣未能降心抑气,与刑部婉言,咎实难辞,请交部严加议处。'上以'会谳大典,光鼐意气用事,甚至纷咙漫骂而不自知。设将来预议者尤而效之,于国宪朝章不可为训。'命下部严议,当左迁,仍命留任。"①

秋谳大典因"徒有会议之名而无核议之实",屡为时人所批评。道光帝即曰:"刑部办理秋审各案,向止摘叙略节,刊刻招册,分送九卿詹事科道届期会议。……仅于会议上班时,令书吏喧唱一次,会议诸臣,于匆遽之时,仅听书吏喧唱看语,焉能备悉案由,从而商榷,是徒有会议之名,而无核议之实,岂国家矜慎庶狱之意乎。"②

秋审过后,刑部领衔,会同全体参与秋审官员具题。此项具题系逐次分省办理,各省秋审案件均分情实、缓决、可矜、留养承祀四本具题,情实案件另造黄册随本进呈。此外,服制案犯和官犯均各单独一本具题。

3. 皇帝裁决

清代诸帝均极重视秋审,乾隆帝即曰:"秋审为要囚重典,轻重出入,生死攸关。直省督抚皆应详慎推勘,酌情准法,务协乎天理之至公,方能无枉无纵,各得其平。"③ 又曰:"国家秋谳大典,上系刑章,下关民命,虑囚时设情法未衷于至当,何以昭弼教之用心?"④

九卿会审各省斩、绞监候案件后应具题奏闻,皇帝须为裁决。裁决时,

---

① 《清史稿》卷322,见鼎文版《清史稿》,10791页。
② 《大清会典事例》卷850,3页。
③ 同上书卷847,1页。
④ 同上书卷847,15页。

第四章 清代中央司法审判程序之一——各省案件复核程序

皇帝常与内阁大学士及军机大臣商酌,皇帝于情实招册最为重视,常一一披览。乾隆帝即曰:"每岁刑部进呈各省情实招册,朕必将逐案事由,一一披览,使狱情毫无遗漏,而各案适轻适重,又详为称量比拟,有其迹虽涉疑似,而情尚一线可原者,既于册内折角存记。"①

有关皇帝裁决九卿会审题本之情形,兹举下列案例说明之:

(1)康熙十九年(1680年),九月二十日,"九卿等会议江南秋审各案事,上曰:'此各犯罪案,朕俱已细阅,其中贾日祖尚待质审之人,着监候,冯氏、王白良、王祥、崔廷选罪案,俱属可矜,着监候缓决,余俱依议。'"②

(2)康熙二十四年(1685年)九月二十六日,"九卿等会议福建罪犯张元荐等十一人秋审情真事,上曰:'张元荐、李各兰俱照所审处斩,内李三畏系部给都督扎付之人,顾耀宗虽分财物,原未同行,庄犹兴、王信、林三、吴四、吴奇、杨招,蔡马使虽经为盗,于未分财物之前被获,俱着改为缓决。'"③

(3)康熙二十四年(1685年)十月十八日,"九卿等会议江南秋审情真人犯。上曰:'今年秋审情真人犯甚多,俱即处决,朕心不忍,此内如萧孟长、陈善言、张有声、李华轴、张士宁、戎衣员、文龙、萧祥、洪汉章二起,止将人诱拐,并无极恶之处,俱令监候缓决。'明珠等奏曰:'疏内有韩先格一起,所犯重罪俱在赦前,侵那钱粮之罪在赦后,似应照该抚原议。'上曰:'韩先格亦着缓决。'"④

对于九卿会审题本,皇帝之批示有一定之格式:⑤

(1)情实本批:这情实某某(开列名单)着覆奏,册留览。
(2)缓决本批:某某(开列名单)俱着监候缓决。
(3)可矜本批:这情有可矜犯某某(开列名单)依议免死,减等发落。

凡奉旨缓决、可矜、留养承祀之人犯,秋审程序即行结束。对于上三类人犯之处理,《清史稿》曰:"秋审本上,入缓决者,得旨后,刑部将戏杀、误杀、擅杀之犯,奏减杖一百,流三千里,窃赃满贯,三犯窃赃至五十两以上之犯,奏减云、贵、两广极边、烟瘴充军,其余仍旧监固,俟秋审三次后查办。间有初次入缓,后复改实者,权操自上,非常例也。入可矜者,或减流,或减徒。留养承祀老,将该犯枷号两日,责四十板释放。"⑥ 缓决人犯,除减等发落者外,仍旧监固,俟来年秋审再行复核。凡奉旨情实之死罪人犯,行刑前尚须复奏及勾决。

---

① 《大清会典事例》卷847,15页。
② 《康熙起居注》,康熙十九年九月二十日乙亥。
③ 同上书,康熙二十四年九月二十六日癸未。
④ 同上书,康熙二十四年十月十八日乙巳。
⑤ 郑秦:《清代司法审判制度研究》,180页。
⑥ 《清史稿》卷144,《刑法三》,见鼎文版《清史稿》,4209页。

第五章 清代中央司法审判程序之二
——京师案件现审程序

第一节 京师案件司法审判程序概说

一 京师司法审判机关及审级管辖

清代京师司法审判机关颇多,并非仅有三法司(刑部、都察院及大理寺)而已。中央各部院均拥有部分司法审判权,除三法司外,议政大臣、内阁大学士及军机大臣等亦得奉旨审判重大案件,吏户礼兵工等五部尚书、侍郎于其业务职掌范围内自有权参与相关案件之会审,亦得奉旨审判重大案件。理藩院得审理外藩蒙古案件,八旗都统衙门得审理旗人案件,宗人府得审理宗室觉罗案件,内务府得审理包衣及太监案件,总理各国事务衙门得审理涉外民刑案件。通政使司(鼓厅)得收受诉状,转送刑部或奏闻皇帝。又五城察院及步军统领衙门均得就京师案件加以初步之审理。

清代中央各部院虽均拥有部分司法审判权,惟清代司法审判之核心仍在刑部及三法司。就京师案件而言,五城察院及步军统领衙门在体制上虽系中央机关,但在司法运作上,实系京师案件之初审机关,刑部及三法司均系复审机关。京师司法审判机关因案件刑责之轻重而定其审级管辖。兹将京师司法审判机关审级管辖之概况分述于后:

(一)第一级司法审判机关——五城察院及步军统领衙门

五城察院及步军统领衙门为京师之基层司法审判机关。清初,旗人居住内城,民人居住外城,内城之治安及司法主要由步军统领负责;外城之治安及司法主要由五城察院负责。康熙中期以后,旗民居住混杂,此种区分渐次泯灭,两衙门之土地管辖竞合,于内城与外城均有管辖权。五城察院为文职机关,其管辖之对象兼及民人及旗人。步军统领衙门为武职机关,其管辖之对象亦兼及民人及旗人。绝大多数京师司案件均由五城察院或步军统领衙门进行初审。民事案件(指民人间之户婚田土案件)由五城察院自理,巡城御史即可审结。至于刑事案件,则依案件刑责之轻重而作不同之审理。笞杖罪案件亦由五城察院或步军统领衙门自理,巡城御史或步军统领衙门即可审结。徒罪以上案件或其他特殊案件,五城察院或步军统领衙门,须送刑部审办。

(二)第二级司法审判机关——刑部

刑部为刑名总汇。京师徒罪以上案件或其他特殊案件(如职官案件、叩阍案件、京控案件、宗室觉罗案件等),均须经刑部现审(实审也,亲为审理之意)。刑部现审案件,绝大多数系由五城察院或步军统领衙门移送而来,少数系由都察院、通政使司或其他部院移送而来。遣军流徒案件,刑部即可结案。寻常死罪案件须由三法司会审,惟仍由刑部主稿。专折具奏之情节重大死罪案件则仅由刑部审理。

(三)第三级司法审判机关——三法司

清代京师死罪案件,"凡刑至死者,则(刑部)会三法司以定谳"①。即"罪应斩绞之案,(刑部)会同三法司核拟具题。"② 死罪案件中,寻常死罪案件应由三法司会审。(惟专折具奏之情节重大死罪案件,因须尽速处理,故无须三法司会审,仅由刑部审理,专折具奏即可。)三法司会审后具题,奏闻于皇帝。斩、绞立决案件,奉旨依议后即为确定。斩、绞监候案件尚须经朝审复核。

二 京师案件司法审判程序

清代,京师案件中之民事案件由五城察院自理,巡城御史即得审结。刑事案件则较为复杂。兹以刑事案件为中心略述京师案件司法审判程序之梗概如后:

(一)五城察院及步军统领衙门初审程序

清代五城之正印官为五城兵马司指挥,惟其职掌与一般地方正印官不同,只负责各该城之治安,并不得受理民词。所有五城之民事及刑事案件,均由各该城之巡城御史审理。五城察院及步军统领衙门初审程序,应包括审前程序(呈控、批词、查验、检验、传唤、拘提及缉捕等)和审理程序(审讯、判决及移送刑部),兹分述如后:

1. 审前程序

民人或旗人至五城察院具呈控诉,谓之呈控。五城察院并无所谓三六九日放告或每月三八日放告之规定,原则上呈控并无时日之限制。民人或旗人至步军统领衙门呈控亦同。五城察院或步军统领衙门收受呈词之后应

---

① 《大清会典》卷53,1页。
② 同上。

予批示,决定是否准理,谓之批词。批词应依据律例决定准理或不准理。除呈控外,呈报亦为常见受理事由,如苦主之呈报人命案件,事主之呈报强盗及窃盗案件。又民人之告发、人犯之自首(投首)及其他衙门之移送,均构成受理事由。

人命案件须由兵马司指挥相验(检验),强盗及窃盗案件须由兵马司副指挥查验(勘验)。案件准理后,五城察院或步军统领衙门得签发印票,传唤被告。情节重大案件,两衙门得签发印票,拘提被告。人犯如已逃逸,两衙门得签发印票,缉捕人犯。

五城人犯有事关重大者,五城察院得予羁禁(即所谓羁捕候审)或交坊看押。惟两衙门初步审理后认系徒罪以上案件时,则应将人犯移送刑部。

2. 审理程序

五城察院及步军统领衙门有权审理户婚田土案件及笞杖罪案件,两衙门审讯时自应依《大清会典》所定审讯原则加以审讯,即"依状以鞫情,如法以决罚,据供以定案"①。人犯如不吐实供,得予刑讯。

五城察院及步军统领衙门得自理笞杖罪案件,断罪时须引律例,断罪后即可结案。如系徒罪以上案件,两衙门应将案件移送刑部审办。

(二) 刑部审理程序

刑部并不直接收受呈词。"一切并无原案词讼,均应由都察院、五城、步军统领衙门、顺天府及各旗营接收,分别奏咨,送部审办。"② 各衙门移送案件至刑部后,刑部当月处应呈堂,掣签分司。"以事之轻重,分为三等,奏案为大签,窃盗为小签,其余为中签。各司内惟督捕司不办现审案件,广西司当朝审期内,亦不分现审。"③ 徒流军遣罪案件,刑部即可审结,按季汇题。专折具奏之情节重大死罪案件,常奉旨由刑部核拟具奏。此类案件由刑部单独审理。寻常死罪案件则须三法司会审。

(三) 三法司审理程序

除专折具奏之情节重大死罪案件由刑部单独审理外,其余寻常死罪案件,均应由三法司会审。三法司会审程序如下:"(京师案件)死罪既取供,大理寺委寺丞或评事,都察院委御史,赴本司会审,谓之会小法。狱成呈堂,都察院左都御史或左副都御史,大理寺卿或少卿,挈同属员赴刑部会审,谓之

---

① 《大清会典》卷55,1页。
② 《大清会典事例》卷1031,18页。
③ 《大清会典》卷56,19页。

第五章 清代中央司法审判程序之二——京师案件现审程序

会大法。如有翻异，发司复审，否则会稿分别题奏。"① 斩、绞立决案件奉旨依议后，即可执行死刑。斩、绞监候案件则尚须经朝审复核。

第二节 五城察院及步军统领衙门审理程序

一 总 论

（一）原告、被告与代告

原告又称为"原造"，有时亦称"控告人"、"首告人"、"告诉人"或"具告人"等。被告又称"被造"，清律上则称为"被论"。② 清律常称人命案件原告为"苦主"，③ 又常称强盗及窃盗案件原告为"事主"。④

清律于原告之诉讼能力颇多限制，依清律规定，（一）年八十以上之人，（二）十岁以下之人，（三）笃疾者，（四）妇人等四类人，其诉讼能力受有限制。《大清律》第339条（见禁囚不得告他事）规定："其年八十以上，十岁以下，及笃疾者，若妇人，除谋反、叛逆、子孙不孝、或已身及同居之内为人盗、诈、侵夺财产及杀伤之类听告，余并不得告；（以其罪得收赎，恐故意诬告害人。）官司受而为理者，笞五十。（原词立案不行。）"

本条禁止上述四类人控告，系因老、幼、废疾及妇人犯罪俱得收赎，⑤恐故意诬告害人也。此四类人因无诉讼能力，故其控告时，必须由人代告（或曰抱告），《大清律》第339条附例（见禁囚不得告举他事）规定："年老及笃疾之人，除告谋反叛逆，及子孙不孝，听自赴官陈告外；其余公事，许令同居亲属通知所告事理的实之人代告。诬告者，罪坐代告之人。"

实则非但"老、幼、废疾及妇人"必须由人代告，即生（生员）监（监生）亦须由人代告，此项限制虽不见于《大清律例》，惟同治十二年通行控诉条款第九项规定："生监、妇女、老幼、废疾，无抱告者，不准。"⑥

（二）代书与讼师

京师民人或旗人至五城察院或步军统领衙门呈控时必须有呈词，而民人及旗人不能自写呈词者颇多，此类人多由代书代写呈词。清初虽有代书

---

① 《清史稿》卷144，《刑法三》，见鼎文版《清史稿》，4206页。
② 参见《大清律》第334条（告状不受理）。
③ 参见《大清律》第412条（检验尸伤不以实）附例。
④ 参见《大清律》第266条（强盗）。
⑤ 参见《大清律》第20条（工乐户及妇人犯罪）及第22条（老小废疾收赎）。
⑥ 《大清律例会通新纂》，2923页。

存在,但无官方认可之官代书。关于官代书之设立,始于雍正七年,原专指直省府州县。雍正十三年始兼及在京衙门。① 《大清律》第 340 条(教唆词讼)附例规定:

> 内外刑名衙门,务择里民中之诚实识字者,考取代书;凡有呈状,皆令其照本人情词据词誊写,呈后登记代书姓名,该衙门验明,方许收受。无代书姓名,即严行查究,其有教唆增减者,照律治罪。(雍正七年定例)

又同条附例规定:

> 凡有控告事件者,其呈词俱责令自作,不能自作者,准其口诉,令书吏及官代书据其口诉之词,从实书写;如有增减情节者,将代书之人,照例治罪。其唆讼棍徒,该管地方官实力查拿,从重究办。(嘉庆十七年定例)

官代书既系内外刑名衙门所考取者,其办理代书业务,须依照内外刑名衙门之规定。如有违反,内外刑名衙门得加以责革。同治十二年通行控诉条款规定代书之斥责及责革:②

> 1. 被告干证不得牵连多人,若有将无干之人混行开出及告奸盗牵连妇女作证者,除不准外,仍责代书。
> 2. 违式双行叠写,定责代书。
> 3. 冒名代告、旧事翻新、虚词诬妄者,除本人反坐外,仍移代书责革。
> 4. 凡争控坟穴山场,俱应据实直书,如敢以毁塚灭骸盗发等语,架词装点,希图耸听者,除不准外,定将代书究革。
> 5. 凡投词须查明两造前后批词及地邻原差一切票恳批语,全开数夹单呈阅,如敢故为遗漏,开载不全及削改字句,只将初呈一二批语填写者,察出,定将代书责革。

---

① 《大清会典事例》卷 819,14 页。
② 《大清律例会通新纂》,2923~2924 页。

第五章　清代中央司法审判程序之二——京师案件现审程序

清代严禁讼师,地方官应查拿禁缉。讼师又称为讼棍,或本为书吏,或本为生员,甚至有本为举人者。平日包揽词讼,兴风作浪,为害良民。讼师"大率以假作真,以轻为重,以无为有,捏造装点,巧词强辩。"① "以搬弄是非为得计,以颠倒黑白而迷人,每当两造纷争,从中构祸。"② "偶遇小事小故,辄代驾虚词投官府,以疾病老死为人命,以微债索逋为劫夺,以产业交易,户婚干连者为强占,为悔赖。"③ "待呈词既递,鱼肉万端,甚至家已全倾,案犹未结,且有两造俱不愿终讼,彼此就罢,而讼师以欲壑未盈,不肯罢手者。"④ 故曰"唆讼者最讼师,害民者最地棍,二者不去,善政无以及人。"⑤

清律对教唆词讼者刑罚极重,《大清律》第340条(教唆词讼)规定:"凡教唆词讼,及为人作词状,增减情罪诬告人者,与犯人同罪;(至死者,减一等。)若受雇诬告人者,勿论。"本条规定适用于讼师及代书之情形最多。

同条附例亦规定:

> 审理词讼,究出主唆之人,除情重赃多,实犯死罪,及偶为代作词状,情节不实者,俱各照本律查办外;若系积惯讼棍,串通胥吏,播弄乡愚,恐吓诈财,一经审实,即依棍徒生事扰害例,问发云、贵、两广极边烟瘴充军。(乾隆二十九年定例)

> 凡审理诬控案件,不得率听本犯捏称倩过路不识姓名人书写呈词,务须严究代作词状唆讼之人,指名查拿,依例治罪。(嘉庆十七年定例)

清律规定地方官应查拿讼师,同条附例规定:

> 讼师教唆词讼,为害扰民,该地方官不能查拿禁缉者,如止系失于察觉,照例严处;若明知不报,经上司访拿,将该地方官照奸棍不行查拿例,交部议处。(乾隆元年定例)

道光五年,清廷曾饬令五城御史严拿前三门外奸棍讼师,包揽京控之事。⑥ 此外,清律又规定地方官应查禁讼师秘本,同条附例规定:

---

① 王又槐:《办案要略》,见《入幕须知五种》,页486。
② 裕谦:《戒讼说》,见《牧令书》卷17,46页。
③ 王元曦:《禁滥准词讼》,见《牧令书》卷18,3页。
④ 刘衡:《理讼十条》,见《牧令书》卷17,40页。
⑤ 汪辉祖:《学治臆说》,见《入幕须知五种》,301页。
⑥ 《大清会典事例》卷1031,12页。

坊肆所刊讼师秘本,如惊天雷、相角、法家新书、刑台秦镜等一切构讼之书,尽行查禁销毁,不许售卖。有仍行撰造刻印者,照淫词小说例,杖一百,流三百里。将旧书复行印刻及贩卖者,杖一百,徒三年。买者,杖一百。藏匿旧书不行销毁,减印刻一等罪。藏匿其书,照违制律治罪;其该管失察各官,分别次数交部议处。(乾隆七年定例)

五城察院或步军统领衙门如发现有讼师教唆词讼时,因系徒罪以上案件,自应移送刑部审理。至于查禁讼师秘本一事,两衙门自应依例办理,尽行查禁销毁,不许售卖。

(三) 管辖

五城察院及步军统领衙门之管辖,可分为事物管辖及土地管辖两方面来说明,兹分述如后:

1. 事物管辖

事物管辖系以案件之种类,决定具有初审管辖权之司法审判机关,即于不同级司法审判机关间决定其案件之分配。清代司法审判机关之事物管辖系依案件刑责之轻重而定。原则上,五城察院及步军统领衙门对户婚田土案件及笞杖罪案件具有初审管辖权。换言之,两衙门对上述两类案件有事物管辖。

(1) 五城察院之事物管辖

五城御史(或称巡城御史)并非五城之地方官。清代,五城之地方官为五城兵马司指挥(五城,汉各一人,正六品),五城之佐贰官为副指挥(五城,汉各一人,正七品)及吏目(五城,汉各一人,未入流)。五城兵马司指挥为五城之正印官,惟自清初以来即与各省州县官之职掌不同,其司法审判上之职掌大部分归于五城御史。清初设五城御史,"由都察院以科道引见,请旨简派,一年更替。"[①] 故五城御史原系代表皇帝监督五城兵马司者,五城御史虽系一年更替一次,但五城察院为常设之机关。实际上,五城察院已成为五城兵马司之上司衙门,五城御史亦已成为五城兵马司指挥等官之上司。五城兵马司指挥虽有正印官之名,却无正印官之实。五城御史虽无正印官之名,却有正印官之实。原则上,惟五城御史有权受理民间词讼,审理一切民事及刑事案件。

五城察院之事物管辖又可分为户婚田土案件、笞杖罪案件及徒罪以上

---

① 《大清会典》卷69,12页。

第五章 清代中央司法审判程序之二——京师案件现审程序

案件等三方面来说明。兹分述如后：

甲、户婚田土案件

顺治年间，五城御史即得审理户婚田土钱债案件。顺治十三年复准："京师城内钱债等细事，如（旗人）与民互告，仍听五城审结。"① 康熙十一年题准："五城词讼，（巡城）御史径行审结。"② 惟顺治、康熙年间，户婚田土案件，五城指挥、副指挥及吏目亦得审理。康熙四十五年始予以限制，须奉五城御史批发委审，始得审理。康熙四十五年复准："五城副指挥、吏目系佐贰官。民间词讼，非奉该城御史批发，正印官移行，不得准理动刑。"③

关于五城御史之批发委审，雍正元年严格禁止。雍正元年复准："司坊官员不许收受民词，该城御史亦不许批审词讼。"④ 惟此项禁令至乾隆十一年即已放宽。乾隆十一年奏准："民间房屋债负，经该城批发事件，该坊录取供词，报明本城结案。"⑤ 本项定例虽仅就房屋债负案件而言，且坊官（副指挥及吏目）亦仅能录取供词而已，惟实际上坊官除房屋债负案件外，亦得审讯户婚田土案件。嘉庆十八年，《大清律》第411条（有司决囚等第）内增订附例：五城案件如户婚田土钱债细事，照例自行完结。道光十八年始谕令将户婚田土词讼案件改归正指挥衙门详城，听五城御史批发核办。道光十八年上谕："吏目向例不准擅受民词，若令其于户婚田土词讼案件传人叙供，即与擅受无异。……其余户婚田土词讼案件，向归吏目管理者，均着改归正指挥衙门详城，听各该御史批发复办。"⑥ 自此以后，五城兵马司指挥经五城御史批发后，得审理户婚田土案件，以迄于清末。

乙、笞杖罪案件

顺治年间，五城御史即得审理笞杖罪案件。顺治十三年复准："京师城内斗殴等细事，如（旗人）与民互告，仍听五城审结。"⑦ 康熙十一年题准："五城词讼，（巡城）御史径行审结（笞杖罪案件）。"⑧ 康熙二十七年议准："城外居住旗人，有在城控告者，笞杖以下事件，该城御史审理归结。"⑨

雍正五年，《大清律》第411条（有司决囚等第）内增订附例："笞杖等轻

---

① 《大清会典事例》卷1031，1页。
② 同上书卷1031，2页。
③ 同上书卷1031，17页。
④ 同上书卷1031，18页。
⑤ 同上书卷1031，19页。
⑥ 同上书，卷103124页。
⑦ 同上书卷1031，1页。
⑧ 同上书卷1031，2页。
⑨ 同上。

罪,五城照例自行完结。"惟五城兵马司等官于赌博、斗殴等笞杖罪案件,亦有权审理。乾隆元年奏准:"赌博、斗殴等件,该坊官于所属地方,固宜随拿随审。"① 可知五城坊官得审理赌博、斗殴等笞杖罪案件。

丙、徒罪以上案件

顺治年间,并未确定何种案件应送刑部审理,直至康熙十一年方行确定。康熙十一年题准:"五城词讼,徒罪以上送刑部。"② 惟此项规定至雍正五年始于《大清律》第 411 条(有司决囚等第)内增订附例加以规定,按该附例规定:"若罪重于笞杖者,(五城)俱审明送刑部定拟。"③

乾隆十二年该附例修订为:"五城审理案件,……若词讼内所控情节,介在疑似,及关系罪名出入,非笞杖所能完结者,俱送刑部审拟。"④ 嘉庆十八年该附例修订为:"五城审理案件,……其旗民诉讼,各该衙门均先详审确情,如应得罪名在徒流以上者,方准送部审办。"⑤

(2) 步军统领衙门之事物管辖

步军统领衙门之事物管辖与五城察院之事物管辖相类似。步军统领衙门之事物管辖亦可分为户婚田土案件、笞杖罪案件及徒罪以上案件等三方面来说明。兹分述如后:

甲、户婚田土案件

清初(顺治初年)五城察院掌京师户婚田土案件之审理。步军统领衙门原系负责京师治安之机关,极少涉及京师户婚田土案件之审理。康熙十三年,命步军统领提督九门事务。三十年,命步军统领兼管巡捕三营。自此之后,步军统领衙门职掌日渐扩充。雍正五年,《大清律》第 411 条(有司决囚等第)即增订附例:"笞杖等轻罪,提督衙门俱照例自行完结。"此之所谓笞杖等轻罪应含户婚田土案件在内。嘉庆十八年,清律始明定,步军统领衙门得审理户婚田土案件。是年,《大清律》第 411 条(有司决囚等第)附例修订为:"步军统领审理案件,如户婚田土钱债细事,……照例自行完结。"本附例至清末为止,仍属有效。

乙、笞杖罪案件

顺治初年,步军统领衙门初设时,即得审理笞杖罪案件,惟未有明文规定。康熙十三年定:"凡审理八旗三营拿获违禁犯法奸匪逃盗一应案件,审

---

① 《大清会典事例》卷 1031,19 页。
② 同上书卷 1031,2 页。
③ 同上书卷 844,5 页。
④ 同上。
⑤ 同上书卷 944,5~6 页。

系轻罪,步军统领衙门自行完结。"① 雍正五年,《大清律》第411条(有司决囚等第)即增订附例:"笞杖等轻罪,提督衙门俱照例自行完结。"嘉庆十八年,《大清律》第411条(有司决囚等第)附例修订为:"步军统领审理案件,如拿获窃盗斗殴赌博,以及一切寻常讼案,审明罪止枷杖笞责者,照例自行完结。"本附例至清末为止,仍属有效。

丙、徒罪以上案件

顺治初年,步军统领衙门拿获重要之奸匪逃盗人犯时,固得为初步之审讯,但无审理权。遇有是类案件,应移送刑部审理。惟至康熙十三年始明定:"凡审理八旗三营拿获违禁犯法奸匪逃盗一应案件,徒罪以上(步军统领衙门)录供送刑部定拟。"② 雍正五年,《大清律》第411条(有司决囚等第)即增订附例:"若罪重于杖笞者,(提督衙门)俱审明送刑部定拟。"乾隆十二年,《大清律》第411条(有司决囚等第)附例修订为:"若词讼内所控情节,介在疑似,及关系罪名出入,非笞杖所能完结者,(提督衙门)俱送刑部审拟,不得自行完结。"

徒罪以上案件,并非全部移送刑部审理。部分特殊案件,步军统领衙门得自行审理。乾隆八年定:"八旗满洲蒙古汉军正身犯奸案件,流罪以下,步军统领审理,以清字文案自行完结。其因奸罪至死者,步军统领会同三法司满堂官审明定拟,用清字具奏。"③

2. 土地管辖

(1) 五城察院之土地管辖

五城察院于京师地区一切民刑案件,原则上均有初步审讯或审理之权。顺治十年议准:"令五城御史各率所属,办理地方之事,厘剔奸弊,整顿风俗。"④ 顺治十六年题准:"京师内外十六门(指内九门及外七门),令巡城御史不时巡查。"⑤ 可知五城察院于各该城辖区内有土地管辖权。

五城御史并非于京师地区各该城辖区内一切民刑案件均亲自审理,时或批发五城司坊等官(指挥、副指挥及吏目),五城司坊等官之土地管辖,曾经变更数次,雍正元年始行确定。雍正元年定:"五城兵马司职司稽察奸宄,人命案件,以指挥管理。逃盗等件,以副指挥、吏目,分地管理。"⑥ 乾隆三

---

① 《大清会典事例》卷1158,1页。
② 同上。
③ 同上书卷1158,1~2页。
④ 同上书卷1031,1页。
⑤ 同上。
⑥ 同上书卷1031,18页。

十一年议准:"永定等七门、安定等六门外地方,专责吏目分管。该员衙署俱设于正阳等三门之外,分管地方相隔遥远,稽察难周。嗣后移副指挥驻扎城外,凡各吏目原管地方,即令副指挥专管。其正阳等三门外副指挥所辖地方,俱归正指挥与吏目分管。"① 自是年后,五城兵马司副指挥、吏目之部分辖区有所变更。是年议准:"今移副指挥驻扎关外,则关外统归副指挥管理。其关内地方,即归并各城吏目分管(坊名,南城仍旧。东西北三城,俱随地更换)。"② 兹列表说明如后:③

五 城	司坊官	雍正元年以后分管地方	乾隆三十一年以后分管地方
中 城	副指挥	中西坊	中西坊
	吏 目	中东坊	中东坊
东 城	副指挥	崇南坊	朝阳坊
	吏 目	朝阳坊	崇南坊
西 城	副指挥	宣南坊	关外坊
	吏 目	关外坊	宣南坊
南 城	副指挥	东南坊	东南坊
	吏 目	正东坊	正东坊
北 城	副指挥	日南坊	灵中坊
	吏 目	灵中坊	日南坊

(2) 步军统领衙门之土地管辖

顺治初年初设步军统领时,原仅统辖内城满洲、蒙古、汉军八旗步军。④ 并不管理京城内九门(正阳、崇文、宣武、朝阳、阜城、东直、西直、安定、德胜)及外七门(永定、左安、右安、广渠、广安、东便、西便)之门禁事务。顺治初年,"京城内九门外七门,沿明制设指挥千百户,属兵部职方司汉主事专管。"⑤ 康熙十三年,命步军统领提督九门事务。同年又定,步军统领统辖十六门门军。⑥ 自是年后,步军统领衙门之土地管辖及于内城(内九门以内之地)及外城(外七门以内之地)。此项土地管辖,迄于清末,均无改变。

(四) 回避

五城御史及步军统领审理京师案件时,应遵守有关回避之规定。官吏

---

① 《大清会典事例》卷 1031,20 页。
② 同上书卷 1031,21 页。
③ 同上书卷 1031,18 页。《大清会典》卷 69,12 页。
④ 《大清会典事例》卷 1156,1 页。
⑤ 同上。
⑥ 同上书卷 1156,1~2 页。

第五章　清代中央司法审判程序之二——京师案件现审程序

于诉讼人(原告或被告)为其(一)有服亲及婚姻之家,(二)受业师,(三)旧上司与本籍官长有司,(四)素有仇隙之人时,官吏应自行回避。不自行回避,则予处分。《大清律》第335条(听讼回避)即规定:"凡官吏于诉讼人内,关有服亲及婚姻之家,若受业师,(或旧为上司,与本籍长官有司。)及素有仇隙之人,并听移文回避。违者,虽罪无增减。笞四十;若罪有增减者,以故出入人罪论。"

《大清律例会通新纂》解释此律曰:"官吏于诉讼人内,关于有服亲、姻家、受业师,则当避徇情之嫌,旧有仇隙之人,则当避挟怨之嫌,并听移文回避。违而不回避受理者,笞四十,虽受理得实亦不免也。若于罪有增减,以故出入人罪论,因仇隙而增,为亲故而减,是故出入也。"①

京师旗民杂处,各省来京之人极多,五城满汉御史审理案件时,每遇同旗同籍之人,此时亦应回避。乾隆五十九年,《大清律》第335条(听讼回避)内增订附例:"在京巡城满汉御史承审案件,遇有同旗同籍之人。满御史应行回避者,会同他城满御史办理。汉御史应自行回避者,会同他城汉御史办理。如满汉御史均应回避,将原案移交他城办理。"(乾隆五十九年定例)

(五) 证据

《大清会典》规定:"凡听断,依状以鞫情,如法以决罚,据供以定案。"②《大清会典》所称"据供以定案",其所谓"供",意指原告、被告及证人之陈述。清代司法审判,极重口供,几乎是"无供不能定案"。口供之中,以证人之供及被告之招最为重要。除口供外,物证亦极重要。兹分述如后:

1. 证人之供

证人之供即证言也,得为司法审判之证据。清代称证人为证佐,干证,其身份有一定之限制,《大清律例》规定下列人等不得为证:

(1) 得相容隐之人:第404条(老幼不拷讯)规定:"其于律得相容隐之人,(以其亲情有所讳)……皆不得令其为证;违者,笞五十。"所谓"得相容隐之人",依第32条(亲属相为容隐)之规定:"凡同居,(同谓同财共居亲属,不限籍之同异,虽无服者亦是。)若大功以上亲(谓另居大功以上亲属,系服重。)及外祖父母、外孙、妻之父母、女婿、若孙之妇、夫之兄弟,及兄弟妻,(系恩重。)有罪(彼此得)相为容隐。奴婢雇工人,(义重。)为家长隐者,皆勿论。"此种亲属容隐不得为证之规定,亦有例外:①有服亲属犯谋反、谋大逆、谋叛者。(《大清律》第32条)②父为母所杀者。(《大清律》第32条附例)上

---

① 《大清律例会通新纂》,2949页。
② 《大清会典》卷55,1页。

述两种情形,知情之有服亲属或子均不得相容隐。

(2) 老幼笃疾:《大清律》第 404 条(老幼不拷讯)规定:"年八十以上,十岁以下,若笃疾,(以其免罪,有所恃。)皆不得令其为证;违者,笞五十。"

证人作证时须具甘结,并应如实陈述。《大清律》第 336 条(诬告)附例规定:"词内干证,令与两造同具甘结,审系虚诬,将不言实情之证佐,按律治罪。"(雍正六年定例)

《大清律》第 409 条(官司出入人罪)附例规定承审官不得改造口供:"承审官改造口供故行出入者,革职;故入死罪已决者,抵以死罪。"(康熙十八年定例)

2. 被告之招

招又称为招词,其意类似自白,招为被告承认自己有罪之陈述。"招"实为"供"之一种,称供包括被告之招,《大清会典》曰:"据供以定案",其所谓"供",自包括被告之招在内。

《大清律》第 423 条(吏典代写招草)规定,必据犯者招草,以定其罪,如犯人不识字,方许令在官不干碍之人,依其亲具招情代写:

> 凡诸衙门鞠问刑名等项,(必据犯者招草以定其罪。)若吏典人等为人改写及代写招草,增减(其正实)情节,致(官司断)罪有出入者,以故出入人罪论;若犯人不识字,许令(在官)不干碍之人,(依其亲具招情)代写。(若吏典代写,即罪无出入,亦以违制论。)

但依《大清律》第 423 条(吏典代写招草)附例规定,招草似乎均由招房书吏录写,犯人仅只画押而已:

> 各有司谳狱时,令招房书吏照供录写,当堂读与两造共听,果与所供无异,方令该犯画供。该有司亲自定稿,不得假手胥吏,致滋出入情弊。如有司将供词辄交经承,致有增删改易者,许被害人首告。(雍正七年定例)

被告之招极为重要,审理案件时必须据供以定案。《大清律》第 31 条(犯罪事发在逃)附例规定,问刑衙门审办时务得本犯输服供词(即被告之自白):

> 内外问刑衙门审办案件,除本犯事发在逃,众证明白,照律即同狱

第五章　清代中央司法审判程序之二——京师案件现审程序

成外；如犯未逃走，鞫狱官详别讯问，务得输服供词，毋得节引众证明白即同狱成之律，遽请定案。（嘉庆十九年定例）

3. 物证

清代审判案件虽重供招，但亦重视其他证据，命案须起获凶器，盗案须起获赃物，必有真赃确据，方可定案。《大清律》第409条（官司出入人罪）附例规定："（承审官）草率定案，证据无凭，枉坐人罪者亦革职。"可见得清代司法审判对口供以外之其他证据亦极重视。

清代审理盗案，无论强盗或窃盗，特重赃物，《大清律》第266条（强盗）附例规定：

> 凡问刑衙门鞫审强盗，赃证明确者，照例即决，如赃迹未明，招扳续缉，涉于疑似者，不妨再审。（雍正三年定例）

> 凡强盗初到案时，审明伙盗赃数，及起有赃物，经事主确认，即按律定罪。……如系窃贼，审明行窃次数，并事主初供，但搜有真赃，即分别定拟。（雍正五年定例）

二　审前程序

（一）呈控及其他受理事由

五城察院及步军统领衙门并无所谓"放告期日"，原则上，民人得随时至两衙门呈控。虽然《大清律》第334条（告状不受理）附例规定：

> 每年自四月初一日至七月三十日，时正农忙，一切民词，除谋反、叛逆、盗贼、人命及贪赃坏法等重情，并奸牙铺户骗劫客货查有确据者，俱照常受理外；其一应户婚、田土等细事，一概不准受理。自八月初一日以后，方许听断。（雍正三年定例）

京师地区万商云集，与各省州县多属农业地区者不同。上述附例应仅适用于各省州县，不适用于京师地区。

民人呈控重大案件，两衙门必须受理，违者即有刑责。《大清律》第334条（告状不受理）规定：

> 凡告谋反叛逆，官司不即受理（差人）掩捕者，（虽不失事。）杖一百，徒三年。（因不受理掩捕，）以致聚众作乱，或攻陷城池，及劫掠民人者，

(官坐)斩(监候)。若告恶状,(如子孙谋杀祖父母、父母之类。)不受理者,杖一百。告杀人及强盗不受理者,杖八十。

又五城御史受收民间呈词,须公同接受办理。康熙三十一年奏准:"嗣后五城一切案卷,务须存储公所。满汉御史均应每日进署理事,民间呈词,公同接收办理。或遇昏夜紧急事件,始准在私宅接收,次日会办。倘仍前每月进署数次,以致公务稽延,或更有将档案私存书吏家中之事,即行参处。"①

《大清律》第 339 条(见禁囚不得告举他事)规定,(一)年八十以上之人,(二)十岁以下之人,(三)笃疾者,(四)妇人等四类人不得控告他人,亦即不得呈控他人。此等人既无诉讼能力,故其呈控时,必须由人代告(或曰抱告)。同条附例规定:

> 年老及笃疾之人,除告谋反叛逆,及子孙不孝,听自赴官陈告外;其余公事,许令同居亲属通知所告事理的实之人代告。诬告者,罪坐代告之人。

《大清律例会通新纂辑注》对此附例加以说明:"律不得告,而例许代告者,恐实有冤抑之事,限于不得告之律,致不得申辨,故立此代告之例;则有冤者,可以辨理,诬告亦得反坐,所以补律之未备也。"②

五城察院及步军统领衙门受理词讼,除呈控外,呈报亦为常见受理事由。又民人之告发、人犯之自首(投首)及其他衙门之移送,均构成受理事由。兹分述如后:

1. 呈报

命案或盗案发生后,民人(苦主或事主)或有关人员得呈报两衙门追究。关于京师命案之呈报,《大清律》第 412 条(检验尸伤不以实)附例规定:

> 凡京师内城正身旗人,及香山等处各营房旗人,遇有命案,令本家禀报该佐领,径报刑部相验。街道命案,无论旗民,令步军校呈报步军统领衙门,一面咨明刑部,一面飞行五城兵马司指挥星往相验,径报刑部。其外城地方人命,亦无论旗民,俱令总甲呈报该城指挥,该城指挥

---

① 《大清会典事例》卷 1031,3 页。
② 《大清律例会通新纂》,3023 页。

第五章 清代中央司法审判程序之二——京师案件现审程序

即速相验,呈报该城御史,转报刑部都察院;若系旗人,并报该旗。(乾隆十三年定例)

关于京师盗案之呈报,司坊官均有责任呈报。《六部处分则例》规定:"五城劫盗案件事主呈报后,该地面坊官如讳匿不报,即照外省州县例革职。"① 又《大清律》第394条(盗贼捕限)附例规定:"凡五城地方事主报有失窃案件,该司坊官隐讳不报者,照步军校讳窃例议处。"(乾隆十四年定例)

事主呈报盗案时,须据实呈报,并逐细开明盗案失单。《大清律》第266条(强盗)附例规定:"事主呈报盗情,不许虚诬捏饰。傥有并无被劫而谎称被劫,及以窃为强,以奸为盗者,俱杖一百。"(雍正五年定例)又同条附例规定:"事主呈报盗案失单,须逐细开明。如赃物繁多,一时失记,准于五日内续报。"(乾隆五年定例)

2.告发

告发又称为首告、告举、告言或陈告等,投贴匿名揭帖亦属告发之一种。告发有以下之限制:

(1)赦前事不得告发:《大清律》第16条(常赦所不原)规定:"以赦前事告言人罪者,以其罪罪之。"

(2)告发必须具名:《大清律》第333条(投匿名文书告人罪)规定:"凡投(贴)隐匿(自己)姓名文书告言人罪者,绞(监候)。(虽实亦坐。)见者,即便烧毁。若(不烧毁)将送入官司者,杖八十。官司受而为理者,杖一百。被告言者,(虽有指实)不坐。"

(3)被禁囚人不得告发:《大清律》第339条(见禁囚不得告举他事)规定:"凡被囚禁,不得告举他(人之)事。"

(4)老幼笃疾妇人不得告发:《大清律》第339条(见禁囚不得告举他事)规定:"其年八十以上十岁以下及笃疾者,若妇人,除……听告,余并不得告。"

3.自首

自首或称投首,人犯至五城察院或步军统领衙门自首,自属两衙门之受理事由。投首之人犯恶性较轻,故《大清律》第25条(犯罪自首)规定:"凡犯罪未发而自首者,免其罪,犹征正赃。其轻罪虽发,因首重罪者,免其重罪。若因问被告之事,而别言余罪者,亦如上科之。"

人犯自首亦有限制,同条附例规定:"其损伤人,于物不可赔偿,事发在

---

① 《六部处分则例》卷41,3页。

逃,若私越度关及奸者,并不在自首之律。"

4. 移送

清代中央各部院衙门得移送案件至五城察院或步军统领衙门审理。各部院衙门之移送,以都察院及通政使司(鼓厅)移送者较多。此种移送亦属两衙门之受理事由。惟移送至五城察院或步军统领衙门审理者,应属轻微案件(笞杖罪案件)较多,较重大案件(徒罪以上案件),则应移送至刑部审理。

(二)批词

五城察院或步军统领衙门接受呈词后,应依据《大清律例》决定准理或不准理。《大清律例》规定以下数种情形不准理:

1. 以赦前事呈控者:《大清律》第16条(常赦所不原)附例规定:"以赦前事告言人罪者,以其罪罪之。"

2. 无故不行亲赍者:《大清律》第332条(越诉)附例规定:"军民人等于己词讼,若无故不行亲赍,并隐下壮丁,故令老幼残疾妇女家人抱赍奏诉者,俱各立案不行,仍提本身或壮丁问罪。"

3. 直省客商蓦越赴京奏告者:《大清律》第332条(越诉)附例规定:"直省客商,在于各处买卖生理,若有负欠钱债等项事情,止许于所在官司陈告,提问发落。若有蓦越赴京奏告者,问罪递回。奏告情词,不问虚实,立案不行。"(雍正三年定例)

4. 被劾官员奏告以图报复者:《大清律》第332条(越诉)附例规定:"曾经考察,考核被劾人员,若怀挟私念,撼拾察核官员别项赃私不干己事奏告,以图报复者,不分现任去任,文武官俱革职为民,已革者问罪,奏告情词,不问虚实,立案不行。"(雍正三年定例)

5. 呈词内牵连无辜者:《大清律》第336条(诬告)附例规定:"凡词状只许一告一诉,告实犯实证,不许波及无辜,及陆续投词,牵连原状内无名之人。如有牵连妇女,另具投词。倘波及无辜者,一概不准,仍从重治罪。"(雍正三年定例)

6. 事不干己而呈控者:《大清律》第336条(诬告)附例规定:"凡官民人等告讦之案,察其事不干己,显系诈骗不遂,或因怀挟私仇以图报复者,内外问刑衙门,不问虚实,俱立案不行。"(道光十年定例)

7. 被囚禁人呈控者:《大清律》第339条(见禁囚不得告举他事)规定:"凡被囚禁,不得告举他事。"

8. 老幼笃疾妇人呈控:《大清律》第339条(见禁囚不得告举他事)规定:"其年八十以上,十岁以下,及笃疾者,若妇人,除……听告,余并不得告。"

第五章　清代中央司法审判程序之二——京师案件现审程序

除上述规定外,同治十二年以后通行下列控诉条款①,如有下列条款所述情形,两衙门应不准理:

1. 事在赦前者,不准。
2. 不遵状式及无副状者,不准。
3. 将已结之案翻控者,不准。
4. 报窃盗无出入形迹,及首饰不开明分两、衣服不开明绵绫缎布皮绵单夹者,不准。
5. 告婪赃无确证过付者,不准。
6. 田土无地邻,债负无中保及不黏连契据者,不准。
7. 告婚姻无媒证者,不准。
8. 被告干证不得牵连多人,如有将无干之人混行开出及告奸盗牵连妇女作证者,除不准外,仍责代书。
9. 生监、妇女、老幼、废疾,无抱告者,不准。
10. 妇女有子年已成丁,即令其子自行出名呈告,如仍以妇女出名,以其子作抱告者,不准。
11. 无代书戳记者不阅,违式双行叠写,定责代书。
12. 冒名代告,旧事翻新,虚词诬枉者,除本人反坐外,仍移代书责革。
13. 状内所告无真正年月日者,不准。
14. 凡争控坟穴山场,俱应据实直书,如敢以毁冢、灭骸盗发等词,架词装点,希图耸听者,除不准外,定将代书究革。

(三) 查验

查验或称查勘或勘验。京师五方杂处,窃盗或强盗案件颇多。京师地方治安主要由五城察院及步军统领衙门负责,故盗案(窃盗及强盗案件)应由两衙门负责查验。

清初顺治康熙年间,五城兵马司副指挥及吏目即负责盗案之查验。雍正元年定:"五城兵马司职司稽察奸宄,逃盗等件,以副指挥、吏目分地管理。"② 乾隆元年奏准:"(五城)盗贼案件,仍令副指挥、吏目按地分理。该司坊遇有事主呈报者,即行收受。一面详报该城御史,一面亲往踏勘。"③ 关于副指挥及吏目之分地管理,前于论述土地管辖时业已详述,兹不赘述。

---

① 《大清律例会通新纂》,2923~2924页。
② 《大清会典事例》卷1031,18页。
③ 同上书卷1031,19页。

《大清会典》规定:"凡劫盗即报,正印官即会营以亲勘,验其赃物。"①关于会营亲勘,《六部处分则例》规定:②

> 地方呈报强劫盗案,责令……印官,不论远近,无分风雨,立即会同营汛飞赴事主之家。查验前后出入情形,有无撞门毁户,遗下器械油捻之类。事主有无拷燎捆扎伤痕,并详讯地邻更夫救护人等,有无见闻影响,当场讯取确供,俱填注通报文内。

关于查验赃物,《大清律》第 266 条(强盗)附例规定:"事主呈报盗案失单,须逐细开明。如赃物繁多,一时失记,准于五日内续报。该地方官将原报续报缘由,于招内声明。"(乾隆五年定例)《大清会典》并规定:"履勘后查验失单,饬传经纪确估值银若干,造册与勘图一并附卷。"③

(四)相验

相验亦称检验,分为命案之相验与斗殴案之相验两种。

清初顺治、康熙年间,五城兵马司指挥即负责命案之相验。康熙二十二年:"京城外各地方人命尸伤,令五城兵马司指挥亲行检验。"④雍正元年又定:"五城兵马司职司稽查奸宄,人命案件,以指挥管理。"⑤乾隆元年奏准:"嗣后(五城)人命案件,仍令指挥管理。"⑥乾隆三十一年议准:"五城正指挥专司命案。无论城关内外,凡属该城之地,统由该员相验缉凶。刑部、提督衙门命案,亦委该员相验。是以向来专一责成办理。"⑦由上述谕令可知五城兵马司指挥专司命案之相验。

京师命案之相验,原则上由兵马司指挥负责。惟于案件坌集时,指挥亦得委副指挥、吏目代验。乾隆五十六年奏准:"京师五方杂处,人命案件颇多。城内所报,该指挥尚可速验,关外所报,有往返必需一两日者,顾此失彼,在所不免。……嗣后五城相验,城内不得过两日,关外不得过三日。如一时案件坌集,正指挥不得分身者,即照佐贰代验之例,委副指挥、吏目代验。"⑧

---

① 《大清会典》卷 55,10~11 页。
② 《六部处分则例》卷 41,4 页。
③ 《大清会典》卷 55,11 页。
④ 《大清会典事例》卷 1037,1 页。
⑤ 同上书卷 1031,18 页。
⑥ 同上书卷 1031,19 页。
⑦ 同上书卷 1031,20 页。
⑧ 同上书卷 581,23 页。

第五章 清代中央司法审判程序之二——京师案件现审程序

五城察院或步军统领衙门办理命案之相验时,应分别民人或旗人办理。兹先述不分旗民命案相验之共同事项。

(1)《大清律》第412条(检验尸伤不以实)附例规定不分旗民京师命案之相验:

> 凡京师内城……街道命案,无论旗民,令步军校呈报步军统领衙门,一面咨明刑部,一面飞行五城兵马司指挥星往相验,径报刑部。其外城地方人命,亦无论旗民,俱令总甲呈报该城指挥,该城指挥即速相验,呈报刑部都察院。(乾隆十三年定例)

(2)同条附例规定京师命案相验之实际作法:

> 遇告讼人命,……其果系斗杀、故杀、谋杀等项当检验者,在京委刑部司官,及五城兵马司、京县知县;……务须于未检验之先,即详鞫尸证佐凶犯人等,令其实招以何物伤致命之处,立为一案。随即亲诣尸所,督令仵作如法检报,定执要害致命去处,细验其圆长斜正青赤分寸,果否系某物所伤,公同一干人众,质对明白,各情输服,然后成招。或尸久发变,青赤颜色亦须详辨,不许听凭仵作混报拟抵。(雍正三年定例)

(3)同条附例规定,京师命案相验后应分别实际情况加以处理:

> 凡五城遇有命案,除道途倒毙,客店病亡,经该城验讯属实,即自行完结外,其余金刃自戕投井投缳等案,即令该城指挥照例验报,由该城御史审讯,转报刑部核复审结。(乾隆三十八年定例)

雍正十年以前,刑部相验旗人命案系传五城仵作相验。是年以后始专设仵作二名。按雍正十一年题准:"人命最重相验,相验全凭仵作。刑部向无仵作,遇有命案,随传五城仵作相验。"[①]"嗣后刑部专设仵作二名"[②],乃自行办理旗人命案之相验。

此外,京师命案之相验应注意下列各点:

1. 死者家属得告免检:《大清律》第412条(检验尸伤不以实)附例规

---

① 《大清会典事例》卷1037,4页。
② 同上。

定,下列三种情形,死者家属得告免检:①诸人自缢溺水身死,别无他故,亲属情愿安葬,官司详审明白,准告免检。②若事主被强盗杀死,苦主自告免检者,官为相视伤损,将尸给亲埋葬。③其狱囚患病,责保看治而死者,情无可疑,亦许亲属告免复检。

2. 不得违例三检:同条附例规定:"凡人命重案,必检验尸伤,注明致命伤痕。……若尸亲控告伤痕互异者,许再行复检,勿得违例三检,致滋拖累。"(雍正三年定例)

3. 相验应照工部颁发工程制尺:同条附例规定:"凡检验量伤尺寸,照工部颁发工程制尺,一例制造备用,不得任意长短,致有出入。"(乾隆十一年定例)

4. 相验应于时限内办理:同条附例规定:"京师五城指挥相验,城内不得过两日,关外不得过三日。"(乾隆五十六年定例)

5. 五城吏役有犯命案,五城官员回避相验:同条附例规定:"京师五城吏役有犯命案,本城官员概令回避。该城御史速调别城指挥,带领本管吏件,前往相验办理。"(乾隆四十六年定例)

除命案外,有时斗殴案亦须相验。关于斗殴案之相验,《大清律》第303条(保辜限期)附例规定:

> 凡京城内外及各省州县,遇有斗殴伤重不能动履之人,或具控到官,或经拿获,及巡役地保人等指报,该管官即行带领件作,亲往验看,讯取确供,定限保辜,不许扛抬赴验。(乾隆五年定例)

(五) 拘提与拘执

拘提或称差拘,拘执或称拘捕,两者略异。五城察院或步军统领衙门职司京师治安,受理案件后,如遇情节较重情形,均得拘提被告。拘提时,两衙门须签发印票,此种印票又称为拘票。兹将两衙门拘提拘执有关规定分述如后:

1. 五城察院之拘提与拘执

五城掌分辖京师五城十坊之境,五城拘提被告时,系交由五城兵马司所属捕役执行。五城十坊各有其辖区,原则上不得越界拘执。但现行犯之拘执则属例外。《大清律》第387条(应捕人追捕罪人)附例规定:"五城司坊等官,若于途次遇有凶徒不法等事,不论何城,并准当时拘执,录取口供,详解该城御史审讯,一面报明本城御史存案。"(雍正十二年定例)

2. 步军统领衙门之拘提及拘执

步军统领管辖京师内九门及外七门之地,步军统领衙门拘提被告时,系

第五章　清代中央司法审判程序之二——京师案件现审程序

交由该衙门所属番役执行。《大清律》第 387 条（应捕人追捕罪人）附例规定："(步军统领衙门正身番役)，如系提拿审案人犯，务必给予印票。将应拿人犯姓名，逐一开明。有应密拿者给予密票，亦于票内开明人犯姓名。"（乾隆六年定例）

（六）缉捕

缉捕或称缉拿或拿捕，命案或盗案发生后，人犯常逃逸无踪。五城察院及步军统领衙门因均有维持京师治安之责，应缉捕人犯。两衙门除基于本身职责应缉捕人犯外，亦常接获刑部票传，令五城兵马司捕役缉拿人犯。

1. 五城察院之缉拿

清初雍正以前，京师内城多系旗人居住，内城之治安主要由步军统领衙门负责，五城察院主要负责外城之治安。乾隆末期以后渐无区分。乾隆五年议准："嗣后正阳、崇文、宣武门内五城分管地方（指内城），除人命及活伤验报不实，照例参处外，其逃盗赌博等事，皆免司坊官失察处分，至正阳、崇文、宣武门外五城分管地方（指外城），各设巡役，遇有人命、逃盗、赌博等事，令该役按地缉拿，如该司坊官有失察逃盗、赌博等事，仍照例参处。"① 由本项规定可知，外城人命、逃盗、赌博等案人犯，由五城兵马司负责缉拿。

五城察院各有辖地，遇有辖地内人犯在逃，五城应移会各城协力查缉。嘉庆十五年奉旨："五城按地分隶，本城遇有人命重案凶犯在逃，即移会各城协力查缉。其无名、无伤、自尽等案，仅止详报本城，不复移会各城。请嗣后将五城所有各案，统于五日内通行移会，以便彼此查对。"②

2. 步军统领衙门之缉拿

清初雍正以前，步军统领衙门主要负责京师内城之治安。惟乾隆以后，京师内城逐渐旗民杂处，外城亦然。步军统领衙门有关治安职掌渐次扩大，与五城察院职掌渐无区分。

步军统领衙门番役缉捕人犯时，应持印票。乾隆六年议准："内外各衙门拘拿人犯，该管官必给印票，以杜诈冒滋扰之弊。独步军统领衙门，有指名访拿者，有巡缉拘捕者，即如窃盗斗殴之类，巡缉所至，随遇随拿，不能少待。应每名豫给印票一张，令其不时访缉。仍令该统领复明何等案犯，应预行给票，并于票内开明款项，给发该番役收执。"③

步军统领衙门番役拿获人犯后，应送本衙门或五城察院审理。《大清

---

① 《大清会典事例》卷 1039，11 页。
② 同上书卷 1037，7 页。
③ 同上书卷 1019，10 页。

律》第 387 条(应捕人追捕罪人)附例规定:"步军统领衙门番役,止许于京城内外五城所属地方缉拿人犯。既经拿获,属提督管辖者,限即日送该管营弁转送提督衙门。属五城管辖者,限即日送该管官转送御史衙门。"(乾隆元年定例)

关于步军统领衙门番役之管理,《大清律》第 387 条(应捕人追捕罪人)附例规定:"步军统领衙门正身番役,俱照各部院经承、贴写送查之例,将番役年貌籍贯按季造册,并出具并无白役、圆扁子印结,移送河南道御史考复。"(乾隆六年定例)

(七) 看押与羁禁

五城察院似未设有监狱。据笔者考察,清代京师地区,仅刑部、步军统领衙门、顺天府及大兴、宛平两县设有监狱。五城察院审理案件时,如有徒罪以上人犯,应即移送刑部审理。此等人犯应否监禁,应由刑部决定。五城察院审理案件时,如有笞杖罪人犯,于必要时,自得交由捕役看押。《大清律例》允许五城察院将人犯交由捕役看押,捕役看押人犯,多于捕役住所为之,一般称为班房。清代之看押类似现代刑事诉讼法之羁押。《六部处分则例》禁止差役私设班馆,押禁轻罪干连人犯。亦禁止差役私设仓铺所店及押保店等,押禁轻罪人犯。①

五城察院得将人犯羁铺候审,所谓羁铺指羁禁于店铺之意,与交捕役看押不同。顺治十六年复准:"五城人犯,有事关重大者,方许羁铺候审,其余小事,不得滥行羁铺。"② 迄清末为止,仍有依此种方式羁禁人犯者。又两衙门于轻罪人犯,得令取具的保候审。雍正五年议准:"嗣后提督五城拿获轻犯,未经审理之先,应行收禁者,仍令该衙门照常收禁。若情罪甚轻,令具的保候审,不必监禁。"③

三 审理程序

(一)审讯

五城察院及步军统领衙门得自行审理户婚田土及笞杖罪案件,上述两类案件案情均属轻微,故两衙门审讯上述两类案件时,得视其情节加以调处和息。调处意为调解处理,和息意为和解息讼。和息之达成,有因承审官员调处者,有因两造亲友调处者,有因地方绅耆调处者,亦有因两造自行恳请

---

① 《六部处分则例》卷 49,3 页。
② 《大清会典事例》卷 1041,8 页。
③ 同上书卷 838,3 页。

第五章　清代中央司法审判程序之二——京师案件现审程序

和息者。案件如达成和息,两衙门自不必加以判决。

关于和息之范围,清律规定下列两种情形不得和息:

1. 尊长为人所杀:《大清律》第 300 条(尊长为人杀私和)规定:"凡祖父母、父母及夫若家长为人所杀,而子孙、妻妾、奴婢、雇工私和者,杖一百,徒三年。期亲尊长被杀,而卑幼私和者,杖八十,徒二年。大功以下,各递减一等。其卑幼被杀,而尊长私和者,各(依服制)减卑幼一等。若妻妾、子孙及子孙之妇、奴婢、雇工人被杀,而祖父母、父母、夫、家长私和者,杖八十。"

2. 诬告人命:《大清律》第 336 条(诬告)附例规定:"控告人命,如有诬告情弊,即照诬告人死罪未决律治罪,不得听其自行拦息。其间或有误听人言,情急妄告,于未经验尸之先尽吐实情,自愿认罪递词求息者,讯明该犯果无贿和等情,照不应重律,治罪完结。"(雍正七年定例)

五城察院及步军统领衙门均系依合议方式审理案件。关于五城察院,乾隆九年奏准:"五城凡有事件,必令满汉二员公同审理。"① 关于步军统领衙门,雍正七年定,步军统领衙门钦派部院堂官一人,协理刑名。乾隆四十三年定,嗣后步军统领由尚书侍郎简放者,不必复派部臣协理刑名事务,其由都统副都统等官简放者,仍声明恭候简放。嘉庆四年,步军统领衙门添设左右翼总兵各一员,遇有一切公务,步军统领与总兵同堂坐办。②

五城察院或步军统领衙门审讯人犯,应依审讯原则。《大清会典》规定:"凡听断,依状以鞫情,如法以决罚,据供以定案。"③ 依此规定,两衙门审讯人犯时,应依上述三项审讯原则,兹分述如后:

1. 依状以鞫情

清代司法审判机关审讯案件时应依呈状推问,不可超出呈状控诉之范围,类似现代刑事诉讼法不告不理之原则。《大清律》第 406 条(依告状鞫狱)规定:

> 凡鞫狱,须依(原告人)所告本状推问。若于(本)状外别求他事,搕拾(被告)人罪者,以故入人罪论。(或以全罪科;或以增轻作重科。)若因其(所)告(本)状(事情)或(法)应掩捕搜检,因(掩捕)而检得(被犯)别罪,事合推理者,(非状外搕拾者比。)不在此(故入同论之)限。

---

① 《大清会典事例》卷 1025,14 页。
② 同上书卷 1156,2~4 页。
③ 《大清会典》卷 55,1 页。

2. 如法以决罚

《大清会典》所称之"如法以决罚"有二义,一指依法律规定执行刑罚,一指依法律规定拷讯人犯及公事干连之人(指与本案有关之人,如证人)。就审讯阶段而言,"如法以决罚"应指后者。清代司法审判机关得拷讯人犯及公事干连之人。惟藉拷讯而取得之口供(指原告、被告和证人之陈述),其真实性颇值怀疑。语云:"三木之下,无有不招。"被告之招(相当于现代刑事诉讼法之自白)如系依拷讯方式取得,则依此被告之招而作为司法审判之基础,自难期公平与正义。

清代允许司法审判机关拷讯人犯及公事干连之人。两衙门审讯时,如遇人犯等人不肯招承,得命差役行刑拷讯,强制人犯等人从实招供。清代拷讯之刑具主要有三:曰板(大竹板)、曰夹棍,曰拶指。除以板、夹棍、拶指拷讯外,清律第三九六条(故禁故勘平人)附例尚允许以拧耳、跪炼、压膝、掌责等方式拷讯人犯等人。

两衙门审理轻罪案件时,得使用板拷讯人犯等人。审理重大案件时,始得使用夹棍或拶指拷讯人犯等人。《大清律》第396条(故禁故勘平人)附例规定,三法司等衙门得使用夹棍、拶指拷讯人犯等人:"内而法司,外而督抚、按察使、正印官,许酌用夹棍、拶指外,其余大小衙门概不准擅用。"

两衙门使用夹棍拷讯人犯等人,其拷讯之对象须为:(1)强窃盗人命及情罪重大案件正犯,(2)干连有罪人犯。且须符合一定之条案,始得为之。清律第三九六条(故禁故勘平人)附例:

> 强窃盗人命及情罪重大案件正犯,及干连有罪人犯,或证据已明,再三详究,不吐实情,或先已招认明白,后竟改供者,准夹讯外,其别项小事,概不许滥用夹棍。(道光十二年定例)

3. 据供以定案

清代司法审判极重口供。原则上,司法审判机关审理案件必须"据供以定案"。《大清律》第31条(犯罪事发在逃)附例规定审理时务得本犯输服供词(即被告之自白):

> 内外问刑衙门审办案件,除本犯事发在逃,众证明白,照律即同狱成外;如犯未逃走,鞫狱官详别讯问,务得输服供词,毋得节引众证明白即同狱成之律,遽请定案。(嘉庆十九年定例)

第五章 清代中央司法审判程序之二——京师案件现审程序

但如本犯实在刁健坚不承招时,亦可具众证(包括人证及物证)情状奏请定夺,同条附例后段规定:

其有实在刁健坚不承招者,如犯该徒罪以上,仍具众证情状,奏请定夺,不得率行咨结。杖笞以下,系本应具奏之案,照例奏请。(嘉庆十九年定例)

又如犯罪事发而人犯在逃者,亦可据众证(包括人证及物证)定案。《大清律》第31条(犯罪事发在逃)规定:

若犯罪事发而在逃者,众证明白,(或系为首,或系为从。)即同狱成,(将来照提到官,止以原招决之。)不须对问。

(二) 拷讯

清代司法审判允许拷讯人犯,前于论述"如法以决罚"时,业已略加申述。清律有关拷讯之规定颇多,兹申述如后:

清代拷讯人犯,常使用下列三种刑具:

1. 板:板指大竹板,以竹箆为之。大头阔二寸,小头阔一寸五分,重不过二斤。(《大清律》第1条附例)

2. 夹棍:夹棍,中梃木长三尺四寸,两旁木各长三尺,上圆下方,圆头各阔一寸八分,方头各阔二寸。从下量至六寸处,凿成圆窝四个,面方各一寸六分,深各七分。(《大清律》第1条附例)夹棍多用于男性重罪人犯。

3. 拶指:拶指以五根圆木为之,各长七寸。径圆各四分五厘。(《大清律》第1条附例)拶指多用于女性重罪人犯。

《大清律》第396条(故禁故勘平人)附例规定,三法司得使用夹棍、拶指拷讯人犯:"内而法司,外而督抚、按察使、正印官,许酌用夹棍、拶指外,其余大小衙门概不准擅用。"(道光十二年定例)

两衙门使用夹棍拷讯人犯,必须符合一定条件,《大清律》第396条附例(故禁故勘平人)规定:

强窃盗人命及情罪重大案件正犯,及干连有罪人犯,或证据已明,再三详究,不吐实情,或先已招认明白,后竟改供者,准夹讯外,其别项小事,概不许滥用夹棍。(道光十二年定例)

清代除得以大竹板、夹棍、拶指拷讯人犯外,尚准许以拧耳、跪炼、压膝、掌责等方式拷讯人犯。《大清律》第396条(故禁故勘平人)附例规定:

> 凡问刑各衙门一切刑具,除例载夹棍、拶指、枷号、竹板,遵照题定尺寸式样,官为印烙颁发外;其拧耳、跪炼、压膝、掌责等刑,准其照常行用。如有私自创设刑具,致有一二三号不等,及私造小夹棍、木棒桎、连根带须竹板;或擅用木架撑执、悬吊、敲踝、针刺手指,或数十斤大锁、并联枷,或用荆条互击其背,及例禁所不及赅载,一切任意私设者,均属非刑;仍即严参,照违制律,杖一百。(雍正五年定例)

清律规定(1)三品以上大员,(2)怀孕妇人,(3)应"八议"之人及老幼废疾,皆不合拷讯:

(1)三品以上大员,革职拿问,不得遽用刑夹,有不得不刑讯之事,请旨遵行。(《大清律》第4条附例)

(2)若妇人怀孕,犯罪应拷决者,依上保管,皆待产后一百日拷决。(《大清律》第420条)

(3)凡应"八议"之人,(礼所当优。)及年七十以上,(老所当恤。)十五以下,(幼所当慈。)若废疾(疾所当矜。)者,如有犯罪(官司)并不合(用刑)拷讯,皆据众证定罪;违者,以故失入人罪论。(故入抵全罪,失入减三等。)(《大清律》第404条)

拷讯为正印官之权,捕官及差役不得私拷取供,正印官亦不得纵容,《大清律》第266(强盗)条附例规定:

> 凡强盗重案,交与印官审鞫,不许捕官私行审讯,番捕等役,私拷取供,违者,捕官,参处;番役等,于本衙门首枷号一个月,杖一百,革役。如得财及诬陷无辜者,从重科罪。其承问官于初审之时,即先验有无伤痕,若果无伤,必于招内开明并无私拷伤痕字样。若疏忽不开,扶同隐讳,及纵容捕官私审者,即将印官题参,交部议处。(雍正三年定例)

又以夹棍拷讯人犯仅得于男性重罪人犯行之,不得滥用夹棍,违者应予治罪。《大清律》第396条(故禁故勘平人)附例规定:

> 若将案内不应夹讯之人,滥用夹棍,及虽系应夹之人,因夹致死,并恣意叠夹致死者,将问刑官题参治罪,若有别项情弊,从重论。(道光十

二年定例)

司法审判机关依法拷讯人犯等人,邂逅致死,施行拷讯之承审官员不负刑责。《大清律》第 396 条(故禁故勘平人)规定拷讯公事干连之人,邂逅致死者:

若因公事干连人在官,事须鞠问,及(正犯)罪人赃仗证佐明白,(而干连之人,独为之相助匿非。)不服招承,明立文案,依法拷讯,邂逅致死者,勿论。

同条附例规定拷讯人犯,邂逅致死者:

若因公事干连人犯,依法拷讯,邂逅致死,或受刑之后因他病而死者,均照邂逅致死律勿论。(乾隆元年定例)

(三)判决

五城察院及步军统领衙门得自行审理户婚田土钱债等案件及笞杖罪案件。两衙门审理上述两类案件后,得自行堂断,堂断后即可加以执行。此种堂断属判决之一种,两衙门为堂断之判决时,应依判决原则。两衙门判决时准据之原则主要有四:1. 断罪依新颁律。2. 断罪引律例。3. 律例未规定时,依情理、道德、风俗、习惯等断案。4. 审判独立。兹分述如后:

1. 断罪依新颁律

《大清律》第 43 条(断罪依新颁律)规定:"凡律自颁降日为始,若犯在已前者,并依新律拟断。(如事犯在未经定例之先,仍依律及已行之例定拟。其定例内有限以年月者,俱以限定年月为断。若例应轻者,照新例遵行。)"依此律,清律断罪原则采从新主义,例外(例应轻者)采从新主义。律例颁布之后,审判衙门应适用新律例,不得再适用旧律例,引拟失当者,例有处分。同条附例规定:"律例颁布之后,凡问刑衙门,敢有恣任喜怒,引拟失当,或移情就例,或入人罪,苛刻显著者,各依故失出入律坐罪。"

2. 断罪引律例

《大清律》第 415 条(断罪引律令)规定:"凡(官司)断罪,皆须具引律例,违者,(如不具引。)笞三十。"此所谓律例,系指已颁布且施行者而言,故"特旨断罪,临时处治"及"未经通行著为定例之成案"均非律例,不得引用。同条后半段规定:"其特旨断罪,临时处治,不为定律者,不得引比为律;若辄引

(比)致断罪有出入者,以故失论。"又同条附例规定:"除正律正例而外,凡属成案,未经通行著为定例,一概严禁,毋庸得混行牵引,致罪有出入。"(乾隆三年定例)

有清一代,曾多次纂修律例。清初,清律原有 460 条,雍正三年修律,共 436 条,此后即未再变动。例则逐年增修,康熙初年仅 321 条,康熙末年增为 436 条,雍正三年增为 815 条,至同治年间,共有例 1892 条。①

律例间之关系,则类似普通法与特别法,例排除律之适用,例之效力优于律。《大清会典》即曰:"有例则置其律。"律例每每两歧,又除刑例之外各部尚有则例,重复杂沓,亦常相异;《清史稿·刑法志》曰:"盖清代定例,一如宋时之编敕:有例不用律,律既多成虚文,而例遂愈滋繁碎,其间前后抵触,或律外加重,或因例破律,或一事设一例,或一省一地方专一例,甚且因此例而生彼例。不惟与他部则例参差,即一例分载各门者,亦不无歧异。辗转纠纷,易滋高下。"②

3. 律例未规定时,依情理、道德、风俗、习惯等断案

清代并无独立之民法典。清律之内容绝大多数为相当于现代刑法、刑事诉讼法及行政法之规定,绝少有关民事之法律。五城察院及步军统领衙门审理户婚田土钱债案件时,因无律例可以依据,自应依情理、道德、风俗、习惯等断案。两衙门对此类案件予以堂断时,仍应审慎为之。因如处断不当,仍易引起原被两造之上控。

至于两衙门审理笞杖罪案件,除《大清律例》及刑部通行、说帖、成案,已有明文规定者外,仍应参酌情理、道德、风俗、习惯等断案。两衙门审理轻罪案件,如遇《大清律例》未明文规定,而确有处罚必要时,两衙门承审官员得径引不应为律,加以处罚。《大清律》第 386 条(不应为)规定:"凡不应得为而为之者,笞四十,事理重者,杖八十。"此不应为律与现代刑法上之罪刑法定主义相冲突。

4. 审判独立

清律亦有类似审判独立之规定,《大清律》第 58 条(奸党)规定:"若刑部及大小衙门官吏,不执法律,听从上司主使,出入人罪者,罪亦如之。(斩,妻子为奴,财产入官。)"依此律规定,两衙门承审官员审判独立。惟清代仍系君主专制政治,帝权至高无上,两衙门审断案件时仍应遵奉皇帝之谕令。故清律所谓"审判独立"自系有限度之"审判独立",与现代刑事诉讼法上之审

---

① 《清史稿》卷 142,《刑法一》,见鼎文版《清史稿》,4185~4186 页。
② 同上书,4186 页。

第五章 清代中央司法审判程序之二——京师案件现审程序

判独立不同。

（四）移送刑部

户婚田土钱债案件及笞杖罪案件，五城察院及步军统领衙门得自行审理完结。徒罪以上案件，两衙门须送刑部审理。《大清律》第 411 条（有司决囚等第）附例规定：

> 五城及步军统领衙门审理案件，……其旗民诉讼，各该衙门均先详审确情，如应得罪名在徒流以上者，方准送部审办；不得以情节介在疑似，滥行送部。若将不应送部之案，率意送部者，刑部将原案驳回，仍据实参奏。如例应送部之案，而自行审结，亦即查参核办。至查拿要犯，必须赃证确凿，方可分别奏咨，交部审鞫。若将案外无辜之人率行拿送，一经刑部审明并非正犯，即将该管官员参奏，番捕人等，照例治罪。（雍正五年定例）

两衙门将京师徒罪以上案件移送刑部后，刑部当月处即掣签分司，由刑部十七司进行现审程序。

第三节 刑部现审程序（附三法司会审程序）

一 总 论

关于刑部之职掌，《大清会典》定曰："掌天下刑罚之政令，以赞上正万民。"[①] 刑部为"刑名总汇"，三法司中，刑部之权特重，《清史稿·刑法志》即曰："外省刑案，统由刑部核复。不会法者，院寺无由过问，应会法者，亦由刑部主稿。在京讼狱，无论奏咨，俱由刑部审理，而部权特重。"[②]

刑部设当月处，职司五城察院及步军统领等衙门移送案件之掣签分司。当月处设司员二人（满洲一人，汉一人），以十八司郎中、员外郎、主事、七品小京官轮值。四川司自秋审上班起，至大决日止。广西司自四月初一日起，至大决日止，俱不轮值。[③]

五城察院及步军统领等衙门移送案件至刑部时，当月处收受后，呈堂而

---

① 《大清会典》卷 53，1 页。
② 《清史稿》卷 144，《刑法三》，见鼎文版《清史稿》，4206 页。
③ 《大清会典》卷 56，20 页。

分司。《大清会典》定曰："五城及步军统领等衙门移送案件,其人犯有应收者,或散或锁,酌量收禁,开列清单呈堂,当堂掣签分司注册。"①

两衙门移送之案件,有轻案,有重案,有须奏闻者,有无须奏闻者,为使刑部十七司劳逸平均分担,当月处将各衙门移送之案件分为三等,头等定为大签,二等定为中签,三等定为小签。《大清会典》定曰："(五城及步军统领等衙门移送案件)从事之轻重,分为三等。奏案为大签,窃盗为小签,其余为中签。"②

五城察院呈报之命案,如属无可审理者,不必签分刑部各司。《大清会典》定曰："凡司坊呈报无伤身死之案,经该坊验明属实,无可审理者,即由当月处具稿呈堂咨结,不必分司。"③

刑部各司内,惟督捕司不办现审案件,广西司当朝审期内,亦不分现审。④ 此因京师案件朝审时,系由广西司汇总刑部各司之现审案件也。

关于京师案件司法审判程序之共同事项,如原告被告与代告、代书与讼师、管辖、回避以及证据等事项,前于论述五城察院及步军统领衙门时已有论及。刑部审理案件时,亦得适用前述有关规定,为免重复,兹不赘述。

徒罪以上京师案件由刑部现审,因系亲为审理,故《六部处分则例》亦订有承审限期,承审官员并应就审判枉法及审判错误负刑事及行政责任。兹分述如后:

(一)承审限期

关于刑部现审案件之承审限期,《大清律》第405条(鞫狱停囚待对)附例规定:

> 刑部现审事件,杖笞等罪,限十日完结。遣军流等罪应入汇题者,限二十日完结。命盗等案应会三法司者,限一个月完结。(雍正五年定例)

《六部处分则例》所订刑部现审案件之承审限期,与《大清律》第405条之规定相同。⑤ 薛允升亦曰:"刑部(现审)案件,笞杖限十日,徒流以上限二

---

① 《大清会典》卷56,20页。
② 同上。
③ 同上。
④ 同上。
⑤ 《六部处分则例》卷47,14页。

第五章　清代中央司法审判程序之二——京师案件现审程序

十日,死罪限三十日。"① 其所述亦与清律第 405 条之规定相同,均可为刑部现审案件承审限期之旁证。

原则上,刑部应于承审限期内将现审案件审理完毕,但如遇难以速结之案,亦得酌延限期。《六部处分则例》规定:②

刑部现审寻常案件如遇反复推鞫难以速结之案,堂画未全,适届期满,该司即将未曾画全缘由于注销册内预行声明。俟下次注销,知照该科道查核。

刑部堂官(尚书、侍郎)应监督承审官员于承审限期内将现审案件审理完毕。《大清律》第 397 条(淹禁)附例规定:"刑部现审事件,著令承审司官,每于月底各将所审案件,逐一开具简明略节,并监犯名数、收监日期,造具清册。其有行提应质人犯等项,不能依限完结者,将缘由一并造入册内,呈堂查核。"本条附例,雍正五年定例,后因无需要,乾隆五年删除。③

又都察院六科给事中及十五道监察御史亦应详查,刑部现审案件是否于承审限期内审理完毕。道光十二年上谕:"嗣后刑部办理案件,无论奏题咨案,著每月将现审若干案,开具略节,注明收审月日,于月终具奏一次。并著将月折交该科道,与每月注销清册,逐件核对,按限详查。如有迟延逾限,及遗漏舛错之处,著据实劾参,取无前项情事,亦著按季复奏一次。"④

(二) 审判责任

刑部承审官员应依法审判现审案件,不得故出故入,亦不得失出失入。《大清律》第 409 条(官司出入人罪)前段规定承审官员审判枉法之刑事责任:

> 凡官司故出入人罪,全出入者,(徒不折杖,流不折徒。)以全罪论。若(于罪不至全入,但)增轻作重,(于罪不至全出,但)减重作轻,以所增减论;至死者,坐以死罪。

同条后段又规定承审官员审判错误之刑事责任:

> 若断罪失于入者,各减三等;失于出者,各减五等;并以吏典为首,

---

① 薛允升:《读例存疑》卷 8,见黄静嘉编校之重刊本,215 页。
② 《六部处分则例》卷 11,4 页。
③ 《大清会典事例》卷 840,2 页。
④ 同上书卷 1017,10 页。

首领官减吏典一等,佐贰官减首领官一等,长官减佐贰官一等科罪。若囚未决放,及放而还获,若囚自死,(故出入,失出入。)各听减一等。

又审判错误除有刑事责任外,另有行政责任,审判错误可分为承问失入及承问失出两种情形,其行政责任各不相同。失入处分重,失出处分重。

1. 承问失入:《六部处分则例》规定:"官员承问,引律不当,将应拟斩绞人犯,错拟凌迟,及应监候处决人犯,错拟立决者,承审官降一级调用。……如将应拟军流以下及无罪之人,错拟凌迟者,承审官降四级调用。……如将应拟军流以下及无罪之人,错拟斩绞者,承审官降三级调用。……若错拟已决者,承审官革职。……如将应徒杖以下及无罪之人,错拟军流者,承审官降一级留任。……如将无罪之人错拟徒杖者,承审官罚俸一年。"①

2. 承问失出:《六部处分则例》规定:"官员承问,引律不当,将应拟凌迟人犯,错拟斩绞者,承审官降一级调用,……如将应拟立决人犯,错拟监候者,承审官罚俸一年。……如将应凌迟人犯,错拟军流以下及免罪者,承审官降二级调用。……如将应拟斩绞人犯,错拟军流以下及免罪者,承审官降一级调用。……如将军流等犯,错拟徒杖笞及免罪者,承审官罚俸一年,……如将徒杖笞人犯,错拟无罪者,承审官罚俸六个月。"②

二 审前程序

刑部审前程序(如查验、相验、拘提、缉捕等事项)均可准用两衙门审前程序有关规定,此处仅论述其特别规定。刑部现审案件绝大多数均系由其他各衙门移送者,原则上,刑部不接受呈词。《大清律》第334条(告状不受理)附例规定:

> 刑部除呈请赎罪留养,外省题咨到部,及现审在部有案者,俱据呈办理外;其余一切并无原案词讼,均应由都察院、五城步军统领衙门、顺天府,及各旗营接收,分别奏咨,送部审办,概不准由刑部接收呈词。至钱债细事争控地亩,并无罪名可拟各案,仍照例听城坊及地方有司自行审断,毋得概行送部。(嘉庆十年定例)

关于命案之相验,雍正十年以前一切命案,不分旗民,均由五城兵马司

---

① 《六部处分则例》卷48,4页。
② 同上。

第五章　清代中央司法审判程序之二——京师案件现审程序

所属仵作相验。雍正十一年以后，刑部始专设仵作，自行办理旗人命案之相验。

清代于旗人命案之相验特别重视。清初顺治、康熙年间遇有旗人命案，刑部即派员相验。雍正十一年题准："五城关厢内外地方，有旗民之分。向例凡遇人命，旗地则领催报佐领转报刑部委官相验。"① 本条规定所称"向例"，应系指顺治、康熙年间之情形。乾隆十三年，《大清律》第412条（检验尸伤不以实）增订附例，规定旗人命案之呈报及相验："凡京师内城正身旗人，及香山等处各营房旗人，遇有命案，令本家禀报该佐领，径报刑部相验。"（乾隆十三年定例）

关于人犯之拘提，刑部拘提人犯时，通常系委由八旗、内务府、五城、顺天府等衙门拘提。《大清律》第405条（鞫狱停囚待对）附例规定："刑部行文八旗、内务府、五城、顺天府提人，限文到三日内即行查送过部，或人犯有他故不到，即将情由报明，如违，将该管官参处。"（雍正五年定例）

关于人犯之监禁，康熙以前，刑部仅有北监。雍正初年始另设南监。薛允升曰："先是北监分内外两所，一系重罪人犯，一系轻罪人犯。雍正初年，因督捕归并刑部，将督捕监口改为南所；旧有之北监，则称为老监。其已定重罪旗、民人等及现审人犯，俱收老监。其旗人犯罪未经审定者，俱收南监。"②

雍正十三年以前，八旗及内务府各设高墙，监禁旗人及包衣。是年十月废止设置高墙，旗人犯罪亦监禁于刑部监狱。雍正十三年十月上谕："八旗内务府高墙，原因旗人定罪之后，不便与民人一处监禁，是以暂于各旗设立高墙分禁。今遇恩赦，一切杂犯俱已宽免，其余重犯仍应归入刑部监内，分别旗、民收禁。其八旗内务府高墙，不必安设。"③

关于轻罪人犯及人证之保释，原则上刑部均发交五城司坊官取保。《大清律》第405条（鞫狱停囚待对）附例规定："刑部发城取保犯证，如系五城送部之案，其案犯住址即在原城所管地方，仍发交原城司坊官取保。其余各衙门移送案内应行取保人证，如本无原城可发者，俱按居址坐落何城，发交该城司坊官就近取保。其由外省州县提到人证，即令本人自举亲识寓居所在，交城就近发保，仍将保人姓名报部查核。其并无亲识者，酌量交城看守。"（乾隆四十一年定例）

---

① 《大清会典事例》卷1041，14页。
② 薛允升：《读例存疑》卷9，见黄静嘉编校之重刊本，258页。
③ 同上。

又轻罪人犯,刑部亦得令地保保候审理,《大清律》第396条(故禁故勘平人)附例规定:"凡内外大小问刑衙门设有监狱,除监禁重犯外,其余干连并一应轻罪人犯,即令地保保候审理。"(雍正五年定例)

此外,妇女非实犯死罪者,刑部得交其亲属保领,听候发落。《大清律》第420条(妇人犯罪)附例规定:"妇女除实犯死罪,例应收禁者,另设女监羁禁外,其非实犯死罪者,承审官拘提录供,即交亲属保领,听候发落,不得一概羁禁。"(乾隆元年定例)

三 审理程序

(一)通论

刑部审理现审案件,其审讯及判决原则,可准用五城察院及步军统领衙门审理案件之原则。审讯时,应"依状以鞫情,如法以决罚,据供以定案。"判决时,应遵守下列原则:1.断罪依新颁律。2.断罪引律例。3.参酌情理等断案。4.审判独立。有关两衙门审理案件之原则,前已论及,兹不赘述。

刑部现审之案件绝大多数均系徒罪以上案件。原则上,徒流军遣罪案件,刑部得自行审结。死罪案件,则须由三法司会审。刑部或三法司审理案件,如遇律例上无处罚明文,而确有处罚必要时,得援引比附加以处罚。《大清律》第44条(断罪无正条)规定:

> 凡律令该载不尽事理,若断罪无正条者援引他律比附,应加应减,定拟罪名,(申该上司)议定奏闻。若辄断决,致罪有出入,以故失论。

又同条附例亦规定:

> 其律例无可引用,援引别条比附者,刑部会同三法司公同议定罪名,于疏内声明律无正条,今比照某律某例科断,或比照某律某例加一等减一等科断,详细奏明,恭候谕旨遵行。(雍正十一年定例)

上述由三法司议定奏闻取自上裁之援引比附,应系就徒罪以上案件而言。援引比附与现代刑事诉讼法之罪刑法定主义相冲突。

刑部审理现审案件,原则上应先由各司审讯,由各司郎中及员外郎等依合议方式审讯人犯。各司负责审理掣签分司之现审案件,其他司分不得干预。惟道光年间,刑部现审有所谓"派审"情事。道光元年上谕:"刑部现审案件掣签分司后,另派司员会同审讯。往往数人杂坐,各存意见。临审之

第五章　清代中央司法审判程序之二——京师案件现审程序

时,偶有一人未到,彼此拖延。其本司司员拱手陪坐,转将应办别案,耽搁不问。且派审之员,借端夸耀于外,以致情托贿赂诸病丛生。"① 因此,是年上谕即加以限制。是年上谕:"嗣后著刑部堂官于各司所分现审案件,即责成本司悉心审理,不必先行派员会审,如案情疑难,该司不能发奸摘伏,再遴委贤能之员,另行审办。庶本司不能藉词推诿,而派审之员,亦不能遇事把持矣。"②

刑部各司审理现审案件,"惟该承审满汉司官审问,该司之笔帖式与书办登记口供。"③ 且禁止别司官员递话嘱托。"若有别司司官与笔帖式过来同坐递话者,连容隐之官参处。"④

关于刑部官署之建置,《日下旧闻考》曰:"刑部公署,国朝即明锦衣卫故址移建。大堂壁间旧有锦衣卫题名碑,后毁于火。堂东向。直隶、奉天二司在堂左右,左廊湖广、广东、陕西三司,右廊河南、山西、山东、江西四司,及司务厅在二门外。江苏、安徽、福建、浙江、四川、广西、云南、贵州并督捕司凡九,在南夹道内。督催所在江西司稍北。西南西北二隅合置狱,曰南北所。"⑤

刑部审理现审案件,职责重要,故严禁闲杂人等擅自出入。《大清律》第400条(主守教囚反异)附例规定:

>　　在京问刑各衙门,如有闲杂人等擅自出入,及跟随听审人犯,私入衙门窥探者,本犯及守门领催兵皂俱责治,于刑部门首枷号,官员犯者交该部议处。(雍正三年定例)

同条附例又规定,步军统领应派出番役于刑部衙门外密行访拿:

>　　步军统领,酌量派出番役,在刑部衙门外左近,密行访拿。若有探听之徒,照私入刑部衙门例,枷号一个月责三十板;系官,交部议处。如有受贿通信教供情弊,察实,将书役并行贿之人,均计赃从重治罪。(雍正八年定例)

---

① 《大清会典事例》卷818,19页。
② 同上。
③ 同上书卷841,3页。
④ 同上。
⑤ 《日下旧闻考》卷63,官署。

京师徒流军遣案件,刑部得自行审结。京师死罪案件,原则上须由三法司会审。《大清会典》定曰:"凡刑至死者,则(刑部)会三法司以定谳。"① 换言之,"罪应斩绞之案,(刑部)会同三法司核拟具题。"②

清代三法司会审制度曾经数次变革,清初顺治年间,三法司会审案件之范围颇为广大,且会审案件须先由刑部初审,再由三法司复核,即分两阶段进行。顺治十年题准:"刑部审拟人犯,有犯罪至死者,亦有犯罪不至死者,若概经三法司拟议,恐于典例不合,嗣后凡犯罪至死者,刑部会同院寺复核。"③ 自是年后,三法司会审案件之范围缩小至死罪案件,惟此类案件仍分刑部初审及三法司复核两阶段进行,且均须奏闻皇帝。康熙年间,京师死罪案件即系依此一方式审理。依此种方式审理死罪案件,虽较为慎重,但其程序过于繁琐。

据笔者考察,乾隆以后,京师死罪案件,不再分为刑部初审及三法司复核两阶段进行审理,而系三法司会同审理,并为一阶段完成。自此以后,此种方式遂为定制。

关于三法司之会审,清律及《清史稿》均有说明。《大清律》第 70 条(同僚代判署文案)附例规定:"刑部遇有三法司会勘案件,即知会都察院、大理寺堂官,带同属员至刑部衙门秉公会审,定案画题。"《清史稿·刑法志》则曰:"(京师案件)死罪既取供,大理寺委寺丞或评事,都察院委御史,赴本司会审,谓之会小法。狱成呈堂,都察院左都御史或左副都御史、大理寺卿或少卿,拿同属员赴刑部会审,谓之会大法。如有翻异,发司复审,否则会稿分别题奏。"④ 此即乾隆以后三法司会审之大概。

又雍正三年议准:"凡会审事件,刑部移会到日,该道满汉御史各一人到部,会同承办司官取供。都御史一人,会刑部堂官录供定稿,刑部堂官画题,续送院画题。若有两议,五日内缮稿送部,一并具题。"⑤ 此项规定对于小三法司"会小法"及三法司"会大法"之具体工作(取供及录供定稿),有较详细之说明,可供参考。

乾隆以后,奏折之使用逐渐公开,使用范围亦日趋扩大。某些京师之情节重大死罪案件(如逆伦重案等),刑部得单独审理,专折具奏。此时,是类案件即无须由三法司会审。此类情节重大死罪案件之范围,后日趋扩大,嘉

---

① 《大清会典》卷 53,1 页。
② 同上。
③ 《大清会典事例》卷 1021,13 页。
④ 《清史稿》卷 144,《刑法三》,见鼎文版《清史稿》,4206 页。
⑤ 《大清会典事例》卷 1021,14 页。

第五章 清代中央司法审判程序之二——京师案件现审程序

庆十三年更于《大清律》第411条(有司决囚等第)增订附例,明确规定死罪案件何者应专折具奏。按本附例虽系针对各省死罪案件应专折具奏者而言,实则亦适用于京师死罪案件应专折具奏之情形。

刑部现审案件,何者应专本具题,何者应并案汇题,何者应专折具奏,《大清律》第411条(有司决囚等第)附例订有应题应奏之原则。兹将其原则整理归纳如后:

1. 特交案件

(1) 遣、军、流、徒、杖、笞罪案件或无罪可科案件:刑部应专折复奏。

(2) 斩、绞罪案件:刑部应特题完结。(原指专本具题完结,后则改为专折复奏。)

2. 其他案件

(1) 枷、杖、笞罪案件:刑部得自行审结发落。

(2) 情节特别遣、军、流徒罪案件:刑部应随结随题。(原指汇题,后则改为专本具题。此类案件刑部奉旨后,始行发落。)

(3) 寻常遣、军、流徒罪案件:刑部应按季汇题。(此类案件,刑部得先行发落。)

(4) 情节重大斩、绞罪案件:刑部应专折具奏。

(5) 寻常斩、绞罪案件:三法司应行会审,专本具题。

(二) 皇帝裁决

刑部或三法司审理京师案件完毕后,应专本具题或专折具奏,奏闻于皇帝。此时,内阁应先就题本票拟意见,军机大臣应先就奏折会商拟办,供皇帝裁决时参酌。皇帝裁决时,亦常与内阁大学士或军机大臣等商酌。

皇帝裁决刑部或三法司审理之案件,其裁决之种类主要有四:1. 依法司定拟判决之裁决(即依议之裁决),2. 法司再行复审之裁决,3. 九卿会议之裁决,4. 另行处置之裁决。兹分述如后:

1. 依法司定拟判决之裁决(即依议之裁决)

刑部或三法司定拟之判决,皇帝如认为法司定拟之判决并无不妥,可裁决依法司定拟之判决。兹举下列案例说明之:

(1) 康熙二十三年(1684年)十二月初三日,"三法司会议法葆挈其妻子逃匿,与马雄等同伙招兵,拟凌迟立决,其妻子交与该主为奴。上曰:'尔等之意若何?'明珠等奏曰:'法葆所行悖乱,人所共愤,法所不免。'上曰:'著照议完结。'"①

---

① 《康熙起居注》,康熙二十三年十二月初三日甲午。

(2) 康熙五十五年(1716年)闰三月二十六日,"刑部等衙门所题,阿那礼家中赎身之人福寿,将伊姊夫护军绶布古殴死,不便照律拟罪,将福寿照满洲殴死满洲例,即行处斩一疏。上曰:'福寿以赎身之奴而殴死执豹尾枪之获军绶布古,著照新例行。'"①

2. 法司再行复审之裁决

刑部或三法司定拟之判决,皇帝如认为法司定拟之判决并不妥当,可裁决法司再行复审。兹举下列案例说明之:

(1) 康熙二十五年(1686年)十月十九日,"刑部等衙门题,希佛纳打死和善,拟绞,秋后处决。上曰:'希佛纳系新满洲,情有可原。'明珠等奏曰:'希佛纳系一时之怒,殴打误伤,至三十二日身死,原无必杀之意。'上曰:'此事著该部再行确议具奏。'"②

(2) 康熙二十七年(1688年)五月三十日,"刑部(等衙门)题莽牛于甘石桥地方打倒金二,抢去骑骡,应拟斩监候,秋后(处决)。上曰:'京城重地,莽牛等白昼抢夺,情罪殊为可恶!著另行严议具奏。'"③

3. 九卿会议之裁决

刑部或三法司定拟之判决,皇帝如认为案情重大,须由九卿会议者,可裁决九卿会议具奏。兹举下列案例说明之:

(1) 康熙二十四年(1685年)二月初十日,"三法司会同满大学士议张凤扬立斩,其子秋后处绞。上顾大学士勒德洪、明珠、王熙曰:'尔等之意云何?'勒德洪等奏曰:'张凤扬显系凶恶光棍,断不可留。'上曰:'张凤扬系大光棍,着议政王、贝勒、大臣、九卿、詹事、科、道会议具奏。'"④

(2) 康熙二十四年(1685年)九月初四日,"刑部(等衙门)题杀张世兴父子三人张林等两议。上问曰:'此事尔等以为如何?'明珠等奏曰:'臣等之意,此事前议照律,后议原情。若照律坐罪,似属太过;若原情定议,又难行之久远。似应交与九卿定议。'上曰:'然。尔等所议交与九卿甚当。'"⑤

4. 另行处置之裁决

刑部或三法司定拟之判决,皇帝如认为法司定拟之判决并不妥当,得裁决另行处置。或加重其刑,或减轻其刑,或为其他之裁决。兹举下列案例说明之:

---

① 《康熙起居注》,康熙五十五年闰三月二十六日丙戌。
② 同上书,康熙二十五年十月十九日庚午。
③ 同上书,康熙二十七年五月三十日辛丑。
④ 同上书,康熙二十四年二月初十日庚子。
⑤ 同上书,康熙二十四年九月初四日辛酉。

(1) 康熙二十年(1681年)五月十五日,"三法司议,护军机木素不听主将号令,于别路散去,应立绞事。上曰:'此人应免死否?'明珠奏曰:'前有此等罪犯,概行宽免。'上曰:'机木素从宽免死,着给与本主为奴。'"①

(2) 康熙二十四年(1685年)十月十一日,"三法司议,行劫刘嗣圣家陈天德等四人即行处斩。上曰:'尔等之意若何?'明珠等奏曰:'此内查洪宗供称,并未同伙行劫,情有可疑,应俟秋后处决。'王熙奏曰:'刘嗣圣原系贼党,观陈天德之行劫,亦以贼劫贼耳。'上曰:'此四人俱改为秋后处决。'"②

三法司会审死罪案件,原应会同妥议,画一具题。惟少数案件,三法司所见不同,难以画一具题时,三法司得为两议。三法司两议时,皇帝或径行裁决依其中一议,或令画一具奏。兹举下列案例说明之:

(1) 康熙十九年(1680年)二月初十日,"刑部(等衙门)拟进财等盗取武英殿楄扇镀金什物罪,两议具奏事。上曰:'进财、杨疙疸系真正贼犯,应依议立斩。其刘三虽销化镀金,并不曾与进财通同盗取,以后议为是。尔等之意如何?'明珠等奏曰:'进财等偷盗时,刘三原未同事,后议秋后处决,似是。'上曰:'是。刘三着依后议。'"③

(2) 康熙二十年(1681年)四月初三日,"三法司将强盗孟金标、钱家祯等十九人两议具题,前议立斩,后议贼首张文焕等在逃,俟获日对质审结事。上曰:'罪疑虽轻,与其失入,毋宁从宥。尔等云何?'大学士勒德洪等奏曰:'诚如圣谕。'上曰:'此案着依后议。'"④

京师斩、绞立决案件如奉旨依议,案件即为确定,刑部可即执行。京师斩、绞监候案件如奉旨依议,则案件仍未确定,尚有待朝审之复核。

第四节 朝 审

一 沿 革

朝审亦系慎刑制度,其发展较秋审为早。明初遇有重大刑狱(以政治案件居多),常由皇帝亲自审讯。洪武十四年(1381年)明太祖谕令:"尔后只

---

① 《康熙起居注》,康熙二十年五月十五日丁卯。
② 同上书,康熙二十四年十月十一日戊戌。
③ 同上书,康熙十九年二月初十日庚午。
④ 同上书,康熙二十年四月初三日丙戌。

武臣大狱面审,余不再亲审。"① 永乐二年(1404年)曾行朝审。② 明英宗天顺二年(1437年)九月二十五日奉旨:"人命至重,死者不可复生。自天顺三年为始,每至霜降后,但有该决重囚,著三法司奏请会多官人等,从实审录,应不冤枉,永为定例。钦此。"③ 因此,自天顺三年(1438年)起,朝审定于霜降之后举行,遂成为制度。

《明史·刑法志》曰:"天顺三年令每岁霜降后,三法司同公、候、伯会审重囚,谓之朝审,历朝遂遵行之。"④ 自此之后,朝审成为京师斩、绞监候案件,每年加以复核之制度。关于朝审人犯之类别,万历二十一年(1593年)已有"可矜"、"可疑"及"有词"等三类人犯之别。⑤

清代朝审始于顺治初年。顺治元年(1644年),刑部侍郎党崇雅奏言:"旧制凡刑狱重犯,自大逆、大盗决不待时外,余俱监候处决。在京有热审、朝审之例,每至霜降后方请旨处决。"⑥ 惟顺治元年并未恢复朝审制度。

清代之恢复朝审制度始于顺治十年(1653年)顺治十年八月二十一日,"刑部题朝审事宜日期,于霜降后十日举行。将情实、矜疑、有词各犯,分为三项,各具一本请旨。奉有御笔勾除者,方行处决。"⑦ 自顺治十年起,朝审制度正式恢复。明代朝审含意较广,原兼含各省斩、绞监候案件之秋审,清代朝审则专指京师斩、绞监候案件之复核制度。

顺治十年京师斩、绞监候案件朝审程序如下:"每年于霜降后十日,将刑部现监重犯,引赴天安门。三法司会同九卿、詹事、科道官,逐一审录。刑部司官先期将重囚招情略节删正呈堂,汇送广西司刊刻刷印进呈,并分送各该会审衙门。会审时,各犯有情实、矜、疑者,例该吏部尚书举笔,分为三项,各具一本。均由刑部具题请旨,内有奉旨勾除者,方行处决。其未经勾除者,仍旧监候。"⑧

康熙七年(1668年),朝审制度渐行确立,是年朝审人犯已有"矜疑"、"缓决"及"情实"等三类人犯之别。可矜及可疑并为一类(即矜疑),另增缓决一类。按是年复准:"朝审秋决重犯,将矜疑、缓决、情实者分别三项具题,

---

① 《明史》卷94,982页。
② 《大明会典》卷177,页2445~2446。
③ 薛允升:《读例存疑》卷49,见黄静嘉编校之重刊本,1241页。
④ 《明史·刑法志二》。
⑤ 参见《大明律集解附例》卷28,35页。
⑥ 《清史稿》卷144,《刑法三》,见鼎文版《清史稿》,4207页。
⑦ 《清世祖实录》卷77,15~16页。
⑧ 《大清会典事例》卷846,1页。

第五章 清代中央司法审判程序之二——京师案件现审程序

俟命下之日。矜疑者照例减等,缓决者仍行监候,情实者刑科三复奏闻,俟命下之日。别本开列各犯姓名,奉旨勾除,方行处决。其未经勾除者,仍行监候。"①

朝审亦为清代重要司法审判制度,清初与秋审制度同时渐次发展。乾隆以后,乃成定制。惟清律中亦无有关朝审之律文,有关朝审制度之规定均附于《大清律》第411条(有司决囚等第)之中。

二 朝审程序

京师死罪案件奉旨"依拟应斩(绞)、着监候,秋后处决"者,均系朝审案件,须经朝审确定之后始得执行死刑。凡经朝审核定为"情实",且经皇帝勾决者,始执行死罪。其余死罪人犯仍应监候,俟来年朝审,再行复核。

清代朝审完全由中央进行,但中央进行朝审时可分为两阶段进行。第一阶段由刑部进行,并由特派大臣复核。第二阶段则由九卿会审与会题。京师死罪案件均由刑部现审,奉旨"斩绞监候"后,即归入下年朝审。朝审案件先由刑部自定实缓,再由皇帝特派大臣复核,最后则由九卿等复核。由九卿复核之程序略如秋审。俟皇帝裁决后再行办理复奏与勾决。

(一) 刑部定拟看语

朝审系以九卿会审方式进行,九卿会审之前,刑部应就京师朝审案件先行定拟看语。清初,刑部广西司办理朝审业务。雍正十三年(1735年),刑部设立总办秋审处,除办理秋审业务外,也办理朝审业务。朝审时,刑部各司应先核办各该司原签分现审之京师案件(列入朝审者),逐案定拟看语。各司核办后应送秋审处汇办,然后呈报堂官批阅,再由刑部奏请特派大臣复核。《大清律》第411条(有司决囚等第)附例即定曰:"刑部现监重囚,每年一次朝审。刑部堂议后,即奏请特派大臣复核。"此盖因朝审案件均系刑部现审,为避免刑部固执己见,故特派大臣复核。

关于朝审案件刑部奏请特派大臣复核一事,乾隆以前原未行之。嘉庆二十三年(1818年)始特派大学士、尚书、侍郎等复核。是年上谕:"向来直省秋审人犯,由各督抚分别情实缓决,刑部再加复核。其有原拟未协,经刑部改缓为实、改实为缓者,皆例有处分。惟朝审人犯,但由刑部分别情实缓决,不加复核,立法尚未周备。著自明年为始,朝审人犯,经刑部堂官议后,即由该部奏请特派大学士、尚书、侍郎数员复核。其有部拟实缓未协,应行

---

① 《大清会典事例》卷846,3页。

改拟者,着派出之员奏明请旨,以昭慎重。"①

关于刑部之定拟看语,《大清会典》定曰:"总办司员于年底即请堂派各司专办次年秋审官,满洲一员,汉二员。将各该司应入秋审人犯,依原案题结先后,依次摘叙案由,分别实缓矜留,出具看语,名曰初看,用蓝笔标识。再为复看,用紫笔标识,陆续汇送本处。坐办司员将各司略节删繁补漏,交总看司员酌核允当。加具看语,呈堂批阅。仍于堂议之前,总看坐办各司员,齐集核议。将情实、缓决、可矜、留养承祀各犯,详加参酌,平情定拟。"②又《秋谳志略》及《清史稿·刑法志》于刑部之定拟看语亦有论述,本书前于论述秋审时已详述,兹不赘述。

（二）九卿会审与会题

刑部定拟看语后,应将朝审案件刊刷招册,分送九卿、詹事、科道进行九卿会审。《大清律》第411条（有司决囚等第）附例规定:"（刑部）俟（特派大臣）核定具奏后,摘叙紧要情节,刊刷招册,送九卿、詹事、科道各一册。于八月初间,在金水桥西,会同详审,拟定情实、缓决、可矜具题,请旨定夺。"

朝审之九卿会审与会题,与秋审类似。朝审九卿会审时,因参与朝审官员人数众多,多数随声附合,不发一言。对于此种情形,嘉庆帝曾加以斥责。按嘉庆十二年（1807年）上谕:"朕闻朝审渐成具文,九卿科道亦未必全到,即全到亦不发一言,若有一人驳改一案者,群起而攻,目为多事,此习至恶,各宜痛改,毋负国恩而虚大典。朕非喜多事之人,但深恨模棱之辈耳。嗣后内外问刑各衙门,益当思人命至重,虽至狱成处决时,苟稍涉疑窦,当必为之推鞫,断不肯稍有屈抑。"③

朝审过后,刑部领衔会同全体参与朝审官员具题。朝审案件亦分情实、缓决、可矜、留养承祀四本具题,情实案件另造黄册随本进呈,此外,服制案犯和官犯均各单独一本具题。

（三）皇帝裁决

朝审系就京师斩、绞监候案件,每年加以复核之制度。对于朝审,清代诸帝亦极重视。九卿会审京师斩、绞监候案件后应具题,奏闻于皇帝。皇帝裁决时,亦常与内阁大学士与军机大臣商酌。有关皇帝裁决九卿会审题本之情形,兹举下列案例说明之:

1. 康熙二十一年（1682年）十月初二日,"九卿朝审顾齐弘党徒朱方旦,

---

① 《大清会典事例》卷849,18页。
② 《大清会典》卷57,14页。
③ 《大清会典事例》卷1021,21页。

第五章　清代中央司法审判程序之二——京师案件现审程序

邪说惑众，拟斩。上曰：'朱方旦蛊惑愚民，其徒甚众，发觉者止顾齐弘一、二人，这顾齐弘着缓决。'又两议邪党陆光旭、翟凤彩，前议拟斩，后议缓决。上曰：'顾齐弘尚且缓决，陆光旭、翟凤彩情罪仍属可矜，俱着免死，减等发落。'"①

2. 康熙二十四年(1685年)十一月十一日，"九卿、詹事、科、道会题在京朝审情真各犯。上曰：'拟罪宜分首从，此内田五、李世英、梁顺、陈四、徐四、白国柱、刘应登、张四、潘三、卢二麻子、樊洪为人凶恶，情罪可恶，俱着改为情真，照例覆奏。田凤吾、小黑儿、刘正芳、史黑、丫图、古纳、费四、傅成贵、孙世俊、王成义、刘大、李大、姚康太、王二胡子、周二俱免死，照例减等发落。'又可矜、可疑各犯。上曰：'此内孙自立将人射死，情罪可恶，着监候缓决。'"②

3. 康熙二十五年(1686年)十月十六日，"九卿等朝审京城情真重犯颜大等八十三人，上顾大学士等问曰：'尔等云何？'明珠等奏曰：'去年秋审时情真重犯，皇上每有从宽减等者，臣等仰体皇上好生之意，故将此十四人分别随签。'上曰：'此内原任按察使库尔堪赃迹未曾显著，彼处百姓亦尚有称之者，着免死，照例减等发落，其原任巡抚穆尔赛、原任布政使纳鼐甚为贪恶，宜正法，余皆照尔等所议完结。'又缓决重犯张国栋等五十三人。上问曰：'尔等云何？'明珠等奏曰：'此内十九人，臣等亦分别随签。'上曰：'尔等所议良是，此内尚有可宽者，再加搜求详阅之。'又可矜罪犯朱二等十七人，上曰：'此等情有可矜之罪犯，着分别议处，照例减等发落。'"③

4. 康熙四十五年(1706年)十一月初一日，"九卿朝审情真、缓决、情罪可矜三案……上曰：'情真内，张五、董绍、孔丁大、王章、郭三、李七炷、李五、丁二、杨八郎俱改为监候，秋后处决。徐路、王三同、王应统俱改为可矜，照例减等发落。又缓决内，王关保素行凶恶，本系光棍，改为情真，常保住改为可矜，照例减等发落。黄毛、二小、俞二、程二秃子、颜三儿、住儿、刘保儿、刘二、进宝、八儿、丫头、陈三黑子数人皆行窃三次，俱改为情真。'"④

---

① 《康熙起居注》，康熙二十一年十月初二日乙亥。
② 同上书，康熙二十四年十一月十一日丁卯。
③ 同上书，康熙二十五年十月十六日丁卯。
④ 同上书，康熙四十五年十一月十三日丁卯。

第六章 清代中央司法审判程序之三
——特别案件审理程序

第一节 宗室觉罗案件

一 概　说

　　清入关前即已有宗室、觉罗名号。天聪九年（1635年）正月二十六日，皇太极令阿格、觉罗均系红带，借与民人区分。是日上谕曰："宗室者，天潢之戚，不加表异，无以昭国体。甚或两相诋毁，詈及祖父，已令系红带，以表异之。又或称谓之间，尊卑颠倒，今复分别名号。遇太祖庶子，俱称阿格。六祖子孙，俱称觉罗。凡称谓者，就其原名，称为某阿格、某觉罗，六祖子孙，俱令系红带，他人毋得紊越。"① 上述谕令中已有宗室、觉罗名号。惟此时所称之宗室，满文是 mukūn，意为宗族或族人，并非特指近支皇族。太祖庶子（众子）称为阿格；六祖子孙（指景祖觉昌安兄弟六人之子孙而言）称为觉罗。由上述可知，天聪年间"宗室"一词指努尔哈赤同一宗族之人，阿格、觉罗均系宗室。清太宗崇德元年（1636年），始将皇族区分为宗室和觉罗，此时宗室指显祖塔克世本支，而不限于太祖庶子一支，扩大了宗室之范围。至于觉罗则指显祖伯叔兄弟之支。自是年起，宗室与觉罗之含意始行确定。

　　《大清会典》曰："凡皇族，别以远近，曰宗室，曰觉罗。"② 又曰："显祖宣皇帝本支为宗室，伯叔兄弟之支为觉罗。"③ 为区别宗室觉罗之身分，"凡宗室觉罗皆别以带。"④ 所系之带分为金黄带（亦称黄带）、红带及紫带等三种。《大清会典》定曰："宗室系金黄带，觉罗系红带，革退宗室者系红带，革退觉罗者系紫带。"⑤

　　清入关前，宗室觉罗犯罪，皇帝每每减轻其刑，惟与民人犯罪时之处断，

---

① 《清太宗实录》卷22，9页。
② 《大清会典》卷1，1页。
③ 同上。
④ 同上书卷1，3页。
⑤ 同上。

第六章 清代中央司法审判程序之三——特别案件审理程序

仍少差异。宗室觉罗案件与民人案件之司法审判程序,亦大致相同。清入关后,渐改其制。首于顺治九年(1652年)设立宗人府,掌理宗室觉罗案件。顺治十年二月初十日,礼科给事中刘余谟上疏建言,宗室犯罪时,应施行八议中之"议亲"。刘氏疏言:"周礼八议,首曰议亲。向见宗室有犯,与民无异。臣谓法不可宽,而体不可辱,请自今除有大罪者请旨定夺外,余皆斟酌轻重,永除鞭锁之条,以昭睦族之恩。"①

清入关后,宗室觉罗犯罪,常受特殊处置,清初顺治康熙年间尤然。"国初定,王以下及宗室有过犯,或夺所属人丁,或罚金不加鞭责,非叛逆重罪,不拟死刑,不监禁刑部。"② 此项记载虽未言及"议亲"之名,但已有"议亲"之实。康熙六十一年十二月初一日,雍正帝亦曾谕宗室及觉罗人等:"皇考至仁至厚,恩笃宗支。凡宗室觉罗,大罪薄惩,小罪宽免,历年无一人及于刑辟者。必不得已,乃令圈禁。"③

雍正帝认八议之条不可为训。雍正六年三月二十六日上谕:④

> 朕览律例旧文,于名例内载有八议之条曰:'议亲、议故、议功、议贤、议勤、议能、议贵、议宾。'此历代相沿之文,其来已久。我朝律例于此条虽具载其文,而实未尝照此例行者,盖有深意存焉。夫刑法之设,所以奉天罚罪,乃天下之至公至平,无容意为轻重者也。若于亲、故、功、贤人等之有罪者,故为屈法,以示优容,则是可意为低昂,而律非一定者矣,尚可谓之公平乎?……今修辑律例各条,务俱详加斟酌,以期至当。惟此八议之条,若概为删去,恐人不知其非理而害法,故仍令载入,特为颁示谕旨,俾天下晓然于此律之不可为训,而亲故人等,亦各知儆惕,而重犯法。是则朕钦恤之至意也。

雍正帝虽然认为"我朝律例于此条虽具载其文,而实未尝照此例行。"但事实上,清代诸帝于宗室觉罗之犯罪每予特殊处置,减轻其刑或宽免其罪,实已施行八议之制。

二 管 辖

宗室觉罗案件(指原告或被告为宗室觉罗之案件)可分为京师宗室觉罗

---

① 《清世祖实录》卷72,4~5页。
② 《大清会典事例》卷10,1页。
③ 《清世宗实录》卷2,2页。
④ 同上书卷67,23~24页。

案件与盛京宗室觉罗案件。京师宗室觉罗案件系由宗人府、户部及刑部会同审理。《大清会典》定曰:"凡宗室觉罗之讼,则会户部刑部而决之。"① 又曰:"户婚田土之讼,系宗室,由府会户部。系觉罗,由户部会府。人命斗殴之讼,系宗室,由府会刑部。系觉罗,由刑部会府。"② 换言之,(一)户婚田土案件,系宗室者,由宗人府主稿,会同户部审理。系觉罗者,由户部主稿,会同宗人府审理。(二)人命斗殴案件,系宗室者,由宗人府主稿,会同刑部审理。系觉罗者,由刑部主稿,会同宗人府审理。清末宗室觉罗案件则一概改由刑部或户部主稿,会同宗人府审理。③ 至于盛京宗室觉罗案件,则系由盛京刑部、盛京将军等审理。以下所述系以京师宗室觉罗案件司法审判程序为主。

三 呈 控

宗室觉罗案件之呈控有二义,一指民人呈控宗室犯罪,二指宗室觉罗呈控民人等犯罪。民人呈控宗室觉罗犯罪,应至五城或步军统领衙门呈控,由两衙门依据案件轻重决定是否奏闻皇帝,或直接咨送宗人府、刑部审理。

宗室觉罗本人或其妇女均属皇族,每自恃身分滥行呈控。《大清律》第4条(应议者犯罪)附例严禁宗室觉罗滥行告讦:

> 凡宗室、觉罗人等告讦之案,察其事不干己,显系诈骗不遂者,所控事件立案不行,仍将该原告咨送宗人府,照违制律杖一百,实行重责四十板。如妄捏干己情由耸准,迫提集人证质审,仍系讹诈不遂,串结捏控者;将该原告先行摘去顶戴,严行审讯,并究追主使教诱之犯。倘狡辩不承,先行板责讯问,审系控款虚诬,罪应斩绞者,照例请旨办理。(道光九年定例)

又同条附例严禁宗室觉罗妇女出名具控:

> 凡宗室、觉罗妇女出名具控案件,除系呈送忤逆照例讯办外,其余概不准理。如有擅收,照例参处。倘实有冤抑,许令成丁弟兄、子侄或母家至戚抱告;无亲丁者,令其家人抱告,官为审理。如审系虚诬,罪坐

---

① 《大清会典》,卷1,14页。
② 同上。
③ 《钦定宗人府则例》卷13,15页。

第六章 清代中央司法审判程序之三——特别案件审理程序

抱告之人。若妇人自行出名刁控,或令人抱告后,复自行赴案逞刁,及拟结后渎控者,无论所控曲直,均照违制律治罪。有夫男者,罪坐夫男。无夫男者,罪坐本身,折罚钱粮。(道光六年定例)

此外,道光十七年上谕严禁宗室控告仓库案件。按是年上谕:"嗣后凡遇宗室控告仓库案件,不论是否曲直,有无情弊,概置不问,亦毋庸会部,以免拖累。"①

四 奏闻皇帝

宗室觉罗犯罪,原则上应奏闻皇帝。清初,凡属宗室觉罗犯罪,无论罪之轻重,均应奏闻皇帝。清代中期以后,则须区分罪之轻重,或奏闻皇帝,或毋庸具奏。

《大清律》第4条(应议者犯罪)规定:"凡八议者犯罪,(开具所犯事情)实封奏闻取旨,不许擅自勾问。"此项规定并未区分罪之轻重,凡属宗室觉罗犯罪,均应奏闻皇帝。清代中期以后,宗室觉罗犯罪案件渐多,嘉庆十三年遂于《大清律》第4条内增订附例规定,军流罪以上必须具奏,徒罪以下毋庸具奏。此项附例规定:

> 凡宗室犯案到官,该衙门先讯取大概情形。罪在军流以上者,随时具奏。如在徒、杖以下,咨送宗人府,会同刑部审明,照例定拟。罪应拟徒者,归入刑部,按季汇题。罪应笞杖者,即照例完结,均毋庸具奏。若到官时,未经具奏之案,审明后,罪在军流以上者,仍奏明请旨。(嘉庆十三年定例)

五 审讯

宗人府设左司及右司,"掌左右翼宗室觉罗之事,皆具稿而呈于堂以定议。"②《大清会典》定曰:"左司管左翼宗室觉罗,右司管右翼宗室觉罗。……户口田土刑名之案,皆分翼承办。"③

宗人府审讯宗室觉罗,原则上于宗人府内问供。惟亲王郡王犯罪时,原

---

① 《大清会典事例》卷10,19~20页。
② 《大清会典》卷1,15页。
③ 同上。

则上仅行文讯问。顺治九年题定:"郡王以上缘事,或传至府问供,或在本府问供。具奏候旨定夺。"① 顺治十四年题准:"郡王以上,犯大罪,传至府讯问,若微罪,止在本府讯问,贝勒以下,皆传至府讯问。"② 关于审讯亲王郡王之方式,迟至雍正三年始行确定。雍正三年上谕:"嗣后有应问诸王之处,行文讯问,如必当传至衙门者,奏闻后再传讯问,将此永为定例。"③

清代中期以前,宗人府审讯宗室时,宗室原无需长跪听审。后为抑制宗室骄横不法,嘉庆二十四年于《大清律》第 4 条内增订附例加以规定:

> 宗室犯事到官,无论承审者何官,俱先将该宗室摘去顶戴,与平民一体长跪听审,俟结案时,如实系无干,仍分别奏咨给还顶戴。(嘉庆二十四年定例)

六　法司复核或定拟判决

法司于宗室觉罗案件之复核或定拟判决,与一般民人案件不同。清初,"王以下及宗室有过犯,或夺所属人丁,或罚金不加鞭责,非叛逆重罪,不拟死刑,不监禁刑部。"④ 顺治十二年议定:"宗室觉罗犯军流以上之罪者,由宗人府酌其情罪之轻重,另行请旨定议。"⑤《大清律》第 4 条(应议者犯罪)即规定:"凡八议者犯罪……若奉旨推问者,开具所犯(罪名)及应议之状,先奏请议,议定,(将议过缘由)奏闻,取自上裁。"

宗室觉罗犯罪,其刑罚与民人犯罪不同。原则上"轻则折罚,重则责惩,而加圈禁。"⑥ (关于折罚养赡银及板责圈禁,前已论及。)清代中期以后,"其犯笞杖徒流等罪,审系不安本分者,分别枷责实发,如有酿成命案者,先行革去宗室,照平人问拟斩绞,分别实缓。"(道光五年上谕)⑦ 易言之,宗室觉罗犯人命案件时,法司复核或定拟判决之情形,与民人犯人命案件者并无不同。

又宗室觉罗犯罪,法司复核或定拟判决时,应注意其有无系带。《大清律》第 4 条附例规定:

---

① 《大清会典事例》卷 10,1 页。
② 同上。
③ 同上。
④ 同上。
⑤ 同上书卷 10,2 页。
⑥ 《大清会典》卷 1,14 页。
⑦ 《大清会典事例》卷 10,16 页。

第六章　清代中央司法审判程序之三——特别案件审理程序

> 凡宗室、觉罗犯罪时系黄、红带者,依宗室、觉罗例办理,若系蓝带及不系带者,即照常人例治罪。(乾隆四十一年定例)

又已革宗室及已革觉罗犯罪时,法司原则上照旗人例,一体科断。同条附例规定:

> 已革宗室之红带,已革觉罗之紫带,除有犯习教等重情,另行奏明办理外;其有犯寻常杖、枷、徒、流、军及斩、绞等罪,交刑部照旗人例,一体科断,应销档者,免其销档,仍准系本身带子。(乾隆四年定例)

七　皇帝裁决

宗室觉罗军流罪以上案件法司复核或定拟判决后,须奏闻皇帝,俟皇帝裁决。此即《大清律》第4条(应议者犯罪)所定:"凡八议者犯罪,……先奏请议,议定,(将议过缘由)奏闻,取自上裁。"皇帝于京师宗室觉罗案件之裁决主要有四:(一)依法司定拟判决之裁决(即依议之裁决),(二)法司再行复审之裁决,(三)九卿会议之裁决,(四)另行处置之裁决。(盛京宗室觉罗案件可准用之)兹举例说明如后:

(一)依法司定拟判决之裁决(即依议之裁决)

康熙五十六年(1717年)九月二十日,"复请宗人府所题,原任护军参领觉罗傅尔登,因伊侄媳闲散觉罗海敦之妻寡妇告讦,已议枷号两个月,鞭一百,发往黑龙江。今傅尔登在逃,俟拿获之日,从重枷号三个月,再行充发。其佐领兼族长齐禄降一级,罚俸一年一疏。上曰:'傅尔登朕已拿送。此事着依议。'"①

(二)法司再行复审之裁决

康熙五十三年(1714年)十二月二十二日,"复请宗人府题,镶蓝旗谭巴佐领下原充鸟枪护军索浑岱叩阍,告伊同佐领下护军四十六弟恃有势力,于护军统领查尔图处夤缘央求,诬告我曾脱逃,查尔图将我殴打无数,遂革去护军,将我应得之护军校另放四格等因。查索浑岱所告护军统领查尔图之处俱虚,应无庸议。索浑岱理宜治罪,因查尔图已经将伊责革,亦无庸议一疏。上曰:'此案所议不明。本发还,着再议具奏。'"②

---

① 《康熙起居注》,康熙五十六年九月二十日辛未。
② 同上书,康熙五十三年十二月二十二日庚寅。

(三) 九卿会议之裁决

康熙二十四年(1685年)三月二十八日,"宗人府等衙门题礼部尚书杭爱与宗室额奇等互相讦讼事。上曰:'这本内所议事情是否相合?着议政王、贝勒、大臣、满洲九卿、詹事、科、道会同一并详议具奏。'"①

(四) 另行处置之裁决

1. 加重其刑之裁决

康熙四十五年(1706年)七月初六日,"宗人府为闲散觉罗殷泰打死仆妇噶尔马什,议枷号四十日,鞭一百,罚一人入官。上曰:'殷泰每醉必捶挞奴仆,极其惨酷,着枷号三个月,鞭一百。彼好杀人、打人,俟枷满之日,令宗人府诸王公同痛责,问其痛楚否?'"②

2. 减轻其刑之裁决

康熙四十五年(1706年)十二月十五日,"宗人府为闲散宗室儒富砍杀其家人筐儿,拟枷号三个月,鞭一百,械系拘禁家中。上曰:'即此一事,朕犹冀儒富之成人也。法虽当罪,若以理论之,筐儿者乃儒富家奴,而告陷儒富之父。儒富忿恨,故砍杀之,可谓有丈夫气。着从宽免治罪。'"③

3. 赐令自尽之裁决

咸丰十一年(1861年)八月,上谕:"宗人府会同大学士六部九卿翰詹科道等,定拟载垣等罪名,请将载垣、端华、肃顺照大逆律凌迟处死等因一折。……即照该王大臣等所拟,均即凌迟处死,实属情真罪当。惟国家本有议亲议贵之条,尚可量从末减,姑于万无可贷之中,免其肆市。载垣、端华,均着加恩赐令自尽,即派肃亲王华丰,刑部尚书绵森,迅即前往宗人府空室,传旨令其自尽。此为国体起见,非朕之有私于载垣、端华也。"④

第二节 职官案件

一 概 说

清代职官可分为文职官员与武职官员两类。文职官员,中央自内阁大学士、军机大臣及尚书侍郎等堂官,至各部院九品小京官均属之。地方自总

---

① 《康熙起居注》,康熙二十四年三月二十八日戊子。
② 同上书,康熙四十五年七月初六日辛酉。
③ 同上书,康熙四十五年十二月十五日己亥。
④ 《大清会典事例》卷10,24~26页。

第六章　清代中央司法审判程序之三——特别案件审理程序

督、巡抚、布政使、按察使、道员、知府、知州、知县,至地方九品官员均属之。武职官员指绿营官员,自各省提督、总兵、副将、参将、游击、都司、守备、千总、把总、外委千总、外委把总及额外外委均属之。八旗官员虽亦属武职官员,但其司法审判程序与一般武职官员不同,故非本节所称之武职官员,其司法审判程序当于另节析述之。

职官案件依其地区之不同,可分为各省职官案件及京师职官案件,本节所述之职官案件兼含两者。

所谓职官案件系指原告或被告为职官之案件。原告为职官之案件指职官呈控案件,被告为职官之案件主要指职官参审案件(即职官受参劾发审之案件)本节所述之职官案件以职官参审案件为主。

二　管　辖

各省职官案件除中央提审案件外,原则上由各省总督或巡抚管辖及审理。京师职官案件原则上由刑部或三法司管辖及审理,惟文职官员案件常须会同吏部审理,武职官员案件常须会同兵部审理。又中央各部院所属职官犯罪时,刑部或三法司常须会同各该部院审理。

各省职官案件并非由各省总督或巡抚初审,原则上系由道员或知府初审,由按察司(或会同布政司)复审,最终则由督抚复审。《大清律》第6条(职官有犯)附例规定:

> 凡参革发审之案,查明被参之人,如系同知、游击以下等官,遴委知府审理;系道、府、副将等官,遴委道员审理。统令就近提齐款证,秉公确讯。其案内牵连被害之人,无关轻重者,该道、府审明录供之后,即分别保释,只将重罪要犯,带至省内,由司复勘,解院审拟完结。(乾隆二十六年定例)

三　题　参

清代职官犯罪,无论各省或京师职官,均应奏闻皇帝,《大清律》第6条(职官有犯)规定:"凡在京在外大小官员,有犯公私罪名,所司开具事由,实封奏闻请旨,不许擅自勾问。"

清代各省重要职官犯罪,督抚审讯前须先题参,奉准之后,始得拘提审讯,进行司法审判。各省一般职官犯罪,题参之日,督抚即得将人犯拘齐审究。《大清律》第6条(职官有犯)附例规定:

文职道、府以上，武职副将以上，有犯公私罪名，应审讯者，仍照例题参，奉到谕旨，再行提讯。其余文武各员，于题参之日，即将应质人犯拘齐审究。如督抚同驻省分，一面具题，一面行知应承审衙门，即行提讯。（乾隆十六年定例）

所谓题参指以题本参劾，在各省，题参多由督（总督）、抚（巡抚）、提（提督）、镇（总兵）为之。在中央，题参多由都察院科道官为之，惟各部院堂官于所属职官之违法失职亦有权题参。文职官员题参案件多数由吏部办理，武职官员题参案件多数由兵部办理。

职官受题参后，如情节可疑须送刑部审判者，吏部或兵部得将受题参职官先行解任（解去职任）或革职（革去职衔）。题参后，受题参官员受处分（解任或革职）之情形有三：

（一）解任而未革职：于案情较轻者行之。如同治七年，直隶省怀柔县土棍杜申苟派捐米一案，牵连给事中征麟。奉旨：（征麟）着即行解任，交部归案质讯。①

（二）径行革职：于案情重大者行之。如康熙二十七年二月初三日，翰林院题参侍读学士德格勒奸诈诡谲，私抹记注档案。侍讲徐元梦与德格勒互相标榜，奸诡虚诞，妄自矜夸。此二人应俱行革职，交与刑部严加议罪。奉旨：着革了职，刑部一并严加究拟具奏。②

（三）先解任后革职：如同治四年，户科给事中博桂捏词诬陷文安县凶犯寇玉林与衙门刘沅和朋比为奸一案，奉旨将户科给事中博桂等解任后革职，归案审讯。③

四　审　讯

京师职官案件系由刑部或三法司会同有关部院审讯，其审讯与刑部现审案件之审讯大致相同，前已论及，兹不赘述。

关于各省职官案件之审讯，清初以来，即有"督参抚审，抚参督审"之惯例，惟未见于大清律例。《大清律》第 405 条（鞫狱停囚待对）附例规定各省职官参审案件之审讯：

---

① 《大清会典事例》卷 1011，9 页。
② 《康熙起居注》，康熙二十七年二月初三日丙午。
③ 《大清会典事例》卷 1010，16~18 页。

第六章　清代中央司法审判程序之三——特别案件审理程序

凡参审之案,督抚于具题后,即行提人犯要证赴省。其无关紧要之证佐及被害人等,止令州县录供保候,俟奉旨到日,率同在省司道审理。其有应行委员查办之处,亦即就近酌委。(乾隆十八年定例)

各省职官案件之审理期限,同条附例规定:

以奉旨文到之日扣限起,旧限四个月者,限两个月具题;总督隔省旧限六个月者,限四个月具题。如果案情繁重,实有不能依限完结者,督抚据实先期奏明,请旨展限。如在旧限四个月、六个月内完结者,宽其议处。若逾旧限不结,照例查参议处。(乾隆十八年定例)

又《大清律》第4条(应议者犯罪)附例规定禁止对大员刑讯:"三品以上大员,革职拿问,不得遽用刑夹,有不得不刑讯之事,请旨遵行。"

五　法司复核或定拟判决

职官案件审讯完结后,须依律议拟,奏闻皇帝。按《大清律》第6条(职官有犯)即规定:"依律议拟,奏闻区处,仍候复准,方许判决。"各省职官案件,督抚审理完结后,或题或奏,奏闻于皇帝,由刑部或三法司复核。京师职官案件,刑部或三法司审理完结后,须定拟判决,奏闻于皇帝。

各省职官案件,刑部或三法司复核之情形与法司复核其他各省案件之情形大致相同。京师职官案件,刑部或三法司定拟判决之情形与现审案件刑部定拟判决之情形大致相同。惟须注意者,雍正二年上谕曾就职官犯二以上案件之情形加以规定:

嗣后具题案内官员人等,有一人于两案犯罪,而前案罪轻,先行题结,俟后案审明从重归结者。至后案从重题结之日,仍将前案所拟轻罪叙入,然后就本案所犯重罪按律定拟。如前案已拟重罪,后案之罪轻于前案者。至后案题结之日,亦必将前案重罪声明,仍归前案定拟。如有数案犯罪者,亦必将各案所拟应得之罪,俱简明叙入最后题结本章内。①

武职官员(此处特指绿营官员)犯寻常死罪,如其父祖子孙曾经为国阵

---

① 《大清会典事例》卷737,13~14页。

亡者,刑部或督抚得声明请旨,皇帝常宽免其罪。《大清律》第 5 条(应议者之父祖有犯)附例规定:

> 绿营官员军民人等,有犯死罪,除十恶、侵盗钱粮、枉法、不枉法赃、强盗、放火、发塚、诈伪、故出入人罪、谋杀各项重罪外;其寻常斗殴及非常赦所不原各项死罪,察有父祖子孙阵亡者;在内由刑部,在外由该督抚,于取供定罪后,即移咨八旗兵部,查取确实简明事迹,声叙入本,于秋审时恭候钦定。倘蒙圣恩优免一人一次后,俱不准再行声请。

六　皇帝裁决

各省职官案件,刑部或三法司复核后须奏闻皇帝,俟皇帝裁决。京师职官案件,刑部或三法司定拟判决后,亦须奏闻皇帝,俟皇帝裁决。皇帝于京师职官案件之裁决主要有四:(一)依法司定拟判决之裁决(即依议之裁决),(二)法司再行复审之裁决,(三)九卿会议之裁决,(四)另行处置之裁决(各省职官案件可准用之)。兹举例说明如后:

(一) 依法司定拟判决之裁决(即依议之裁决)

康熙二十一年(1682 年)七月二十二日,"刑部等衙门,以监督达虎里枉法贪婪商人孙大成等银二十五两入己,拟革职,不准折赎,枷号二十五日,鞭七十,永不叙用事。上曰:'伊所贪婪入己银两岂止于此?但现今未经发觉,故部议如此耳。'大学士明珠奏曰:'罪至革职,不准折赎;鞭责、枷号,永不叙用,亦为甚重。'上曰:'着依部议。'"①

(二) 法司再行复审之裁决

康熙二十四年(1685 年)十一月初四日,"刑部等衙门奏拟(山西巡抚)穆尔赛等罪。……上曰:'穆尔赛恶贯满盈,以致获罪。不明讯其始末可乎?尔等口谕责饬承审大臣,再行严审,务究实情!'"②

(三) 九卿会议之裁决

康熙二十三年(1684 年)四月初九日,"吏部等衙门会议,以私支库银,将原任布政使颜敏等拟秋后处决;其原任巡抚郝浴浮冒银九万两,应于郝浴家属追征。……上曰:'此事交与九卿、科、道会议具奏。'"③

(四) 另行处置之裁决

康熙五十四年(1715 年)十二月初一日,"复请刑部等衙门复尚书张鹏

---

① 《康熙起居注》,康熙二十一年七月二十二日丁卯。
② 同上书,康熙二十四年十一月初四日庚申。
③ 同上书,康熙二十三年四月初九日甲辰。

翻审奏,原任江苏巡抚张伯行屡奏有海贼,并无海贼,将良民张元隆等以窝藏盗贼,招聚匪类题参,殊属不合。应将张伯行照律拟斩监候,秋后处决,应如所拟一疏。上曰:'张佰行着从宽免死。'"①

第三节 旗人案件

一 概 说

清入关后,八旗兵逐渐分成两大类,一类为京师八旗,一类为驻防八旗。驻防八旗又可分为畿辅驻防、东三省驻防、各省驻防三种。民族成分包括满洲、蒙古及汉族。

京师八旗,以皇城为中心,按方位驻扎。镶黄旗居安定门内,正黄旗居德胜门内;正白旗居东直门内,镶白旗居朝阳门内;正红旗居西直门内,镶红旗居阜城门内;正蓝旗居崇文门内,镶蓝旗居宣武门内。以镶黄、正白、镶白、正蓝四旗为左翼,正黄、正红、镶红、镶蓝四旗为右翼,环卫皇宫。②

畿辅驻防,以宝坻、采育、东安、沧州四处为左翼,保定、固安、雄县、良乡、霸州为右翼,是为小九处。设稽察大臣统领。又于密云设副都统一人,山海关设副都统一人,张家口设察哈尔都统一人,承德设热河都统一人。

东三省驻防,设盛京将军、吉林将军及黑龙江将军。盛京将军下辖盛京、熊岳、锦州等三副都统,吉林将军下辖吉林、宁古塔、伯都纳、三姓、阿勒楚喀等五副都统,黑龙江将军下辖黑龙江、齐齐哈尔、墨尔根等三副都统。

各省驻防,设江宁将军、杭州将军、福州将军、荆州将军、西安将军、宁夏将军、成都将军、广州将军、绥远城将军、伊犁将军、青州副都统及凉州副都统等驻防官员。

旗人案件可分为京师旗人案件及各省驻防旗人案件两类。本节所述之旗人案件兼含两者,惟京师旗人案件司法审判程序已于论述京师案件现审程序中论及,其相重复之部分,兹不赘述。

所谓旗人原指正身旗人而言,正身旗人具有独立户籍,称为正户或正身另户(亦简称正户)。清代满族人大多为正身旗人。闲散旗人(满语称为苏拉 sula)虽无官职或差事,亦系正身旗人。惟八旗内之包衣(booi)原非旗人,后因与八旗关系密切,且地位逐渐提升,遂有所谓"包衣旗人"之称,成为旗

---

① 《康熙起居注》,康熙五十四年十二月初一日癸亥。
② 参见《大清会典》卷84,1页。

人之一种。

"包衣"一词,为满语"包衣阿哈"(booi aha)。"包衣阿哈",汉语义为"家下奴仆"。包衣为最早归顺清室之辽东汉人,身份本极低下。入关后,地位逐渐提升。上三旗包衣隶内务府,为皇室服务,易得皇帝之信任,地位遂趋重要。乾隆以后,包衣与正身旗人差异不大。上三旗包衣由内务府管理,适用特别之司法审判程序。下五旗包衣案件适用旗人案件司法审判程序。

二 管 辖

旗人案件之管辖可分为京师旗人案件及各省驻防旗人案件两方面说明,兹分述如后:

(一)京师旗人案件之管辖

1. 户婚田土案件

京师旗人田土案件系由所属牛录之佐领(及其上司)审理。如该佐领不为审理,旗人得赴户部呈控,由户部管辖及审理。《大清律》第332条(越诉)附例规定:"八旗人等,如有应告地亩,在该旗佐领处呈递。如该佐领不为查办,许其赴部及步军统领衙门呈递。其有关涉民人事件,即行文严查办理。"(乾隆四十八年定例)本附例前段系指两造均系旗人而言。

此外,《大清会典》定曰:"(户部)现审处,掌听旗民之讼事。"① 又曰:"旗民争控户口田房之案,旗人于本旗具呈,民人于地方官具呈,如该管官审断不公及实有屈抑,而该管官不接呈词者,许其赴部控诉,亦有事系必须送部者,该管官查取确供确据,叙明两造可疑情节,送部查办。"②

2. 刑事案件

清初顺治康熙两朝,京师旗人刑事案件(两造均系旗人)由八旗都统管辖及审理。康熙五十五年七月定例,八旗命案须由该旗大臣(指八旗都统)会同刑部审理。③ 雍正以后,八旗都统之司法审判权大为减缩。

《大清律》第341条(军民约会词讼)附例规定:"八旗兵丁闲散家人等,有应拟笞杖罪名者,该管章京即照例回堂完结,其主仆相争,控争家产,隐匿入官物件,长幼尊卑彼此相争,及赌博诓诈,擅用禁物,容留贩卖来历不明之人等事,俱由该旗审明,照例完结。"(雍正十一年定例,乾隆五年删。)由本附例之规定可知,乾隆五年以前,京师旗人笞杖徒流罪案件均由八旗都统管辖

---

① 《大清会典》卷24,1页。
② 同上。
③ 《清通典》卷80,《刑一》。

第六章 清代中央司法审判程序之三——特别案件审理程序

及审理。

雍正元年(1723年)十二月初四日,"添设刑部现审司,办理在京八旗命盗及各衙门钦发事件。"① 雍正十三年,《大清律》第341条(军民约会词讼)增订附例:"八旗案件俱交刑部办理。该旗有应参奏者,仍行参奏。"本附例所称八旗案件系指应得罪名在徒流罪以上者。自是年起,八旗徒流罪以上案件均应由刑部审理,八旗都统已无管辖及审理之权。

(二) 各省驻防旗人案件之管辖

1. 户婚田土案件

各省驻防旗人户婚田土案件系由各省州县衙门管辖及审理。《大清律》第341条(军民约会词讼)附例规定:"(各省驻防旗人),其一切田土、户婚、债负细事,赴本州县呈控审理。"(雍正六年定例)本附例系指旗人与民人涉讼而言,若两造俱系旗人,则不能由州县官审理,而应由各省理事厅员(理事同知或理事通判)管辖及审理。又《大清律》第411条(有司决囚等第)附例规定:"奉天所属十二州县,办理旗、民事件,无分满、汉,俱令自行审理。"(乾隆四十四年定例)

2. 刑事案件

清代于各省旗人驻防之地,均设有理事同知或理事通判(均属独立衙门)负责审理旗人案件。各省理事厅员审理完结后,须呈送将军、都统或副都统复核。各省驻防旗人刑事案件又可分为旗人被害人命案件、旗人自尽案件及旗人犯罪案件三类。

(1) 旗人被害人命案件

旗人被害人命案件,应由旗员与理事同知、通判共同审理。如无理事同知、通判,则应由旗员与州县官共同审理。《大清律》第412条(检验尸伤不以实)附例规定:

> 凡外省驻防旗人,遇有命案,该管旗员即会同理事同知、通判,带领领催尸亲人等公同检验,一面详报上司,一面会同审拟;如无理事同知、通判之处,即会同有司官,公同检验详报审拟。(雍正三年定例)

(2) 旗人自尽案件

旗人自尽案件,应由州县官自行审理,然后由理事同知(通判)衙门核转。《大清律》第341条(军民约会词讼)附例规定:

---

① 《清世宗实录》卷14,4页。

(各省驻防旗人),其自尽人命等案,即令地方官审理。如果情罪已明,供证已确,免其解犯,仍由同知衙门核转。(雍正三年定例)

(3) 旗人犯罪案件

《大清律》第341条(军民约会词讼)附例规定:"(各省驻防)旗人谋故斗杀等案,仍照例令地方官会同理事同知审拟。"(雍正三年定例)同条附例又规定:"(各省驻防)旗人犯命盗重案,(理事厅员)仍照例会同州县审理。"(雍正六年定例)由上述两项附例可知,旗人犯命盗重案,应由理事同知(通判)与州县官共同审理。

又逃人案件及旗民争角案件,应由理事同知(通判)自行审理。《大清律》第341条(军民约会词讼)附例规定:"各处理事同知遇有逃人案件,并旗人与民人争角等事,俱行审理,不必与旗员会审。"(雍正七年定例)

此外,奉天府旗人犯罪案件,由州县官(均属旗缺)自行审理。《大清律》第411条(有司决囚等第)附例规定:

> 奉天所属十二州县,办理旗、民事件,无分满、汉,俱令自行审理。于讯明定拟之后,旗人笞杖等罪,概行移旗发落,仍知照该州县备案。至承审时,遇有旗人应刑讯之处,仍照例刑讯。(乾隆四十四年定例)

理事同知或通判为各省驻防旗人案件之重要司法审判机关,其设置地均系各省八旗驻防之地:

(一)理事同知:顺天一人,奉天一人,直隶省保定府、永平府各一人,山东省青州府一人,山西省朔平府一人,又归绥道所属一人,河南省开封府一人,江苏省江宁府、镇江府各一人,福建省福州府一人,浙江省杭州府、嘉兴府各一人,湖北省荆州府一人,陕西省西安府、延安府、榆林府各一人,甘肃省宁夏府一人,新疆伊犁府一人,四川省成都府一人,广东省广州府一人。①

(二)理事通判:顺天府属二人,仍属直隶。直隶省保定府一人,山西省太原府一人,甘肃省凉州府一人。②

各省驻防旗人案件,除法司复核外,原则上仅有二审,其情形如下:③

---

① 《大清会典》卷5,1页。
② 同上书卷5,2页。
③ 同上书卷55,3页。

第六章　清代中央司法审判程序之三——特别案件审理程序

（一）各省：各省驻防旗人案件，由理事厅审详，将军、副都统题奏。

（二）直隶省承德府：承德府旗人案件，由该府审详，热河都统题奏；若系旗民交涉之案，仍详（直隶）总督会同（热河）都统题奏。

（三）新疆：新疆地方旗人民人案件，由厅州县审详，新疆巡抚会同伊犁将军题奏。

三　审　讯

京师旗人徒罪以上案件系由刑部或三法司会同有关部院审讯，其审讯与刑部现审案件之审讯大致相同，前已论及，兹不赘述。至于畿辅一带旗人徒罪以上案件系由直隶总督复审咨题，与京师旗人案件不同，其审讯与各省民人案件之审讯大致相同。

关于畿辅一带旗人案件之审讯，雍正三年议准：

> 直隶所属霸州东安等十四州县，山海关、古北口等八关口驻防总管、城守尉、防守御、防御，热河理事同知，陵寝各总管，游牧各总管，太仆寺羊马群各总管等应解部完结之案，令各该处审明，将应拟死罪并军流徒罪正犯，照常解部审理完结外。其案件应笞杖人犯并证佐干连待质及无干之人，俱免解部。取具确供，缮写文册，连正犯一并送部。将无干之人，竟行释放。证佐干连待质之人，取保释放。笞杖人犯，亦暂取保，俟刑部审结之日，饬令先行发落。如部审时罪犯改供，别有应质之处，饬取供词送部。倘另有供出必须审讯之要犯，亦止饬取供词送部。至命案内尸亲，亦止申送口供，免其解部。若有情愿随审者，听其赴部。①

各省驻防旗人案件之审讯，其有关规定与各省民人案件之审讯大致相同，前已论及，兹不赘述。

四　法司复核或定拟判决

各省旗人徒罪以上案件，将军、都统或副都统审理完结后，或咨或题或奏，奏闻于皇帝，由刑部或三法司复核。京师旗人徒罪以上案件，刑部或三法司审理完结后，须定拟判决，奏闻于皇帝。

除闲散旗人外，绝大多数旗人均系军人。清初以来，征战颇多，旗人为

---

① 《大清会典事例》卷838，7页。

国阵亡者众。旗人犯寻常死罪,如其父祖子孙曾经为国阵亡者,刑部或督抚得声明请旨,皇帝常宽免其罪。此与绿营官员兵丁等犯寻常死罪得声明请旨之情形相同,前于论述职官案件时业已论及,兹不赘述。

五　皇帝裁决

各省驻防旗人案件,刑部或三法司复核后,须奏闻皇帝裁决。京师旗人案件,刑部或三法司定拟判决后,亦须奏闻皇帝裁决。皇帝于京师旗人案件之裁决主要有四:(一)依法司定拟判决之裁决(即依议之裁决),(二)法司再行复审之裁决,(三)九卿会议之裁决,(四)另行处置之裁决(各省驻防旗人案件可准用之)。兹举例说明如后:

(一)依法司定拟判决之裁决(即依议之裁决)

康熙二十三年(1684年)十二月初三日,"三法司会议法葆拿其妻子逃匿,与马雄等同伙招兵,拟凌迟立决,其妻子交与该主为奴。上曰:'尔等之意若何?'明珠等奏曰:'法葆所行悖乱,人所共愤,法所不免。'上曰:'着照议完结。'"①

(二)法司再行复审之裁决

康熙二十二年(1683年)三月二十七日,"为议政王、贝勒、大臣会议正黄旗蒙古都统穆占行间情罪,应即行处绞,籍没家产。上曰:'穆占在保宁谎称粮米已经运到秦州;交战时不临阵指挥,远立观望;在辰州推诿不救永兴。以此坐罪固宜,但伊劳绩约有二百六十处。他人劳绩四五十处,尚行抵罪,伊有如许劳绩,独不可相抵乎?这所议稍过,着发还再议。'"②

(三)九卿会议之裁决

康熙二十三年(1684年)四月十三日,"为刑部题城门尉伯尔黑等将原任侍郎宜昌阿家人札哈里等疏纵上城,应交与兵部革职后照例定罪。上曰:'……着议政王、贝勒、大臣、九卿、詹事、科、道一并严议具奏。'"③

(四)另行处置之裁决

康熙二十二年(1683年)十一月初七日,"刑部题原任包衣大阿林诳称世祖皇帝有旨,勿令伊子牧马,拟绞,秋后处决事。上曰:'阿林可免死乎?'勒德洪、明珠奏曰:'阿林乃一狂愚之人,以其诳言可恶,故部议处死。至于

---

① 《康熙起居注》,康熙二十三年十二月初三日甲午。
② 同上书,康熙二十二年三月二十七日己巳。
③ 同上书,康熙二十三年四月十三日戊申。

法外宽免,出自圣恩。'上曰:'阿林从宽免死,着减等发落。'"①

第四节 蒙古案件

一 概 说

清入关前,内蒙古科尔沁部即已来归,并征服察哈尔部。其余内蒙古诸部均陆续归顺。康熙二十七年(1688年),外蒙古喀尔喀四部来降,外蒙古正式纳入版图。乾隆二十一年(1756年),清廷又征服额鲁特蒙古。至此,蒙古诸部均被征服,清帝国之版图大为扩张。

蒙古诸部降服后,清廷均编旗管理。内蒙古二十五部,编为五十一旗。喀尔喀蒙古四部,编为八十六旗。额鲁特蒙古十七部,编为四十四旗。喀尔喀蒙古与额鲁特蒙古合称为外蒙古。又青海蒙古五部,编为二十九旗。②

清廷为统治蒙古诸部,除以汗、亲王、郡王、贝勒、贝子、公、台吉等爵号分封蒙古诸领袖外,并于诸领袖中派任札萨克(Dzassak 蒙古语,酋长之义),掌一旗之政令,审理刑名案件。又将数部合为盟,设盟长一人。由清廷自蒙古诸汗、亲王、郡王、贝勒中择定。三年一次会盟,盟长清理刑名。③

又清廷为统治内、外蒙古诸部,并直接派遣大员驻扎内外蒙古各要地。于内蒙古派驻热河都统、察哈尔都统及绥远城将军等官,于外蒙古派驻定边左副将军及库伦办事大臣等官。此外,为处理蒙古与民人交涉案件,理藩院派遣司员驻扎于八沟、塔子沟、三座塔、乌兰哈达、神木、宁夏等处。④

二 管 辖

内外蒙古案件之管辖,清初以来,变革颇大。其变革之情形,《大清会典事例》卷997《理藩院刑法》。审断乙节记载颇详,兹不赘述。乾隆二十一年征服额鲁特蒙古后,内外蒙古案件之管辖逐渐确定。兹依《大清会典》之规定,析述如后:⑤

(一)两造均系蒙古案件

1. 未驻理藩院司官,亦非内属者:"凡蒙古之狱,各以札萨克听之。不

---

① 《康熙起居注》,康熙二十二年十一月初七日甲戌。
② 参见《大清会典事例》卷963,1页至卷966,14页。
③ 同上书卷983,8页。
④ 同上书卷976,2页。
⑤ 《大清会典》卷68,9~11页。

决,则盟长听之。不决,则报于(理藩)院。"具言之,"蒙古之讼,札萨克不能决者,令报盟长公同审讯,或札萨克判断不公,亦准两造赴盟长呈诉。""札萨克、盟长俱不能决者,即将全案遣送赴(理藩)院,其或札萨克、盟长均判断不公,亦准两造赴(理藩)院呈诉。"

2. 驻理藩院司官者:理藩院司官会札萨克而听之。

(1) 喀喇沁、敖汉、奈曼、喀尔喀左翼、土默特、翁牛特、巴林、克什克腾之案,八沟、塔子沟、三座塔、乌兰哈达四司官分境管理,由热河都统复核报院。

(2) 鄂尔多斯七旗之案,神木、宁夏二司官会同管理,由司官径行报院。

3. 蒙古内属者:将军、都统、大臣各率其属而听之。

(1) 归化城土默特之案,归化城副都统、土默特旗员审拟,绥远城将军复核,由将军报院。

(2) 察哈尔之案,察哈尔各旗司官审拟,察哈尔都统复核,由都统报院。

(3) 伊犁塔尔巴哈台所属额鲁特察哈尔之案,伊犁司官审拟,伊犁将军复核,由将军报院。

(4) 科布多所属乌梁海、札哈沁明阿特、额鲁特之案,科布多大臣率司官审拟,定边左副将军复核,由将军报院。

(5) 唐努乌梁海之案,乌里雅苏台司官审拟,定边左副将军复核,由将军报院。

(二) 蒙古民人交涉案件:地方官会理藩院司官听之。

直隶、盛京、吉林、山西、陕西、甘肃等地边民与蒙古交涉案件,原则上由各州县厅道地方官会同理藩院司官审理,由沿边之将军、都统、总督或巡抚会同复核,并由该等官员会同报院。①

又关于蒙古案件之报院,《大清会典》定曰:"凡罪至遣者,报于院以会于刑部而决焉。死者,则会三法司以定谳,若监候则入于秋审。"②

三 审 讯

绝大多数蒙古案件均系蒙古人于内外蒙古地方犯罪之案,仅极少数蒙古案件系由理藩院或刑部现审者。蒙古有其传统之历史与文化,其习惯法与汉族不同,亦与满洲有异。清代理藩院订有《蒙古律例》,蒙古札萨克、盟长、理藩院司官、沿边之州县厅道地方官、将军、都统、总督或巡抚等官审

---

① 参见《大清会典》卷68,10~11页。
② 同上书卷68,11页。

第六章　清代中央司法审判程序之三——特别案件审理程序

理蒙古案件时,自应依《蒙古律例》审断。

《蒙古律例》中有关首告、捕亡及断狱等门之规定颇具民族特色,如讼案须本人控告[①]、断狱时之发誓制度[②]、讼案不许两造私议[③]等习惯法均是。各级官员审讯蒙古案件时,自应遵守之。

极少数由刑部现审之蒙古案件,依事理推断,自应适用刑部现审案件中有关审讯之规定。

四　法司复核或定拟判决

遣罪以上蒙古案件由沿边之将军、都统、总督或巡抚会同复核后,应会同报院,奏闻于皇帝。此时,理藩院应予复核。理藩院复核时须依据案件性质,分别适用《刑律》或《蒙古律例》。《大清律》第 34 条(化外人有犯)两条附例特别规定:

> 蒙古与民人交涉之案,凡遇斗殴拒捕等事,该地方官与旗员会讯明确。如蒙古在内地犯事者,照刑律办理。如民人在蒙古地方犯事者,即照蒙古例办理。(乾隆二十六年定例)
>
> 蒙古地方抢劫案件,如俱系蒙古人,专用蒙古例;俱系民人,专用刑律。如蒙古与民人伙同抢劫,核其罪名,蒙古例重于刑律者,蒙古与民人俱照蒙古例问拟;刑律重于蒙古例者,蒙古与民人俱照刑律问拟。(嘉庆二十三年定例)

极少数由理藩院或刑部现审之蒙古案件,法司定拟判决时,亦应依据案件性质,分别适用《刑律》或《蒙古律例》。

五　皇帝裁决

蒙古案件,法司复核或定拟判决后,须奏闻皇帝裁决。皇帝于蒙古案件之裁决主要有四:(一)依法司定拟判决之裁决(即依议之裁决),(二)法司再行复核之裁决,(三)九卿会议之裁决,(四)另行处置之裁决。兹举例说明如后:

(一)依法司定拟判决之裁决(即依议之裁决)

康熙十九年(1680 年)三月十三日,"理藩院题额尔得尼和硕齐抢掠吴

---

① 《蒙古律例》卷 8。
② 同上书卷 12。
③ 同上。

喇忒部落马匹牲畜事。上曰：'着依所议行。'"①

（二）法司再行复核之裁决

康熙十九年（1680年）六月二十三日，"理藩院议翁牛忒部落阿林大踢死绰尔济，拟应绞事。上曰：'阿林大误伤绰尔济，以致毙命，即行拟绞，似属可悯。着会同三法司再行核议具奏。'"②

（三）九卿会议之裁决

康熙二十年（1681年）十月二十七日，"理藩院题，盗马蒙古阿毕大、塞尔古冷、扈雅克图、卓宾、哈喇候等五人，俱拟立斩，并家产妻子给与失主事。上曰：'着诸王、大臣会议定例具奏。'"③（所称诸大臣即指九卿而言）

（四）另行处置之裁决

康熙二十四年（1685年）九月二十一日，"理藩院议，逃往罗刹之诺摩托、代布、顾辛泰、岳苏乌儿、按都甘刹、黑叶尔臣即行正法。上曰：'诺摩托等乃无知愚徒，俱着从宽免死，并妻子交与该管衙门。'"④

第五节 京控案件

一 收 呈

清代并无现代刑事诉讼法上判决确定之概念，各省案件经督抚审理结案后，当事人（原被告）或其亲属如认原审审断不公，得向京师各部院衙门呈控，谓之京控。京控与上控不同，上控系指当事人或其亲属向督抚司道府等衙门逐级呈控，京控则系指当事人或其亲属向京师各部院衙门呈控。

接受京控之衙门主要为刑部、都察院、步军统领衙门及通政使司（登闻鼓厅）。依清代司法审判有关史料观之，各省民人京控案件，以向都察院呈控者居多。

各省民人京控之方式，以递送呈词者居多。惟如向通政使司（登闻鼓厅）呈控时，无论有无呈词，均得击鼓为之，此即俗称之"击鼓喊冤"。《大清会典》定曰："有击鼓之人，由通政使司讯供，果有冤抑确据，奏闻请旨，交部昭雪。"⑤

---

① 《康熙起居注》，康熙十九年三月十三日壬寅。
② 同上书，康熙十九年六月二十三日庚辰。
③ 同上书，康熙二十年十月二十七日丙午。
④ 同上书，康熙二十四年九月二十一日戊寅。
⑤ 《大清会典》卷69，15页。

第六章 清代中央司法审判程序之三——特别案件审理程序

各省民人京控前,应在本籍地方及该上司先行具控,并经审断结案。《大清律》第332条(越诉)附例规定:

> 军民人等,遇有冤抑之事,应先赴州县衙门具控。如审断不公,再赴该管上司呈明;若再有屈抑,方准来京呈诉。如未经在本籍地方及该上司先行具控,或现在审办未经结案,遽行来京控告者,交刑部讯明,先治以越诉之罪。(嘉庆五年定例)

二 法司处理

各省民人京控案件,清初原本不多,乾隆以后,逐渐增多。清初遇有京控案件,常特派大臣前往审办。乾隆五十六年上谕即曰:"朕勤求民隐,惟恐乡曲小民含冤莫诉,每遇来京具控之案,无不特派大臣前往审办。"① 嘉庆以后,特派大臣前往审办之事例渐少。

嘉庆以后,各省民人京控案件处理方式有三。嘉庆四年上谕即曰:"向来各省民人赴都察院、步军统领衙门呈控案件,该衙门有具折奏闻者,有咨回各该省督抚审办者,亦有径行驳斥者,办理之法有三。"② 一般言之,情节较重者,具折奏闻;情节较轻者,咨回本省督抚审办。

各省民人京控案件,以咨交各省督抚审办者居多,少数具折奏闻之京控案件,亦以奉旨发交各省督抚审办者居多。仅极少数案件,奉旨发交刑部审办。奉旨发交各省督抚审办之京控案件(即所谓钦命案件)各省督抚应亲提审讯。③ 又无论咨交或发交审办之京控案件,各省督抚往往官官相护,嘉庆八年上谕即曰:"此等民人,既经到京呈控,自不得不彻底究办。而一经发交该省,该督抚等非袒庇属员,即瞻徇前任,往往以诬告审结,民隐终不上闻。"④ 同治十三年,浙江民人杨乃武被控谋杀葛品连一案,杨氏亲属两次京控,一次咨回浙省,一次发交浙省。⑤ 其冤情均未得伸,即属著例。

都察院、步军统领衙门,遇有京控之案,应分别情形处理,或即行具奏,或咨回本省,或暂交刑部散禁,提取案卷,查核酌办。《大清律》第65条(事应奏不奏)附例规定:

---

① 《大清会典事例》卷1001,20页。
② 同上书卷750,5页。
③ 同上书卷1013,6页。
④ 同上书卷1003,1页。
⑤ 参见赵雅书:《清末四大奇案》,158~160页。

都察院、步军统领衙门,遇有各省呈控之案,俱不准驳斥。先向原告详讯,其实系冤抑难伸,情词真切,及地方官审断不公,草率办结,并官吏营私黩法,确凿有据,又案情较重者,即行具奏。如讯供与原呈回异,或系包揽代诉,被人挑唆,情节显有不实,及原告未经在本省赴案成招,挟嫌倾陷,借端拖累,应咨回本省审判之案,亦于一月或二月,视控案之多寡,汇奏一次,并将各案情节,于折内分析注名。如距京较近省份,将原告暂交刑部散禁,提取本省全案卷宗细加查核,再行分别酌办。(嘉庆四年定例)

都察院、步军统领衙门遇有京控案件时,应先究问曾否在本省各衙门呈告有案,再分别情形处理,或咨回本省,或交刑部核对原案。《大清律》第332条(越诉)附例前段规定:

外省民人赴京控诉,究问曾否在本省各衙门呈告有案,令其出结。如未经控理,将该犯解回本省,令督抚等秉公审拟题报。其先经历控本省各衙门,已据审结题咨到部,复又来京翻控者,即交刑部将现控呈词核对原案。(乾隆三十四年定例)

刑部将现控呈词核对原案后,亦应分别情形处理,或毋庸再为审理,或提取案卷来京核对,或交该督抚审办,或请钦差大臣前往。上述附例后段规定:

如所控情事与原案只小有不符,无关罪名轻重者,毋庸再为审理,即将翻控之犯照律治罪。若核与达部案情迥不相符,而又事关重大者;或曾在本省历控,尚未审结报部,虚实难以悬定者;将该犯交刑部暂行监禁,提取该省案卷来京核对质讯,或交该省督抚审办,或请钦派大臣前往,临时酌量请旨查办。(乾隆三十四年定例)

第六节 叩阍案件

一 收呈

所谓叩阍指吏民冤抑,诣阙自愬。质言之,即向皇帝诉冤也。依考察所

第六章 清代中央司法审判程序之三——特别案件审理程序

得,叩阍之方式主要有三:一为赴宫门叫诉冤枉,一为迎车驾申诉,一为呈递封章。兹分述如后:

(一)赴宫门叫诉冤枉:官吏军民人等依此种方式叩阍,得予准理,但叩阍人应科以刑罚。《大清律》第332条(越诉)附例规定:"擅入午门、长安等门内叫诉冤枉,奉旨勘问得实者,枷号一个月,满日杖一百;若涉虚者,杖一百,发边远地方充军。"同条附例又规定:"凡跪午门、长安等门,及打长安门内石狮鸣冤者,俱照擅入禁门诉冤例治罪。"

(二)迎车驾申诉:乾隆以前,官吏军民人等依此种方式叩阍者颇多。所谓车驾原指皇帝车辇而言,亦为皇帝之代称。迎车驾申诉,则系皇帝出巡时,于其车驾行处,申诉冤抑。《大清律》第195条(冲突仪仗)规定:"若有申诉冤抑者,止于仗外俯伏以听。若冲入仪仗内,而所诉不实者绞,得实者免罪。"但同条附例却规定"圣驾出郊,冲突仪仗,妄行奏诉者,……所奏情词,不分虚实,立案不行。"可知,迎车驾申诉如未冲突仪仗,则得准理。如冲突仪仗,则所奏情词,不分虚实,立案不行。《大清律》第332条(越诉)规定迎车驾(未冲突仪仗)申诉不实之处分:"若迎车驾及击登闻鼓申诉而不实者,杖一百;(所诬不实之)事重(于杖一百)者,从(诬告)重(罪)论;得实者,免罪。(若冲突仪仗自有本律。)"

(三)呈递封章:清代,仅内外重要职官方得封章奏事,嘉庆十七年上谕即曰:"至封章奏事,则各有一定职分。内而九卿台谏,外而督抚司道,方准呈递奏章。下至庶尹末僚,尚不得越职言事,况齐民乎?"① 清律严禁军民人等呈递封章,惟仍应将军民人等呈递之封章进呈皇帝,故呈递封章仍属叩阍方式之一。惟《大清律》第322条(越诉)附例规定:"军民人等控诉事件,俱令向该管官露呈投递。倘敢呈递封章,挟制入奏,无论本人及受雇代递者,接收官员,一面将原封进呈,一面将该犯锁交刑部收禁。"

二 法司处理与皇帝裁决

叩阍案件,皇帝多发交刑部或各部院审办,亦有发交各省督抚审办者。发交各省督抚审办之叩阍案件,系钦命案件。发交刑部审办之叩阍案件,其司法审判程序应依刑部现审程序办理。惟皇帝出巡时,叩阍案件多发交行在刑部审办。行在刑部审办叩阍案件,其司法审判程序应依惯例办理。发交各省督抚审办之叩阍案件,其司法审判程序应依各省之司法审判程序办理。

---

① 《大清会典事例》卷816,10页。

发交刑部审办之叩阍案件,刑部等衙门审理完结后,应定拟判决,奏闻皇帝裁决。皇帝于叩阍案件之裁决主要有五:(一)依法司定拟判决之裁决(即依议之裁决),(二)法司再行复审之裁决,(三)九卿会议之裁决,(四)特派大臣察审之裁决,(五)另行处置之裁决。兹分述如后:

(一)依法司定拟判决之裁决(即依议之裁决)

康熙四十五年(1706年)六月初十日,"(刑部)为西安驻防正黄旗披甲长生摇惑人心叩阍情罪,拟斩监候,秋后处决。……上曰:'长生依拟,应斩,着监候,秋后处决。'"①

(二)法司再行复审之裁决

康熙二十年(1681年)六月二十四日,"三法司衙门题,下启龙所告王花子将伊子卞一品打死,不曾质审属虚,妄行叩阍,议鞭责九十事。上曰:'……此情节着再行究审。'"②

(三)九卿会议之裁决

康熙二十年(1681年)二月十五日,"原任都统刘之源之妻,因伊夫为辅臣鳌拜党,革职籍没,入内府为奴,事属冤枉,叩阍辨明,刑部议不允行,仍鞭一百,折赎事。上曰:'刘之源效力行间,着议政王、大臣会议具奏。'"③

(四)特派大臣察审之裁决

康熙十九年(1680年)七月初七日,"三法司议刘肖隆诬陷张公等谋取天津,立李二公子,妄行叩阍,拟秋后处斩事。上曰:'……着差该部贤能司官一员,前往察审。'"④

(五)另行处置之裁决

康熙五十三年(1714年)五月十八日,"宗人府所题,……图尔德黑妄行捏词,侥幸叩阍,不合。拟将图尔德黑枷号三个月,鞭一百一疏。上曰:'这佐领与图尔德黑有分,着从宽免其枷责。'"⑤

---

① 《康熙起居注》,康熙四十五年六月初十日丙申。
② 同上书,康熙二十年六月二十四日乙巳。
③ 同上书,康熙二十年二月十五日己亥。
④ 同上书,康熙十九年七月初七日甲午。
⑤ 同上书,康熙五十三年五月十八日戊午。

第七章 结 论

一

清代司法审判制度为中国传统司法审判制度之重要环节,而中国传统司法审判制度又系中国传统法制之重要成分。了解清代司法审判制度,即易了解中国传统司法审判制度,并有助于了解中国传统法制。

研究中国传统法制,似宜先研究清代法制,而研究清代法制,又宜先研究清代司法审判制度。盖因中国传统法制至清代已经成熟,清代法制实系中国传统法制之最后代表。而清代司法审判制度又系清代法制之缩影,最能代表清代法制之精神。

清代中央司法审判制度为清代司法审判制度之主要部分。清代中央司法审判制度包含:(一)各省案件复核程序,(二)京师案件现审程序,(三)特别案件审理程序等三大部分。其范围至广,包罗极巨。非仅论及清代中央司法审判有关制度,亦涉及清代地方(督抚司道府州县厅)司法审判有关制度。清代中央司法审判制度具有若干特征,此项特征亦系整个清代司法审判制度之特征,颇能彰显清代司法审判制度之特质。

清代中央司法审判制度具有下列特征:

(一)君主集权:中国三千余年来均施行君主集权制度。夏商周三代行封建制度,君主集权之情形尚非甚巨。秦汉以后行郡县制度,君主集权之情形逐渐加剧,至明代达于巅峰。明太祖废丞相,直接管理六部,集大权于一身。明代君主集权之情形最为严重。清沿明制,一切典章制度多取法前明。因之,国家重大政务(含司法审判)均须由皇帝裁决。内阁大学士及军机大臣仅系皇帝之幕僚,协助皇帝处理政务(含司法审判),其地位与中国历史上之宰相相去悬殊。清代各省死罪案件,督抚审理完结后,须奏闻皇帝裁决。京师死罪案件,刑部或三法司审理完结后,亦须奏闻皇帝裁决。斩、绞立决案件奉旨依议后,始可执行死刑。斩、绞监候案件奉旨依议后,尚有待秋审或朝审复核。秋审或朝审复核后,仍须奏闻皇帝裁决。清代诸帝多牢牢掌握司法审判大权,绝不轻易授与臣僚。司法审判出自上裁,生杀与夺在于一人,清代司法审判上君主集权之情形极为显著。

(二)各部院得兼理司法审判:清代司法审判机关以三法司(刑部、都察院、大理寺)为主,除三法司外,清代中央尚有其他兼理司法审判之机关,如议政衙门、内阁、军机处、吏部、户部、礼部、兵部、工部、理藩院、通政使司、八旗都统衙门、步军统领衙门、五城察院、宗人府、内务府等机关,均掌有司法审判权,都属广义之司法审判机关,按清代中央行政与司法并不严格区分,虽有专业之司法审判机关(三法司),中央各部院仍多兼理司法审判,得审理部分民刑案件。

(三) 三法司合议审判:"明制三法司,刑部受天下刑名,都察院纠察,大理寺驳正。"① 清代三法司之职掌渐无区分,三法司共掌司法审判。"凡刑至死者,则会三法司以定谳。"② 除情节重大死罪案件由刑部专折具奏外,其余死罪案件,"罪应斩绞之犯,在京由三法司会审,在外由三法司会复。"③ 惟三法司中,刑部之权特重,《清史稿·刑法志》即曰:"外省刑案,统由刑部核复。不会法者,院寺无由过问,应会法者,亦由刑部主稿。在京讼狱,无论奏咨,俱由刑部审理,而部权特重。"④ 清代之三法司合议审判系数司法审判机关之合议审判,中国传统司法审判制度采行三法司合议审判,一则为避免司法审判大权集中于一衙门,使其权力过大。二则期望三法司相互制衡,防止营私舞弊。此固有其深意在焉,而非无意义之制度。

(四) 民刑审判渐趋分化:清代司法审判并未严格区分民事与刑事案件,惟已有户婚田土钱债案件与命盗等案件之分。清代府州县厅等司法审判机关兼理民事与刑事案件,而省级司法审判机关中,布政使司职司审理户婚田土钱债等民事案件,按察使司职司审理命盗等刑事案件。各省户婚田土钱债等民事案件,州县厅衙门即可结案,即使因审断不公而上控,亦可于布政使司或督抚衙门结案。除涉及刑事者外,鲜见民人再行京控者。清代中央司法审判机关中,三法司职司审理命盗等刑事案件,户部职司审理旗民户口田房等民事案件。由此可知,清代省级及中央之司法审判已开始区分民事与刑事案件,两类案件之司法审判渐趋分化。

(五) 采行纠问制度:清代刑部或三法司于各省咨题之案件应行复核,系采书面审理方式。惟刑部或三法司于京师徒罪以上案件,应行现审。依现代刑事诉讼之学理言之,刑部或三法司之现审系采纠问制度,以审判官为纠问者,以被告为被纠问之对象。审判官得依职权进行司法审判程序。纠

---

① 《清史稿》卷144,《刑法三》,见鼎文版《清史稿》,4206页。
② 《大清会典》卷43,1页。
③ 同上书卷69,页16。
④ 《清史稿》卷144,《刑法三》,见鼎文版《清史稿》,页4206。

问制度以发见实体之真实为目的,并不重视判决之确定力。审判官得于发见新事实或新证据时,重新审理案件。换言之,刑部或三法司现审案件纵已结案,仍得再行复审。

(六)允许刑讯取供:刑部或三法司于现审案件(指京师徒罪以上案件及其他特殊案件),应亲为审讯。清代司法审判特别重视当事人(原被告)及证人之口供,《大清会典》规定:"据供以定案。"①《大清律》第 31 条(犯罪事发在逃)附例规定:"内外问刑衙门审办案件,……务得(本犯)输服供词。"所谓输服供词即被告之招(自白),为案件据以定案之重要证据。清代司法审判允许刑讯取供,一般案件,得以大竹板刑讯人犯。重大案件,人犯如系男子,得以夹棍刑讯;人犯如系妇女,得以拶指刑讯。《大清律》第 396 条(故禁故勘平人)附例尚允许以拧耳、跪炼、压膝、掌责等方式刑讯人犯,审判官依法拷讯致人犯于死者,无刑事责任。刑讯残酷异常,借刑讯而取得之供招,违反自白任意性之原则,其真实性殊值怀疑。

(七)允许援引比附:刑部或三法司遇有律例上无处罚规定,而确有处罚必要之行为时,得援引比附,加以处罚。援引比附时,法司应议定奏闻。《大清律》第 44 条(断罪无正条)规定:"凡律令该载不尽事理,若断罪无正条者,(援)引(他)律比附,应加应减,定拟罪名,(申该上司)议定奏闻。"又同条附例规定:"其律例无可引用,援引别条比附者,应由刑部会同三法司公同议定罪名,于疏内声明律无正条,今比照某律某例科断,或比照某律某例加一等科断,详细奏明,恭候谕旨遵行。"法司援引比附之案件应系重大案件,一般轻微案件似毋庸援引比附,法司可径引《大清律》第 386 条(不应为),加以处罚。

(八)分层结案:各省有关人命徒罪案件及遣军流罪案件,督抚应专案咨部,刑部核复后,即可结案。至于各省死罪案件,情节重大死罪案件,督抚应专折具奏,由刑部核拟具奏,奉旨依议后,即可结案。寻常死罪案件,督抚应专本具题,由三法司核拟具奏,奉旨依议后,即可结案。(奉旨斩、绞监候之案件,尚须经秋审复核。)京师遣军流徒罪案件,刑部应按季汇题,奉旨依议后,即可结案。至于京师死罪案件,情节重大死罪案件,刑部应专折具奏,奉旨依议后,即可结案。寻常死罪案件,三法司应专本具题,奉旨依议后,即可结案。(奉旨斩、绞监候之案件,尚须经朝审复核。)由此可知,清代司法审判系分层结案,其中死罪案件之结案权属于皇帝。

(九)自动复核:各省遣军流罪案件,不论被告是否不服,督抚均应专案

---

① 《大清会典》卷 55,1 页。

咨部,由刑部复核。各省死罪案件,不论被告是否不服判决,督抚均须专折具奏或专本具题,奏闻于皇帝,由刑部或三法司复核。京师死罪案件,因系由刑部或三法司现审,故无所谓自动复核。各省死罪案件之自动复核,系因人命关天,必须审慎处理,自动复核制度较能保障被告之权益。

(十)九卿复核制度(秋审及朝审制度):各省寻常死罪案件,督抚专本具题后,由三法司核拟具奏,如奉旨斩、绞监候,此类案件即系斩、绞监候案件,应俟秋审复核。京师寻常死罪案件,三法司专本具题后,如奉旨斩、绞监候,此类案件亦系斩、绞监候案件,应俟朝审复核。秋审及朝审虽源自明代,惟其形成制度则系于清初。此项制度本质上为一慎重民命之慎刑制度,清代诸帝均极为重视。秋谳大典,蔚为一代之典章。秋审及朝审,每年秋季(八月间)施行,由九卿、詹事、科道等官会同复核,过程十分慎重。此一制度虽有形式化之缺点,成为仪式性之工作,但仍有其意义与价值。

(十一)限期审判:各省遣军流罪案件,督抚专案咨部后,刑部应依期限核复,各省死罪案件(无论情节重大死罪案件或寻常死罪案件),督抚专折具奏或专本具题后,刑部亦应依期限复核,核拟具奏。京师徒罪以上案件及死罪案件,刑部或三法司应于期限内审理完结,定拟具奏。(各省案件之复核期限及京师案件之审理期限,前已述及,兹不赘述。)刑部或三法司违反复核或审理期限者,即予处分。《大清律例》规定,三法司等衙门应于期限内审判,可避免案件久悬不决。

(十二)审判错误者科以刑罚或处分:审判官审判错误时负刑事及行政责任。关于刑事责任部分,《大清律》第409条(官司出入人罪)规定:"若断罪失于入者,各减三等;失于出者,各减五等。"关于行政责任部分,《六部处分则例》规定,审判错误者科以处分。承问失人者处分重,承问失出者处分轻,均应依案情轻重而为处分,或革职,或降级调用,或降级留任,或罚俸。审判官审判错误时负刑事及行政责任,似为中国传统法制所特有。平情论之,审判错误时负刑事责任之规定,应非妥当。惟审判错误时负行政责任之规定,可督促审判官认真审判,避免草率断案,自有其可取之处。

无可讳言,清代司法审判制度,因受当时政治、经济及社会发展等历史条件之局限,有其根本上之缺陷,诸如君主集权、行政机关兼理司法审判、采行纠问制度、允许刑讯取供及允许援引比附等。惟上述缺陷并非清代司法审判制度所特有,法国大革命以前欧陆各国之司法审判制度亦莫不皆然。法国大革命以后,欧陆各国陆续废弃君主政治,采行民主政治,逐步建立以自由、民主及人权为基本精神之法制。欧陆法制因而脱胎换骨,面貌一新,与法国大革命以前之欧陆法制迥不相同。可断言者,中国传统法制实自法

第七章 结 论

国大革命以后,始大幅度落后于欧陆各国。吾人认为,一昧肯定中国传统法制,固非所宜;而全盘否定中国传统法制,亦有欠妥当。

二

清代中叶以前,由于当时政治、经济及社会发展并无重大变化,中国传统法制(含传统司法审判制度)仍能有效运行。鸦片战争后,中国在政治、经济、社会及文化上,均受到欧陆各国之冲击,中国传统法制逐渐难以因应。清末,清廷遂逐步引进欧陆法制。辛亥革命后,中国传统法制,被彻底废弃,全盘移植欧陆法制。当时移植欧陆法制系以德意志法制为主要之范本,而当时之德意志法制,系以自由、民主及人权为基本精神(当时之德意志虽仍系帝国,但已有民主议会)。但其内容含有德意志民族习惯法之成分,未必适合当时之中国。民国初年之移植欧陆法制,属于"超前立法"。超前立法固有其积极作用,但亦有其不良影响。总体而言,超前立法利多而弊少,但不能谓毫无其弊。

中国传统法制虽已于民国初年被废弃,但中国传统法制三千年来所形成的中国人的法律观念(legal view)或法律意识(legal conciousnesse)仍未消亡。中国传统法制虽已废弃达八十年,而中国传统法制所形成的法律观念,仍然深刻地影响当前民刑诉讼的实际运作。此种法律观念,非但一般人民受其影响,司法人员(法官及检察官)亦受其影响。中国传统法制所形成的法律观念既然仍然影响当前民刑诉讼的实际运作,研究中国传统法制(含传统司法审判制度)即有其意义与价值。

民国初年移植之欧陆法制在中国本无与之配合的政治、经济与社会条件,也无历史与文化的基础。民国初年移植欧陆法制时,既不考量政治、经济与社会条件,也不参酌民族历史与文化的传统(指习惯法等),这种作法自然是有欠妥当的。

以日本之移植欧陆法制为例,明治维新以后,日本逐步废弃传统法制,移植欧陆法制。日本移植欧陆法制时,即较能考量日本政治、经济与社会条件,也较能参酌日本历史与文化的传统。现行日本法制已与欧陆法制不同,具有日本之特色,新的日本法制已隐然形成。

中国传统法制(含司法审判制度)固然缺点很多,但亦不无优点。反之,欧陆法制固然优点很多,但亦不无缺点。吾人期盼,我国今后引进欧陆法制(或英美法制)时,不应再有全盘移植的作法,而应考量我国的政治、经济与社会条件,也应参酌我国的历史与文化的传统(指习惯法等),重建具有中国特色的、适合中国人的法制,使中华法制浴火重生,再度屹立于世界。

附录

清代各类人犯的刑之执行

一 前 言

清代中央司法审判制度的历史分期,笔者认为可以分为下列四个阶段:

第一阶段:天命元年至崇德八年(1616—1643年),共28年。这是部族习惯法时代。

第二阶段:顺治元年至雍正十三年(1644—1735年),共92年。这是继受大明法制时代。

第三阶段:自乾隆元年至光绪三十一年(1736—1905年),共170年。这是前一阶段的变革时代。

第四阶段:光绪三十二年至宣统三年(1906—1911年),共6年。这是继受欧陆法制时代。

前三阶段之中央司法审判制度,本书已有论述,故本文拟论述前三阶段各类人犯的刑之执行。至于第四阶段的司法审判制度,本书并未论及,故本文亦不拟论述第四阶段各类人犯的刑之执行。

清入关前,中央司法审判制度变革颇多,由简而繁,逐步建立一套属于大清国的司法审判制度。在第一阶段,在程序法上,已部分继受大明司法审判制度;在实体法上,仍然适用部族习惯法。在刑之执行上,也适用部族习惯法。在第二阶段,大清国入关后,迅速继受大明法制,直省及京师汉人案件大部分已采行大明司法审判制度,但旗人案件仍保有部分民族特色。在刑之执行上,亦是如此。汉人案件各类人犯的刑之执行已采行明制,且逐步有所变革。旗人案件各类人犯的刑之执行,仍保有部分民族特色。在第三阶段,大清国司法审判制度又有变革,重大死罪案件应专折具奏,由军机处处理。一般死罪案件应专本具题,由内阁处理。在刑之执行上,变革亦多。以死刑之执行为例,先后建立所谓先行正法与就地正法的制度。在第四阶段,开始继受欧陆法制,在刑之执行上,亦逐步采行欧陆法制。

笔者拟将清代各类人犯的刑之执行分为下列三个段落来说明:

(一)清入关前各类人犯的刑之执行

(二)直省各类人犯的刑之执行

(三) 京师各类人犯的刑之执行

二　清入关前各类人犯的刑之执行

清入关前,案件经汗或皇帝裁决后,案件即为确定,法司可依汗或皇帝之裁决内容加以执行。清入关前,汗或皇帝裁决之刑罚,种类繁多。努尔哈赤时期,残酷之刑罚颇多。皇太极时期,法制渐立,残酷之刑罚渐少。此一时期之刑罚颇具民族特色,如"贯耳鼻"、"鞭责"、"罚土黑勒威勒"、"折赎"、"罚赎身银"等,均系满族特有之刑罚方式。又此一时期之刑罚并无主刑、从刑之分,但已有刑罚与惩戒处分之别。单一犯罪案件可能被科以多种刑罚,贵族或官员犯罪则常被科以惩戒处分(革职、削爵、解任等)。又某些刑罚可易科赎刑(折赎、罚赎身银)。

依考察所得,清入关前之刑罚,除早期偶一用之的刑罚(如掌嘴、射鸣镝箭、流放、罚牛羊、焚杀、磔杀、施酷刑后斩首等)可略而不论外,可分为身体刑(贯耳鼻、鞭责)、财产刑(籍没、罚银)、自由刑(圈禁、充为奴隶)和死刑(斩首)等四大类,兹分述如下:

(一) 身体刑

1. 贯耳鼻:贯耳鼻是用箭穿过耳鼻,此种刑罚系满族部族习惯法,极具特色。执行时有贯耳和贯耳鼻之分,以此区别刑罚之轻重。天命七年六月十七日,诸贝勒曾议定:"废止刺耳鼻之刑。"[①] 但事实上,此一刑罚迄清入关前仍继续施行。清入关后,始行停止施行,努尔哈赤时期名臣达海亦曾受此刑。[②]

2. 鞭责:鞭责亦系满族部族习惯法。依考察所得,以鞭二十七为最低鞭数,另有鞭三十、四十、五十、六十、七十、八十、八十二、九十者,最高鞭数则为鞭一百。[③] 又天命七年六月十七日,诸贝勒曾议定:"百鞭折杖五十,嗣后,二鞭折一杖。"[④] 但事实上,此项命令并未施行于满族,满族犯罪时,仍继续施以鞭责。据推断,上述命令应系施行于汉族。清入关后,鞭责非但未停止施行,反进而纳入《大清律例》内。鞭责制度系满族入关后少数继续存留之部族习惯法。

(二) 财产刑

1. 籍没:籍没分为"籍没赏赐之物"、"籍没属人"、"籍没家产"等形态。

---

① 前书,页387。
② 前书,页299。
③ 参见《盛京刑部原档》。
④ 《满文老档》(汉译本),页387。

努尔哈赤时期,遇有犯罪,常科以"籍没赏赐之物",皇太极时期则不再有此种刑罚。"籍没属人"系将贵族或官员领有之牛录属人加以籍没,因彼时属人亦系财产,故"籍没属人"亦系财产刑之一种。此种刑罚常施于贵族或官员,如天命五年八月二十二日额亦都违律一案,努尔哈赤即命"取额亦都巴图鲁之诸申三百男"①。又如崇德七年八月初六日巴布海违律一案,皇太极即命"夺其永管牛录为公中牛录"②。

2. 罚银:努尔哈赤时期,法司对于轻微犯罪案件,每科以罚银。如天命六年二月二十八日,牛录章京贝德"罚银十五两"③。又如天命六年九月初一日,大额驸与阿敦"各罚银二十五两"④。此一罚银之制度,自天命中期以后,逐渐制度化,成为满族之部族习惯法,即罚"土黑勒威勒"。罚"土黑勒威勒"系按人犯世职品级罚银(无世职者鞭责)的刑罚。此一制度的详细内容,前于论述"法司定拟判决之依据"时,业已论及,兹不赘述。

(三)自由刑

1. 圈禁:圈禁系将人犯囚禁于四周围以高墙的房舍中。圈禁时期通常很短,很少长期圈禁者。如天命五年闰二月初五日,达尔汉侍卫曾被"羁禁二日"⑤。天命六年十一月初一日,济尔哈朗贝勒等四人曾被"监禁三日三夜"⑥。天命六年十一月十八日,博尔晋侍卫曾被"囚禁十昼夜"⑦。但亦有特殊案件之人犯被长期或终身囚禁者,如努尔哈赤长子褚英即曾被圈禁几达三年之久⑧,又如大贝勒阿敏亦曾被圈禁达十年之久⑨。法司圈禁人犯,有时禁给食物,谓之"饿禁"。如天命六年二月二十九日,诺木齐即曾被"囚禁五日,不供饭食"⑩。又如崇德三年七月十七日,额尔克戴青即曾被"饿禁两昼夜"⑪。

2. 充为奴隶:充为奴隶系将人犯赏给贵族或官员作为奴隶。此种刑罚将原非奴隶之人犯充为奴隶,剥夺其自由,故可视为自由刑之一种。其事例

---

① 《满文老档》(汉译本),154页。
② 《清太宗实录》卷62,5页。
③ 《满文老档》(汉译本),162页。
④ 同上书,页232。
⑤ 同上书,164页。
⑥ 同上书,247页。
⑦ 同上书,255页。
⑧ 《清史稿》卷216。见鼎文版《清史稿》,8965页。
⑨ 同上书卷215。见鼎文版《清史稿》,8945页。
⑩ 《满文老档》(汉译本),页一七二。
⑪ 《盛京刑部原档》,44页。

如天命六年十二月十一日,崩阔里即被判令"给大贝勒为奴"①。又如天聪六年八月二十九日,雅木布鲁和董山二人亦被判令"给各贝勒为奴"②。

(四) 死刑

清入关前,见于史料记载的执行死刑的方式颇多,有焚杀、磔杀、施酷刑(乱刺耳鼻口等处)后斩首等方式。但大多系偶一用之,并非常刑,斩首才是最重要的执行死刑的方式。人犯"正法"者,如未特别说明,即系斩首。案情特别重大的人犯,斩首之后,或枭首示众,或戳尸。前者如天命六年十一月十一日,法司曾将一蒙古人"于八旗枭首示众,以示惩戒"③。后者如天命七年正月二十六日,法司将茂海"按八旗裂尸八段,悬八门以示众"④。

(五) 惩戒处分

清入关前,贵族或官员犯罪,常被科以惩戒处分,或革职,或削爵,或解任。此种惩戒处分,或系主刑之附加刑,或系单独科处之刑罚,系常见之刑罚。崇德元年以后,制度始行完备。

1. 革职:革职指官员犯罪者,革其世职(或曰前程)之谓。天命五年三月,努尔哈赤仿明制创设满洲世职制度,分为备御、游击、参将、副将、总兵官五等。⑤ 天聪八年四月,皇太极更定制度,将世职分为牛录章京、甲喇章京、梅勒章京、昂邦章京、公、超品公六等。⑥ 官员犯罪,有仅革职(世职)者,亦有一并解任者。

2. 削爵:削爵指贵族犯罪者,削其爵号之谓。努尔哈赤时期,法制未备,尚未制定贵族之爵号。皇太极亦迟至崇德元年,始仿明制定宗室爵号,列爵九等:和硕亲王、多罗郡王、多罗贝勒、固山贝子、镇国公、辅国公、镇国将军、辅国将军、奉国将军。⑦ 贵族犯罪削爵,轻则降其爵号,重则完全削其爵号,贬为庶人。

3. 解任:解任指贵族或官员犯罪者,解除实任职务之谓。部院官员解任者称"解部任",八旗官员解任者称"解固山任"、"解梅勒任"、"解甲喇任"、"解牛录任",主旗贝勒解任者称"不令管理旗务",议政王贝勒大臣解任者称"罢议任"。《盛京刑部原档》中有关贵族或官员解任之事例极多,兹不赘举。

---

① 《满文老档》(汉译本),273 页。
② 同上书,1334 页。
③ 同上书,250 页。
④ 同上书,308 页。
⑤ 《清太祖高皇帝实录》卷 7,6 页。
⑥ 《清太宗实录》卷 18,13 页。
⑦ 《八旗通志初集》卷 75,1 页。

(六) 赎刑

1. 折赎：折赎起源甚早，努尔哈赤时期，对于某些轻微犯罪，准其赎罪。如万历四十三年(1615年)，努尔哈赤定围猎令时，对违反围猎令之人，"视其获罪者，若系有财者，则准其赎罪，以所罚物与拿获者。若系不能赎罪者，则杖其身以抵罪。"① 皇太极时期，始形成制度。折赎是指以罚银赎鞭责、贯耳鼻等身体刑。由《盛京刑部原档》，可知鞭责和贯耳鼻折赎之标准：原则上，三鞭折赎银一两，贯耳(双耳)折赎银六两，贯耳鼻折赎银九两。鞭责或贯耳鼻是否允准折赎，须由汗或皇帝裁决，法司不得先行定拟。

2. 罚赎身银：罚赎身银(或称罚赎、赎身)起源较晚，未见于努尔哈赤时期，皇太极时期始形成制度。罚赎身银是指以罚银赎死罪(但有例外)，即所谓"免死赎身"。死罪是否允准罚赎身银，亦须由汗或皇帝裁决，法司不得先行定拟。但某些案件法司并未定拟死罪，却径行定拟罚赎身银，以罚赎身银作为一种独立的刑罚，惟此系例外。罚赎身银有一定之标准，原则上与人犯职任高低成正比。职任高者，赎身银多，职任低者，赎身银少。《盛京刑部原档》中，事例颇多，兹不赘述。

三 直省各类人犯的刑之执行

清入关后，采行明制，清律上，刑分五种，名曰五刑。每种又分数等，笞刑五等，杖刑五等，徒刑五等，流刑三等，死刑二等，五刑共二十等。《大清律》第1条(五刑)规定：

> 笞刑五：一十。(折四板。)二十。(除零,折五板)三十。(除零,折一十板。)四十。(除零,折一十五板。)五十。(折二十板。)
>
> 杖刑五：六十。(除零,折二十板。)七十。(除零,折二十五板。)八十。(除零,折三十板。)九十。(除零,折三十五板。)一百。(折四十板。)
>
> 徒刑五：一年、杖六十。一年半、杖七十。二年、杖八十。二年半、杖九十。三年、杖一百。
>
> 流刑三：二千里、杖一百。二千五百里、杖一百。三千里、杖一百。
>
> 死刑二：绞。斩。

五刑之外，尚有总徒四年、准徒五年、迁徙、充军、发遣、刺字、枷号、罚

---

① 《满文老档》(汉译本)，34页。

金、入官、追征等刑罚。其中迁徙为流刑之减轻,充军、发遣为流刑之加重,均属广义之流刑。

一 笞杖刑之执行

笞杖刑执行时用竹板。《大清律》第1条(五刑)附例规定:"凡笞杖罪名折责,概用竹板。长五尺五寸,小竹板,大颈阔一寸五分,小颈阔一寸,重不过一斤半。大竹板,大颈阔二寸,小颈阔一寸五分,重不过二斤。"惟笞刑用小竹板,杖刑用大竹板,同条小注曰:"笞者,击也,又训为耻。用小竹板。"又曰:"杖重于笞,用大竹板。"笞杖刑执行时并不照原定数执行,而是以四折十。杖一百,止折责四十板。笞杖罪执行完毕,即予释放。

又笞杖罪人犯,热审期间可予减免,《大清律》第1条(五刑)附例规定:

> 每年于小满后十日起,至立秋前一日止;如立秋在六月内,以七月初一日为止。内外问刑衙门,除窃盗及斗殴伤人罪应杖笞人犯,不准减免;其余罪应杖责人犯,各减一等,递行八折发落,笞罪宽免。如犯案审题在热审之先,而发落在热审期内者,亦照前减免。倘审题虽在热审期内,而发落已逾热审者,概不准其减免。(乾隆五十三年定例)

又文武官员(州县官自亦属之)犯笞杖罪时,得以行政处分代替笞杖刑之执行,但又有公罪私罪之不同,官员犯公罪时,《大清律》第7条(文武官犯公罪)规定:

> 凡内外大小文武官犯公罪,该笞者,一十,罚俸一个月。二十、三十,各递加一月。(二十,罚二月。三十,罚四月。)四十、五十,各递加三月。(四十,罚六月,五十,罚九月。)该杖者,六十,罚俸一年。七十,降一级;八十,降二级;九十,降三级;俱留任。一百,降四级调用。

又官员犯私罪时,《大清律》第8条(文武官犯私罪)规定:

> 凡内外大小文武官犯私罪,该笞者,一十,罚俸两个月;二十,罚俸三个月;三十、四十、五十,各递加三月。(三十,罚六月;四十,罚九月;五十,罚一年。)该杖者,六十,降一级;七十,降二级;八十,降三级;九十,降四级;俱调用。一百,革职离任。(犯赃者不在此限。)

执行笞杖刑时,应如法以决罚,行杖之人更应确实执行,不得决不及肤。《大清律》第 413 条(决罚不如法)规定:

> 凡官司决人不如法(如应笞而用杖)者,笞四十;因而致死者,杖一百,(当该官吏)均征埋葬银一十两。(给付死者之家。)行杖之人,各减一等。(不追银。)其行杖之人,若决不及肤者,依验所决(不及肤)之数抵罪,(或由主使,或由行杖。)并罪坐所由。若受财(而决不如法、决不及肤)者,计赃,以枉法从重论。

二 徒刑之执行

《大清律》第 45 条(徒流迁徙地方)规定:"徒五等,发本省驿递。"薛允升亦曰:"徒犯系在配所拘役,即古城旦鬼薪之类,前明改为煎盐炒铁,雍正年间改为发本省驿递,均系拘役之意,是以有徒囚不应役分别治罪之律。"① 但乾隆五十二年,《大清律》第 45 条(徒流迁徙地方)增一附例,该附例规定:

> 民人在京犯该徒罪者,顺天府尹务于离京五百里州县定地充配。至外省徒罪人犯,该督抚于通省州县内,核计道里远近,酌量人数多寡,均匀酌派。俱不拘有无驿站,交各州县严行管束。俟徒限满日,释放回籍安插。(乾隆五十二年定例)

依此例,则徒犯仅须严行管束而已,并不须拘役。惟依六部处分则例,徒犯亦有流拨各衙门充当夫役者。②

督抚将徒犯定地充配后,应由州县决配,《大清律》第 411 条(有司决囚等第)规定:"凡(有司于)狱囚(始而)鞫问明白,(继而)追勘完备;军流徒罪,各从府州县决配。"至于起解期限,《大清律》第 391 条(稽留囚犯)规定限十日内:

> 凡应徒、流、迁徙、充军囚徒断决后,当该(原问)官司限一十日内,如(原定)法(式)锁杻,差人管押,牢固关防,发遣所拟地方交割。

但同条附例却规定,起解期限定限一月:

---

① 薛允升:《读例存疑》卷 6,见静嘉编校之重刊本,150 页。
② 《六部处则例》卷 742,24 页。

外省发遣官常各犯,及发往军台效力赎罪废员,与军流徒罪人犯,于文到之日,均限一个月即行起解,勿得任其逗留。各该督抚将各犯起解月日专咨报部,如有迟逾,即行指参;倘实因患病逾限不能起解者,地方官验看属实,加具并无捏饬印甘各结,详明督抚起限,亦不得过两个月,该督抚亦即咨部查核。如有假捏及逾限不行起解者,别经发觉,将该州县及失察之各上司,分别交部议处。(乾隆三十七年定例)

此外,《六部处分则例》又规定,起解期限定限二月:

徒流军遣并迁徙各处人犯,俱以文到日为始,定限两个月起解。如人犯众多,以五名作一起先后解送,每日限行五十里。倘人犯实在患病,该州县将未能起解缘由,详明督抚咨部查核,另行扣展,亦不得过一百日之限。①

以上三项规定,相互歧异,究应适用何者,亟值研究。以法理言之,例之效力高于律,故《大清律》第391条应无适用可能。至于后二项规定,似应适用《六部处分则例》之规定,盖因《六部处分则例》实际上决定官员之处分也。

徒犯起解时,应注意以下二项规定:

(一)凡军、流、徒犯,俱开明籍贯、年岁,行文配所。(《大清律》第15条附例)

(二)文武员弁犯徒,及总徒四年,准徒五年者,即在犯事地方,定驿发配。俟年限满日,释放回籍。其有应折枷号鞭责者,仍照例办理。(《大清律》第45条附例)

徒犯到配后,应先按律折责,执行杖刑。《大清律》第1条(五刑)附例规定:"凡民人,犯军流徒罪者,俱至配所,照应杖之数折责。"即徒一年,杖六十;徒一年半,杖七十;徒二年,杖八十;徒二年半,杖九十;徒三年,杖一百。徒犯到配后应入役,清律第四一九条(徒囚不应役)规定:"凡盐场、铁冶,拘役徒囚,应入役而不入役,……过三日,笞二十;每三日加一等,罪止杖一百。"但事实上徒犯并无应役之事,有名无实而已。

徒犯应徒年限届满后,应即释放,《大清律》第45条(徒流迁徙地方)规定:"凡徒役,各照应徒年限,并以到配所之日为始,限满释放。"

---

① 《六部处则例》卷46,5页。

清代官员犯徒罪，常发往军台效力，军台系设于西北两路之驿递。官犯发往军台效力，据薛允升云："官犯发往军台效力，始于乾隆六年，尚书讷钦等钦遵谕旨奏准，原系专指侵贪之案，完赃后减为徒流者而言。谕旨内明言：'此辈既属贪官，除参款之外，必有未尽之赃私，完赃之后，仍得饱其囊橐，殊不足以示惩儆'等语；是发往军台，本为黩货营私者戒，其犯别项罪名，原有应流应徒地方，即不得概行发往军台，自可概见。嗣后办理官犯案件，有奉特旨发往军台者，相沿日久，遂为职官犯徒罪之定例，犹之官员犯军流以上，即行发往新疆也。"①

《大清律》第 45 条(徒流迁徙地方)附例规定："凡发往军台效力废员，三年期满，台费全数缴完者，由军台都统抄录获罪原案，具奏请旨(释回)"清代于官吏之惩罚，较民人为严。

清代于徒刑之执行，并不严格，是故弊病丛生，《钦定州县事宜》即曰："五刑之中，徒罪列于三等，其去军流不远，皆系作奸犯法之人。摆站拘役，原有年限释放，未尝禁锢终身。乃各驿中或驿丞专司，或系本官代管，在驿丞官职卑微，惟图营利。而知县地方事冗，不复经心。此等奸黠犯徒，每多汇缘贿买，私放归家。或请人顶替，本犯潜回，枭犯仍然卖盐，窃盗依然作贼。或遇旁人首告，在未经拏住者，则星夜逃回原驿，以为并未远离。倘连人捕获，则该驿倒提年月，捏报脱逃在先，借以掩饰，甚至随到卖放，从即报逃，有一驿而连逃数人者。"②

三　流刑之执行

《大清律》第 45 条(徒流迁徙地方)规定："流犯，照依本省地方，计所犯应流道里，定发各处荒芜及濒海州县安置。"同条附例更详细规定：

> 各省佥发军流人犯，……余俱按照军流道里表内应发省分，毋庸指定府州，悉听该省督抚接其所犯罪名，查照军流道里表，酌量州县大小远近，在配军多寡，均匀拨发。起解省份，预行咨明应发省份督抚，先期定地，余知入境首站州县，随到随发。其解犯兵牌内，填明解赴某省入境首站某州县，遵照定地，转解配所投收申缴字样。(乾隆五十三年定例)

---

① 薛允升：《读例存疑》卷 6，见黄静嘉编校之重刊本，167 页。
② 《清代州县故事》，见《清代州县四种》，31 页。

同条并规定流刑发配省分：

> 直隶布政司府分,流陕西。江南布政司府分,流陕西。安徽布政司府分,流山东。山东布政司府分,流浙江。山西布政司府分,流陕西。河南布政司府分,流浙江。陕西布政司府分,流山东。甘肃布政司府分,流四川。浙江布政司府分,流山东。江西布政司府分,流广西。湖北布政司府分,流山东。湖南布政司府分,流四川。福建布政司府分,流广东。广东布政司府分,流福建。广西布政司府分,流广东。四川布政司府分,流广西。贵州布政司府分,流四川。云南布政司府分,流四川。

流犯配地之决定,原则上督抚应俟奉到部复后再行办理,但亦有例外,《大清律》第391条(稽留囚徒)附例规定：

> 凡各省距省窎远之各厅州县,问拟遣军流犯。各督抚于出咨后,即令造册先行定地,并发给咨牌,存俟奉到部复,即行佥差起解,不准稍有稽滞。仍将发给咨牌,并起解日期报部查核。

流犯起解之期限及行文配所,均与徒犯之执行相同,其特殊规定有以下三项：

（一）凡犯流者,妻妾从之；父、祖、子、孙欲随者,听。(《大清律》第15条)

（二）流犯到配,俱照应得杖数折责(杖一百)。(《大清律》第411条附例)

（三）流犯发配,原则上系终身不返,永不释回。

流刑之减轻有迁徙,《清史稿·刑法志》曰："迁徙原于唐之杀人移乡,而定罪则异。律文沿用数条,然皆改为比流减半,徒二年,并不徙诸千里之外,惟条例于土蛮猺獞苗人仇杀劫掳及改土为流之土司有犯,将家口实行迁徙,然各有定地,亦不限千里也。"①

《大清律》第45条(徒流迁徙地方)规定："应迁徙者,迁离乡土一千里外。"同条附例规定：

---

① 《清史稿》卷143,《刑法二》,见鼎文版《清史稿》,页4195。

凡土蛮、猺、獞、苗人仇杀劫掠,及聚众捉人勒禁者,……如系军流等罪,将本犯照例枷责,仍同家口父母、兄弟、子侄一并迁徙;系流官所辖者,发六百里外之土司安插;系土司所辖者,发六百里外之营县安插。(雍正五年定例)

凡土司有犯徒罪以下者,仍照例遵行外,其改土为流之土司,……如犯军流罪者,其土司并家口应迁于近省安插,系云南、四川迁往江西,系贵州、广西迁往安庆,系湖南迁往河南,在于省城及驻扎提督地方分发安插。(雍正五年定例)

四 充军之执行

《清史稿·刑法志》曰:"明之充军,义主实边,不尽与流刑相比附。清初裁撤边卫,而仍沿充军之名,后遂以附近、近边、边远、极边、烟瘴,为五军,且于满流以上为节级加等之用。附近二千里,近边二千五百里,边远三千里,极边、烟瘴俱四千里,在京兵部定地,在外巡抚定地。雍正三年之律,第于十五布政司应发省份约略编定。乾隆三十七年,兵部根据《邦政纪略》辑为五军道里表,凡发配者视表所列。然名为充军,至配并不入营差操,第于每月朔望检点,实与流犯无异。而满流加附近,近边道里,反由远而近,司谳者每苦其纷歧。"①

充军分五等,应由巡抚按照五军道里表发配,《大清律》第46条(充军地方)规定:

凡问该充军者,附近,发二千里;近边,发二千五百里;边远,发三千里;极边、烟瘴,俱发四千里。定地发遣充军人犯,在京,兵部定地;在外,巡抚定地,仍抄招知会兵部。

充军人犯起解之期限及行文配所,均与徒犯之执行相同。其特殊规定有以下三项:

(一)充军常犯,至配后责令照例当差,不得任其闲散。(《大清律》第396条附例)

(二)凡各省充军人犯,该州且仍驻军籍当差,以该州县为专管,该府为统辖。(《大清律》第46条附例)

(三)充军人犯到配后,应杖一百折责(《大清律》第411条附例)

---

① 《清史稿》卷143,《刑法二》,见鼎文版《清史稿》,4195页。

充军虽系流刑之加重,其实军犯与流犯无异,故薛允升曰:"充军系沿前明旧例,前明军犯俱在卫所当差。本朝俱归州县收管,并无可当之差,与流犯无异,是有军之名,而无军之实,又何必多立此项名目耶?"①

五　发遣之执行

《清史稿·刑法志》曰:"又有发遣名目,初第发尚阳堡、宁古塔,或乌喇地方安插,后并发齐齐哈尔、黑龙江、三姓、喀尔喀、科布多或各省驻防为奴。乾隆年间,新疆开辟,例又有发往伊犁、乌鲁木齐、巴里坤各回城分别为奴种地者。咸同之际,新疆道梗,又复改发内地充军。"②

发遣分当差、为奴二种情形,一般言之,生员以上犯罪,发遣当差,民人犯罪,发遣当差或当奴。发遣地通常为黑龙江、吉林(宁古塔)、新疆(伊犁、乌鲁木齐)等地。《大清律》第45条(徒流迁徙地方)附例规定:

曾为职官及进士、举、贡、生员、监生,并职官子弟,犯该发遣乌鲁木齐、黑龙江等处,如只系寻常过犯,不致行止败类者,发往当差。其发驻防者,亦改发乌鲁木齐当差。若系党恶窝匪、卑污下贱者,俱照平人一例,发遣为奴。(乾隆五十六定例)

发遣当差官犯得准其效力,同条附例规定:

发遣新疆废员,派令管理铅铁等厂。该将军、都统等,详核案情轻重,摘叙原犯罪由,报部核复。情罪较重者,不准管理。其情节较轻之员,准其管理。俟两年期满,如果妥协,除原犯徒杖例止三年奏请者,毋庸置疑外,其原犯军流例应十年奏请者,准其于十年之内酌减三年,奏闻请旨,如蒙允准,即令各回旗籍。(嘉庆八年定例)

发遣为奴当差人犯须服劳役,同条附例规定:

民人发往伊犁、乌鲁木齐等处为奴遣犯,如在配安分,已逾十年者,止令永远种地,不准为民。若发往当差遣犯,果能悔过悛改,定限五年,编入该处民户册内,给地耕种纳粮。俱不准回籍,其有到配后,呈请愿

---

① 薛允升:《读例存疑》卷6,见黄静嘉编校之重刊本,178页。
② 《清史稿》卷143,《刑法二》,见鼎文版《清史稿》,页4195。

入铅铁等厂效力赎资者，……其余无论当差、为奴，罪由轻重，咨部记档，准其入厂。……若果能始终实心悔过，入厂五年期满，俱准其为民，改入该处民户册内。查系当差人犯，再效力十年，准其回籍；为奴人犯，详核原犯罪由，罪重者不准留厂，罪轻者报部核复，再加十二年，如果始终效力奋勉，准其回籍。（嘉庆六年定例）

发遣人犯起解之期限，与徒犯之执行相同，其特殊规定有以下三项：

（一）凡发遣人犯，酌定名数，分起解送。如案内人犯众多，至五名以上者，每五名作一起，先后解时，务必如法锁铐，将年貌锁铐填注批内，接递官必按批验明锁铐完全，于批内注明完全字样，钤盖印信，转递前途。（《大清律》第45条附例）

（二）发遣伊犁、乌鲁木齐并吉林、黑龙江等处人犯，该将军都统等，务酌量所属各地大小，均匀派拨，分别安插。（《大清律》第45条附例）

（三）发遣新疆、黑龙江当差为奴者，到配时照例安手，俱不决杖。（《大清律》第411条附例）

发遣虽系流刑之加重，其实遣犯与流犯无异，故薛允升曰："今发新疆遣犯，本罪原系军流，初则因垦种而改发，后则不因垦种而酌量改发。初则仍系军流本罪，后直定为外遣专条。其究也，军亦非军，遣亦非遣，仍与流犯无异。"①

六 死刑之执行

死刑之执行，因处决者为立决人犯、情实人犯、先行正法人犯之不同，而有差异。三种人犯当中，以情实人犯最多，以先行正法人犯最少。

（一）立决人犯之处决：立决人犯，督抚审录无冤，法司复勘定议，奏闻候有回报，即可处决。《大清律》第411条（有司决囚等第）规定：

> 至死罪者，在内法司定议，在外听督抚审录无冤，依律议拟（斩绞情罪），法司复勘定议，奏闻（候有）回报，（应立决者，）委官处决，故延不决者，杖六十。

逆匪凶盗应斩枭立决人犯，应于省城处决，并由按察使等官监决，《大清律》第411条（有司决囚等第）附例规定：

---

① 薛允升：《读例存疑》卷6，见黄静嘉编校之重刊本，179页。

凡各省州县招解逆匪凶盗罪应斩枭立决人犯,该督抚于各州县解犯到省,审明题奏后,即留禁按察使监,及首府县监,牢固监禁。俟奉到逆匪凶盗案内部文,按察使会同督抚标中军,督率府县,亲提各犯验明,绑赴市曹,监视处决。应枭示者,仍传首犯事地方示众。(嘉庆六年定例)

如处决一般立决人犯,督抚应按程按日计算,于非停刑日期,将部文钉封专差驰递州县,同条附例规定:

各省奉到立决人犯部文,该督抚按程按日计算。如由府厅州转行州县,在正月六月停刑期内者,即将部文密存按察使内署;仍按程日计算,行至州县已非停刑日期,钉封专差驰递。该州县奉到部文,即日处决。(乾隆二十八年定例)

处决人犯,应由正印官监决,但如正印官公出,令同城佐贰会同武职,代行监决,如该地方无佐贰官时,令府属佐贰等官会同武职,代行监决,同条附例规定:

凡立决之案,部文到日,如正印官公出,令同城之州同、州判、县丞、主簿等官,会同本城武职,遵查不停刑日,代行监决。若该地方无佐贰官,令该知府于部文到时,即委府属之同知、通判、经历等官,速至该州县,会同武职,代行监决。(雍正六年定例)

处决立决人犯须于非停刑日,《大清律》第1条(五刑)附例规定:

每年正月、六月俱停刑,内外立决重犯俱监固,俟二月初及七月立秋之后正法。其五月内交六月节,及立秋在六月内者,亦停正法。(雍正三年定例)

《大清律》第411条(有司决囚等第)附例规定:

一应立决人犯,如遇冬至以前,十日为限,夏至以前,五日为限,俱停止行刑。若文到正值冬至、夏至斋戒日期,及已过冬至、夏至者,于冬

至七日、夏至三日以后,照例处决。(嘉庆十二年定例)

上述停刑规定,亦有例外,同条附例规定:

> 凡凶盗逆犯,干涉军机,应行立决,及须刑鞫者,均即随时办理,声明咨部,毋庸拘泥停刑旧例;其寻常案件,仍照定例月日停刑。(乾隆三十八年定例)

(二)情实人犯之处决:凡奉旨情实之人犯,尚须复奏及勾决。

1. 复奏

清初秋审情实人犯行刑前并不实施复奏,仅朝审情实人犯行刑前实施复奏。自雍正二年(1724年)起,秋审人犯行刑前始实施复奏。雍正二年四月初七日上谕刑部:①

> 朝审重囚,其情实者,刑科必三复奏闻,勾除者方行处决。而外省情事重囚,惟于秋审后,法司具题,即咨行该省,无复奏之例。朕思中外一体,岂在京诸囚宜加详慎,在外省者独可不用详慎乎?人命攸关,自当同仁一视。自今年为始,凡外省重囚经秋审具题情实应决者,尔法可亦照朝审之例,三复奏闻,以符朕钦恤慎罚之至意。尔部即遵谕行。

乾隆十四年(1749年),秋审情实人犯行刑前之三复奏又改为一复奏。乾隆十四年九月十五日上谕:②

> 朝审情实人犯,例由刑科三复奏。其后各省秋审,亦皆三复奏,自为慎重民命,即古三刺三宥遗制。谓临刑之际,必致其详审,不可稍有忽略耳,非必以三为节也。朕每当勾到之年,置招册于旁,反复省览,常至五六遍,必令毫无疑义。至临勾时,犹必与大学士等斟酌再四,然后予勾。岂啻三复已哉?若夫三复奏本章,科臣忽遽具题,不无亥豕,且限于时日,岂能逐本全览?朕思为政惟当务实,而师古不在徇名。三复奏之例,行之虽久,实不过具文。若不详阅招册,即照例十复,亦不过照例票旨,此廷臣所共知者。徒事繁文,何益于政?嗣后刑科复奏,各省

---

① 《清世宗实录》卷18,10~11页。
② 《清高宗实录》卷348,17页。

皆令一次。

刑科复奏之日期,清初原未规定,嘉庆十九年(1814年)上谕:"向来复奏之本,皆于黄册进呈后,随即奏上,距勾到之时甚远。嗣后黄册仍于八月中旬呈进,其秋审复奏之本,皆于本省勾到前五日复奏一次。"①《大清律》第411条(有司决囚等第)附例规定:"各省秋审情实人犯,刑科皆于本省勾到前五日复奏一次;经御笔勾除者正法。"此项规即源于乾隆十九年上谕。

秋审情实人犯之复奏,系由刑科给事中办理,盖因其有谏议封驳之职。刑部等衙门情实本奏上,奉旨复奏后,刑科给事中乃上复奏本。复奏本之格式有一定之体例,兹以乾隆五十九年九月二十三日刑科掌印给事中福伸等复奏湖广情实题本为例,以为说明:②

> 今乾隆五十九年九月二十二日接出红本(指刑部所上情实本)该刑部等衙门题为秋审事,奉旨:这情实孙继康……著复奏,册留览,钦此钦遵到臣。科臣等复看得湖广省斩绞各犯孙继康等八十名。俱各情实罪当,相应开列姓名情由具题,伏候命下之日仍敕该御史恭候勾到处决施行。谨题请旨,计开孙继康……。
> 奉旨:著候勾到。

2. 勾到

各省秋审情实人犯经复奏后仍须勾到始得执行死刑。《大清律》第411条(有司决囚等第)附例规定"凡秋审勾到时,遇某省本章,着某道御史承办"。由此可知,十五道监察御史系分别办理各该省之勾到。兹以乾隆五十九年秋审,云南道监察御史宗室明绳勾到本为例,以为说明:③

> 十月初六日掌云南道监察御史宗室明绳等题:为处决重囚事,九月初七日刑科抄出刑科掌印给事中福伸等题前事复奏云南省情实重犯,奉旨,着候勾到,钦此。臣等谨遵定例将云南省情实重囚开列花名具题,伏乞睿鉴勾除敕下,臣等遵照勾除,交与刑部行文该省行刑。其决过日期令该抚仍照例奏闻。臣等未敢擅便,谨题请旨。

---

① 《大清会典事例》卷849,17页。
② 转引自郑秦:《清代司法审判制度研究》,181~182页。
③ 同上书,182页。

斩犯八名,绞犯七名。
　　斩犯一名郭瑞荣,系四川重庆府大足县人,……(略,各犯名上加朱笔勾除)
　　绞犯一名张必学,系普洱府洱县人,……。
　　奉旨:这所勾郭瑞荣……着即处决。

　　勾到之日期,须由钦天监择期。《大清会典》定曰:"冬至前六十日,钦天监择期。按各省道里远近,首云南、贵州,次四川、广西、广东、福建、盛京、陕西、甘肃、新疆,次湖北、湖南、浙江、江西,次安徽、江苏,次河南,次山东、山西,次直隶、热河。"①《清史稿·刑法志》亦曰:"(复奏)本下,内阁随命钦天监分期择日,勾到,刑部按期进呈黄册。"②

　　关于皇帝勾到之程序,《大清会典》定曰:"是日清晨,豫设于懋勤殿御案,设学士奏本案于前,候召入。奏本学士以名单捧置案上,向上跪,大学士、军机大臣、内阁学士、本部尚书侍郎跪于右,记注官侍立于左。奏本学士勾到某省,大学士一人展汉字本于案,奏本学士奏各犯姓名,恭候御览黄册。大学士等各阅所携小折,俟皇帝降旨,大学士遵旨勾汉字本。勾讫,捧出照勾清字。缮写清汉票籖,送批本处进呈。批出清字时,兼批汉字,密封交该道御史即交部办理。"③《清史稿·刑法志》则曰:"至勾到日,素服御殿,大学士三法司侍,上秉朱笔,或命大学士按单予勾。"④

　　皇帝勾到并非必于懋勤殿为之,皇帝有时亦于圆明园或行在勾到。至其程序,《大清会典》定曰:"如在圆明园御洞明堂勾到,大学士、军机大臣跪于右,内阁学士、本部尚书侍郎跪于左,记注官分左右侍立。如遇行在勾到,大学士等亦分左右跪,记注官侍立于案下之右,批出时,密封交行在兵部发京送内阁兼批汉字,遂交该道御史交部办理。"⑤皇帝勾到后,内阁应将勾到本交各该道御史,转交刑部办理。刑部应咨各省督抚执行死刑。

　　中央秋审程序结束后,情实人犯经勾决者即应处决。"勾到本下部,该道御史赍到,侍郎一人跪接,交司行文。"⑥《大清律》第411条(有司决囚等第)附例规定:"俟(勾决)命下日,先后咨行直省,将情实人犯,于霜降后冬至

---

① 《大清会典》卷53,2页。
② 《清史稿》卷144,《刑法三》,见鼎文版《清史稿》,4209页。
③ 《大清会典》卷53,2页。
④ 《清史稿》卷144,《刑法三》,见鼎文版《清史稿》,4209页。
⑤ 《大清会典》卷53,2页。
⑥ 同上书卷53,3页。

前正法。"原则上,刑部咨文系咨送各省督抚。但直隶省大兴、宛平两县,系由刑部咨送顺天府,再转送该两县。同条附例规定:"大、宛两县秋审勾决,及一应斩绞立决重犯,刑部奉旨后即一面径行顺天府府尹,转饬该县就近办理,一面仍行文直隶总督备案。"(乾隆四十年定例)

各省秋审情实人犯勾决后,原则上应于犯事地方处决。《大清律》第411条(有司决囚等第)附例前段规定:"各省秋审斩绞重犯,俟督抚审勘后,俱发回各州县监禁。接准部文后,即于犯事地方处决。"惟后段规定:"福建之台湾府属,甘肃之哈密、安西、玉门、敦煌等厅州县,斩绞监候人犯,专令按察使照旧收监。"此等地方之情实人犯,自应于按察司所在地(省城)处决。

关于情实官犯之处决,均于按察司所在地为之。《大清律》第411条(有司决囚等第)附例规定:"各省官犯,于定案时,即在按察使衙门收禁。秋审勾本到省,照刑部决囚之例,将情实官犯全行绑赴市曹,即令按察使监视行刑。奉到谕旨,当场开读。按照予勾之犯,验明处决。"(乾隆三十三年定例)

至于情实人犯行刑日,《大清律》第411条(有司决囚等第)附例规定"须于霜降后冬至前正法"。但同条附例又有例外规定:"秋朝审处决重囚,如遇冬至以前,十日为限,俱停止行刑。若文到正值冬至斋戒日期,及已过冬至者,于冬至七日以后,照例处决。"(嘉庆十二年定例)

又各省督抚处决情实人犯时,应揭示通衢,晓谕百姓。《大清律》第411条(有司决囚等第)附例规定:"每年秋审勾到后,大学士会同刑部,将已勾未勾情节,摘叙简明事由,奏闻,行知各督抚,于处决时,揭示通衢晓谕。"(乾隆三十八年定例)

(三)先行正法人犯之处决:清律规定某些重大案件,督抚等官得将人犯先行正法,如《大清律》第287条(杀一家三人)规定:

凡杀一家三命以上凶犯,审明后依律定罪,一面奏闻,一面恭请王命,先行正法。(乾隆五十五年定例)

又如《大清律》第411条(有司决囚等第)附例规定:

凡审办逆伦重案,……其子孙殴杀祖父母、父母之案,无论是否因疯,悉照本律问拟。如距省在三百里内无江河阻隔者,均于审明后,即恭请王命,委员会同该地方官,押赴犯事地方,即行正法。若距省在三百里以外,即在省垣正法,仍将首级解回犯事地方枭示。(道光三年定例)

王命原意谓皇帝之命令。清代各省督、抚、提、镇皆蒙钦颁"王命旗牌","所以重节镇之权,崇天室之威。"究其源,约同古之"斧钺",或"尚方剑",乃皇帝权威之象征。赐颁大臣,使得专征专杀。所以清代遇有非常重案(如叛逆),获犯后,恐久稽显戮,或生不测者,督、抚、提、镇等员得自神笥恭请王命旗牌,出置行刑之处,将该犯于旗牌前正法,然后具奏缘由。即俗谓"先斩后奏"①。

又道光二十八年(1848年)上谕允准"云南匪犯,督抚复准后就地正法。"② 道光三十年(1850年)太平军兴,各省军务紧急,遂订定就地正法章程,其施行地域大为扩大,此种就地正法与先行正法并不尽相同,实施时颇滋流弊。清廷虽有停止之议,但因各省督抚反对,终未能停止施行。

七 赎刑

人犯以金钱等物易其本来应科之刑,谓之赎刑。赎刑有三,《大清律》第1条(五刑)附例规定:"赎刑:纳赎、收赎、赎罪。"兹分述如后:

(一) 纳赎:准许纳赎之情形有三:1. 军民犯公罪者,2. 生员以上犯轻罪者,3. 妇人犯罪者。兹分述如后:

1. 军民犯公罪者:其情形有三,《大清律》第1条(五刑)附例规定:

> 各坛祠祭署奉祀、祀丞,神乐观提点、协律郎、赞礼郎、司乐等官,并乐舞生及养牲官军,有犯奸、盗、诈伪、失误供祀,并一应赃私罪名;官及乐舞生罢黜,军革役,仍照律发落。若讦告词讼及因人连累,并一应公错过误犯罪者,照律纳赎。(雍正三年定例)

> 太常寺厨役,但系讦告词讼,过误犯罪,及因人连累,问该笞杖罪名者,纳赎,仍送本寺著役。徒罪以上及奸盗诈伪,并有误供祀等项,不分轻重俱的决,改拨光禄寺应役。(雍正三年定例)僧道官有犯,径自提问,及僧道有犯奸、盗、诈伪,并一应赃私罪名,责令还俗,仍依律例科断。其公事失误,因人连累及过误致罪者,悉准纳赎,各还职为僧为道。(雍正三年定例)

---

① 张伟仁:《中央研究院历史语言研究所现存清内阁大库原藏法制档案的研究》(抽印本),72页,原文载《食货月刊》第七卷,第七、八期。
② 《大清会典事例》卷850,14页。

2. 生员以上犯轻罪者：《大清律》第 1 条（五刑）附例规定："凡进士、举人、贡、监、生员及一切有顶戴官，有犯笞杖轻罪，照例纳赎，罪止杖一百者，分别咨参除名，所得杖罪免其发落。徒、流以上照例发配。"但同条附例有一例外规定："生员不守学规，好讼多事者俱斥革，按律发落，不准纳赎。"

又依《大清会典》规定："文武官员犯罪，杖一百以下者分别降级罚俸，犯该杖一百者革职。"① 其详细内容，已概述于前。《大清律》第 1 条（五刑）附例特别规定："凡文武官犯罪，本案革职，其笞杖轻罪，毋庸纳赎。若革职后，另犯笞杖罪者，照例纳赎。徒流军遣，依例发配。有呈请赎罪者，刑部核其情节，分别准赎，不准赎二项，拟定奏明，请旨。不得以可否字样双请入奏，其贪赃官役，概不准纳赎。"（道光四年定例）

3. 妇人犯罪者：《大清律》第 1 条（五刑）附例规定："妇人有犯奸、盗、不孝者，各依律决罚。其余有犯笞、杖、并徒、流、充军，杂犯死罪该决杖一百者，与命妇、官员正妻，俱准纳赎。"（雍正三年定例）

除上述准纳赎、不准纳赎之规定外，其律例未经开载者，问刑官得临时详审情罪，准其纳赎。同条附例规定："凡律例开明准纳赎、不准纳赎者，仍照旧遵行外；其律例内未经开载者，问刑官临时详审情罪，应准纳赎者，听其纳赎；不应准纳赎者，照律的决发落。如承问官滥准纳赎者，交该部议处，多取肥己者，计赃科罪。"（乾隆三十二年定例）

《大清律》第 1 条（五刑）附例小注曰："纳赎，无力，依律决配。有力，照例纳赎。"有力纳赎中，又分有力、稍有力二等。至于赎银之数目，《大清会典》规定："有力者，每笞一十，赎银二钱五分，照数递加。至笞五十，赎银一两二钱五分。杖六十，赎银三两。自杖七十以上，每加五钱。至杖一百，赎银五两。徒一年，赎银七两五钱。自一年半以上，每加二两五钱。至徒三年，赎银十七两五钱。总徒四年，二十两。准徒五年，二十五两。稍有力者，每笞一十，照力役一月折银之数，赎银三钱。笞二十以上，每一等加役十五日，折银一钱五分。至杖一百，赎银一两八钱。徒一年赎银三两六钱。一年半以上，每等递加一两八钱。至徒三年，赎银十两八钱，总徒四年，十四两四钱。准徒五年，十八两。"又依《大清会典》规定，可以纳谷、纳米来代替纳银："凡纳谷者，每一石折米五斗。纳米者，每一石折银五钱。"②

（二）收赎：《大清律》第 1 条（五刑）附例小注曰："老、幼、废疾、天文生及妇人折杖，照律收赎。"兹分述如后：

---

① 《大清会典》卷 56，10 页。
② 同上。

1. 老幼废疾犯罪者:《大清律》第 22 条(老小废疾收赎)规定:"凡年七十以上、十五以下,及废疾,犯流罪以下,收赎。八十以上、十岁以下,及笃疾,犯杀人应死者,议拟奏闻,取自上裁;盗及伤人者,亦收赎。"

2. 妇人犯罪者:《大清律》第 20 条(工乐户及妇人犯罪)规定:"其妇人犯罪应决杖者,奸罪去衣留裤受刑,余罪单衣决罚,皆免刺字。若犯徒流者,决杖一百,余罪收赎。"

3. 天文生犯罪者:《大清律》第 19 条(天文生有犯)规定:"凡钦天监天文生,习业已成,明于测验推步之法。能专其事者,犯军流及徒,各决杖一百,余罪收赎。"

至于赎银之数目,《大清会典》规定:"笞一十,赎银七厘五毫。每等照数递加。至杖一百,赎银七分五厘。徒一年,则倍加七分五厘,共一钱五分。徒五等,每等以七分五厘,折半为三分七厘五毫递加。至徒三年,赎银三钱。流二千里,复加七分五厘。流三等,每等亦折半以三分七厘五毫递加。至流三千里,赎银四钱五分。斩绞死罪,复加七分五厘,赎银五钱二分五厘。"①

(三) 赎罪:《大清律》第 1 条(五刑)附例小注曰:"官员正妻及例难的决并妇人有力者,照律赎罪。"惟《大清会典》又曰:"赎罪:命妇例应的决者准焉,各别以其等。过失杀伤人者亦如之,徒限内老疾者亦如之,诬轻为重未决者亦如之。"② 其范围较清律附例小注所述者为大。

纳赎、收赎、赎罪之外,另有捐赎。刑部设有赎罪处,专司其事。《大清会典》曰:"不著于例者曰捐赎,必叙其情罪以疏请,得旨乃准焉。"③ 其制,据《清史稿·刑法志》曰:"其捐赎一项,顺治十八年,有官员犯流徒籍没认工赎罪例,康熙二十九年,有死罪现监人犯输米边口赎罪例。三十年,有军流人犯捐赎例;三十四年,有通仓运米捐赎例。三十九年,有永定河工捐赎例。六十年,有河工捐输例然皆事竣停止。其历朝沿用者,惟雍正十二年户部会同刑部奏准预筹运粮事例,不论旗民,罪应斩绞,非常赦所不原者,三品以上官照西安驼捐例,捐运粮银一万二千两。四品官照营田例,捐运粮银五千两。五、六品官照营田例,捐银四千两。七品官以下,进士举人,二千五百两。贡监生,二千两。平人,一千二百两。军流,各减十分之四。徒以下,各减十分之六。俱准免罪。"④

---

① 《大清会典》卷 56,11 页。
② 同上。
③ 同上书卷 56,12 页。
④ 《清史稿》卷 143,《刑法二》,见鼎文版《清史稿》,4197 页。

八　其他刑罚之执行

刑罚除五刑、迁徙、充军、发遣外，尚有刺字、枷号、罚金、入官、追征。兹分述如后：

（一）刺字：《大清会典》规定："凡犯刺字者，各刺于其面与臂而湼之。"① 其制，依《大清会典》小注："刺面在鬓之下颊之上；刺臂在腕之上肘之下。字方一寸五分，画阔一分有半。初犯，杖罪以下刺右臂；徒罪以上刺右面。再犯、三犯，不论罪之轻重，皆刺左面。窃盗者，抢夺者，监守常人盗官物及官粮、官银者，积匪猾贼者，均以所犯之事刺之，事由刺左者，地名刺右。事由刺右者，地名刺左。"②

应刺文字，"系强盗面刺强盗字，系人命面刺凶犯字。"③ 凡人犯，原则上加以刺字，但"旗人正身脱逃者，官员犯侵盗者，准窃盗论者，犯罪自首减罪者，妇人犯罪者，老幼及残废者，皆免刺。"④ 此外，"凡窃盗刺字，后责令充当巡警，能改过捕获窃盗，即与起除刺字，复为良民。其私自销毁者，枷示杖责，补刺原字。"⑤

（二）枷号：《大清会典》曰："杖罪情重者则枷示。"⑥ 枷罪时间，或计日、或计月、或计年，亦有永远枷号者。⑦ 枷之大小，例有一定，《大清律》第1条（五刑）规定："凡寻常枷号，重二十五斤。重枷，重三十五斤。枷面各长二尺五寸，阔二尺四寸。"又《大清律》第395条（囚应禁而不禁）附例规定，轻罪人犯不得用大枷枷号。"应枷号者，定于满日责放，不许先责后枷；遇患病即行保释医治，痊日补枷。"（嘉庆六年定例）

清代旗人犯罪之刑罚，与汉人不同，笞杖刑易为鞭责，军流徒刑易为枷号。《大清律》第9条（犯罪免发遣）规定：

凡旗人犯罪，笞、杖，各照数鞭责。军、流、徒，免发遣，分别枷号。徒一年者，枷号二十日，每等递加五日。总徒、准徒，亦递加五日。流二千里者，枷号五十日，每等亦递加五日。充军附近者，枷号七十日；近边

---

① 《大清会典》卷53，7页。
② 同上。
③ 同上书卷53，8页。
④ 同上书卷53，7页。
⑤ 同上书卷53，8页。
⑥ 同上书卷53，4页。
⑦ 同上。

者,七十五日;边远、沿海、边外者,八十日;极边、烟瘴者,九十日。

(三) 罚金:清律并无罚金名目,但实务上确实存在,薛允升即曰:"有过犯者罚令出钱充公,亦属例所不禁。"① 清律命案上所谓"追埋葬银"为民事损害赔偿,罚金则系刑罚,两者并不相同。科处罚金时,《大清律》第 24 条(给没赃物)附例规定:"其承问各官,应开明罚赎人姓名,及所罚数目,晓示各该地方。如有以多报少及隐漏者,督抚参奏以贪赃治罪。"

(四) 入官:入官即抄没,类似今日之没收。《大清律》第 24 条(给没赃物)规定物之抄没入官:"凡彼此俱罪之赃,(谓犯受财枉法、不枉法,计赃,与受同罪者。)及犯禁之物,(谓如应禁兵器及禁书之类。)则入官。"除物之抄没入官外,尚有人口之抄没入官。《大清律》第 140 条(隐瞒入官家产)规定:"凡抄没人口、财产,除谋反、谋叛及奸党,系在十恶,依律抄没。"

(五) 追赃:原赃不在时,变卖人犯家产,以为赔偿,谓之追赃。其情形有二:

1. 亏空贪赃案之追赃:《大清律》第 24 条(给没赃物)附例规定:"亏空贪赃官吏,一应追赔银两,该督抚委清查官产之员,会同地方官,令本犯家属,将田房什物呈明时价,当堂公同确估,详登册记,申报上司,仍令本犯家属眼同售卖完项。"

2. 强窃盗贼案之追赃:《大清律》第 266 条(强盗)附例规定:"强窃盗贼现获之赃,各令事主认领外,如强盗赃不足原失之数,将无主赃物赔补,余剩者入官。如仍不足,将盗犯家产变价赔偿。"同条附例亦规定:"凡盗犯到案审实,先将各犯家产封记,候题结之日,将盗犯家产变赔。"

四　京师各类人犯的刑之执行

一　笞杖徒流军遣等刑之执行

京师笞杖罪案件绝大多数均由五城察院或步军统领衙门审理完结,惟刑部现审案件中亦有少数案件之人犯被处以笞杖罪者。笞杖罪案件,无论由两衙门审理完结,或由刑部审理完结,判决确定之后,即可执行。执行完毕,即可释放。与各省督抚司道府州县衙门执行笞杖刑之情形,并无不同。

京师徒罪案件,刑部审理完结后,应由顺天府尹定地发配。清初顺治、

---

① 薛允升:《读例存疑》卷 4,见黄静嘉编校之重刊本,103 页。

康熙年间,即已如此。雍正年间更分别就京师徒罪人犯,系顺天府民人者,或各省民人,而为规定。雍正五年议准:"凡徒罪人犯,系顺天府所属者,仍送府尹发配外,各省民人,皆递回由该督抚照原籍应发地方,发配充徒。徒限满日,仍令原籍地方官管束,不许再来京城。违者拿获之日,枷一月责四十板,仍行递回。"① 嘉庆六年更于《大清律》第 45 条(徒流迁徙地方)增定附例规定:"民人在京犯该徒罪者,顺天府尹务于离京五百里州县定地充配。"由本条附例可知,京师徒罪人犯,系由顺天府尹执行。

京师流罪案件,刑部审理完结后,亦应由顺天府尹定地发遣。清初顺治、康熙年间,即已如此。雍正三年,于《大清律》第 45 条(徒流迁徙地方)增定附例规定:"凡各省民人,在京犯该应流,并免死减等流犯,如无妻室,及无应追埋葬银两者,顺天府定地发遣。如有妻室,及应追银两,顺天府转发原籍地方,令其追银娶妻,各照本省所定应流地方发遣,追完银两解部,分别给主。"

京师充军案件,刑部审理完结后,应先咨兵部定地。乾隆三十五年议准:"嗣后刑部凡有咨送兵部一切军犯,俱应先咨兵部定地,将人犯仍监禁刑部,俟兵部定地后,提发顺天府,照例起解,毋庸再转发五城兵马司看守。"②

京师发遣案件,刑部审理完结后,应自行定地发遣。清代职官犯罪,多发遣当差。民人犯罪,或发遣当差,或发遣为奴。京师发遣案件中,以职官犯罪发遣者居多。

京师案件人犯笞、杖、徒、流、军遣等刑执行时之特别规定,大略如上。其余有关笞、杖、徒、流、军遣等刑执行时之共通规定,前已详述,兹不赘述。

二 死刑之执行

京师死罪案件,有奉旨立决者,有奉旨监候者。立决人犯定案后,应立即执行。监候人犯定案后,案件仍未最终确定,仍有待朝审之复核。

(一) 立决人犯之处决

《大清律》第 411 条(有司决囚等第)规定:"至死罪者,在内法司定议,……奏闻(候有)回报,(应立决者,)委官处决。"刑部处决京师立决人犯时,除应遵守《大清律》第 1 条(五刑)附例有关停刑日之规定外,并应遵守京师地区处决立决人犯停刑日之特别规定。《大清律》第 42 条(有司决囚等第)附例规定:"凡遇南郊(夏至)北郊(冬至)大祀之期,前五日后五日,刑部

---

① 《大清会典事例》卷 1041,10 页。
② 同上书卷 1041,11 页。

及顺天府衙门,凡在京立决重犯,俱停止题奏。"(嘉庆二十四年定例)又京师雨泽愆期清理刑狱之时,并皇帝祈雨祈雪期内,亦应停刑。同条附例规定:"应行立决人犯,应在京处决者,如适当雨泽愆期清理刑狱之时,并祈雨祈雪期内,刑部将此等应结案牍,暂行停止题奏。"(乾隆三十六年定例)

(二)情实人犯之处决

1. 复奏

清初,仅朝审情实人犯行刑前实施复奏。顺治初年定,朝审情实人犯,刑科三复奏闻。雍正二年定,秋审人犯亦照朝审例,三复具奏。乾隆十四年定,秋审人犯一复奏,朝审人犯仍令三复奏。①

嘉庆十九年,朝审人犯三复奏亦改为一复奏,是年上谕:"秋审朝审情实人犯,旧例凡三复奏,本沿古者三刺三宥遗意,我朝钦恤民命,凡案犯供情原委,备载招册,每年黄册进呈,早经反复推求,慎之又慎,实不止于三复,其科臣循例题本,仅属具文,是以乾隆十四年将直省秋审,改为一复奏,朝审与秋审事同一例,嗣后朝审亦着改为一复奏,已足以存旧制。"②

朝审情实人犯之复奏,系由刑科给事中办理。刑部等衙门情实本奏上,奉旨复奏后,刑科给事中乃上复奏本。

2. 勾到

朝审情实人犯经复奏后仍须勾到,始得执行死刑。《大清律》第411条(有司决囚等第)附例规定:"朝审案件(勾到时),令京畿道御史专办。"(乾隆十四年定例)

朝审勾到之日期,亦须由钦天监择期。《大清会典》定曰:"朝审(勾到)则于冬至前十日,遇停勾之次年,则于冬至前五日。"③

关于皇帝朝审勾到之程序,与秋审勾到之程序大致相同,前于论述秋审时业已详述,兹不赘述。关于皇帝勾决之情形,兹举下列案件说明之:

1. 康熙二十二年(1683年)十月二十八日,"大学士、学士捧京城秋审情真重犯三复奏本,面奏请旨,赐大学士等坐。上取招册置御案,逐一披阅,命大学士明珠依次陈奏,大学士李霨持姓名单候旨,勾者即勾出。……王三……以上各犯,或谋杀或故杀,或剜目,或刀刺,情罪真确,俱无可生之理,上反复招册,命俱处决,因谕曰:'两年未行秋决,故人数多。'众奏曰:'然。'

---

① 参见《大清会典事例》卷1016,14页。
② 同上书卷849,页17。
③ 《大清会典》卷53,2页。

于是大学士李霨等复加勘对,取复奏本一一勾出,以授票本房。"①

2. 康熙二十四年(1685年)十一月二十一日,"(大学士等)以御史处决(朝审)重囚疏请旨。上曰:'兹事重大,人命所系,虽经廷臣详讯,朕已矜减多人,而情真各犯苟可生全,故令缓死,朕与卿等详议之,卿等坐。'诸臣叩头坐,御案先设招册,上一一朗诵,谕大学士等曰:'尔等携有招册节略折子,各取出比对。'因命大学士王熙、学士牛钮执笔,于应勾者先勾于折子内,有拟议未定者姑点之,以俟再议;王熙读招册。……凡重犯六十六人谳词一一览毕,再加详阅,乃命勾。"②

皇帝勾到后,内阁应将勾到本交京畿道御史,转交刑部办理。《大清会典》定曰:"(勾决)命下,各道御史赍本授刑部施行。"③朝审勾到后,即由京畿道御史赍勾到本授刑部施行。

朝审结束后,情实人犯经勾决者,应即处决。《大清律》第411条(有司决囚等第)附例规定:"每年……勾到后,大学士会同刑部,将已勾未勾情节,摘叙简明事由奏闻……,由刑部发交该城榜示。"(乾隆三十八年定例)

刑部处决京师情实人犯时,步军统领衙门应派员护送。同条附例规定:"每年朝审勾到,刑部将人犯绑出之日,步军统领衙门,派步军翼尉一员护送。"(乾隆三十八年定例)

处决京师情实人犯时,三法司应派员监视行刑。雍正以前,朝审决囚系由监察御史及刑部司官为监斩官。乾隆十四年,始改派刑科给事中及刑部侍郎监视行刑。

顺治十年复准:"凡情实各囚绑赴市曹,都察院委满汉御史各一人,刑部委满汉司官各一人为监斩官,将各犯姓名具本题复,……奉旨勾除者,遵照行刑,其余监候,监斩毕,仍具本复命。"④ 康熙、雍正年间亦系如此。乾隆十四年奉旨:"朝审人犯,著刑科给事中监视行刑。"⑤ 是年,即于《大清律》第411条增订附例:"朝审案件,……行刑时,著刑科给事中及刑部侍郎一人监视。"(乾隆十四年定例)

又处决京师朝审人犯时,都察院及步军统领衙门应负责维持刑场之秩序。嘉庆五年上谕:"朝审人犯,著刑科给事中监视行刑,谳狱大典,行刑之地自应慎重严肃。每年朝审决囚时,都察院及步军统领衙门,一体严饬营城

---

① 《康熙起居注》,康熙二十二年十月二十八日乙丑。
② 同上书,康熙二十四年十一月二十一日丁丑。
③ 《大清会典》卷69,9页。
④ 《大清会典事例》卷846,2页。
⑤ 同上书卷1016,15页。

各员弁兵役等,于行刑处所,周围排列,严禁巡察,毋许街市闲人拥挤。并著派是日轮住城外京营总兵,亲往巡察弹压。"①

三　易刑处分

清以少数民族入主中原,其部族习惯法之刑罚本与汉族不同。清入关后,旗人及宗室觉罗犯罪,仍然沿用部分入关前之刑罚习惯。旗人犯罪之鞭责、宗室觉罗犯罪之圈禁及入辛者库,均属著例。易刑处分可分为旗人犯罪之易刑处分、宗室觉罗犯罪之易刑处分及特殊易刑处分,兹分述如后:

(一) 旗人犯罪之易刑处分

旗人犯罪,除死罪外,原则上,笞杖罪得易以鞭责,军流徒罪得易以枷号。《大清律》第 9 条(犯罪免发遣)规定:

> 凡旗人犯罪,笞、杖,各照数鞭责。军、流、徒,免发遣,分别枷号。徒一年者,枷号二十日,每等递加五日。总徒、准徒,亦递加五日,流二千里者,枷号五十日,每等亦递加五日。充军附近者,枷号七十日;近边者,七十五日;边远、沿海、边外者,八十日;极边、烟瘴者,九十日。

旗人犯罪并非均得科处易刑处分,所犯之罪如系寡廉鲜耻有玷旗籍者,不得科处易刑处分。同条附例规定:

> 在京满洲、蒙古、汉军及外省驻防并盛京、吉林等处屯居之无差使旗人,如实系寡廉鲜耻有玷旗籍者,均削去本身户籍,依律发遣,仍逐案声明请旨。如寻常犯该军、遣、流、徒、笞、杖等罪,仍照例折枷鞭责发落。(乾隆二十七年定例)

上述附例所谓"寡廉鲜耻有玷旗籍",依同条另一附例之规定系指:"旗人窝窃、窝娼、窝赌及诬告、讹诈,行同无赖,不顾行止;并棍徒扰害、教诱宗室为非、造卖赌具、代赃销赃、行使假银、捏造假契、描画钱票、一切诓骗诈欺取财、以窃盗论、准窃盗论,及犯诱拐、强奸、亲属相奸者。"(道光五年定例)凡触犯上述罪行者,"均销除本身旗档,各照民人一例办理。犯该徒、流、军、遣者,分别发配,不准折枷。"(道光五年定例)

又八旗满洲、蒙古奴仆虽非正身旗人,犯徒罪时,亦得照正身旗人例,折

---

① 《大清会典事例》卷 1016,15 页。

枷鞭责发落。汉军奴仆,犯徒罪时,则须照民人例问拟。至八旗满洲、蒙古、汉军奴仆,犯军流等罪时,不准折枷。《大清律》第9条(犯罪免发遣)附例规定:

> 凡八旗满洲、蒙古、汉军奴仆,犯军流等罪,除已经入籍为民者,照民人办理外,其现在旗下家奴犯军流等罪,俱依例酌发驻防为奴,不准折枷。犯该徒罪者,汉军奴仆,照民人例问拟,实徒徒满之后,仍押解回旗,交与伊主服役管束。其满洲、蒙古奴仆,照旗下正身例,折枷鞭责发落。(乾隆十三年定例)

旗人犯军流徒罪易以枷号时,俱发北京内城八门示众。八门因而设立房屋以为人犯住宿之地,号为"门监",由步军统领衙门管理。乾隆元年议准:"各旗枷号人号,例俱发于各门示众,因而设立房屋以为住宿之地,遂有门监之名,实非囹圄可比。……嗣后枷号人犯仍照例枷号各门,不必拆毁门监。惟女犯必须另设墙垣房屋,应令提督会同刑部各委官一员,于各门详加阅看。或于门监之旁,添造房屋一二间,或即于现在门监之内,量拨一二间,另开门户,专为女犯居住歇宿之所。不许仍同男犯俱禁一处,以致混杂无别。至此等枷号人犯原非重囚,且系已结之案,应许其跟随亲属一人,在内照看。其看守兵丁,其令该管官弁严加管束,不得任其勒索凌虐,仍令步军提督不时防察。"①

八门设置门监,始自雍正二年。雍正二年议准:"崇文、宣武、朝阳、阜城、东直、西直、安定、德胜八门,每门各设监狱。凡旗人获罪,刑部议定枷示,或步军统领奏明永远枷示人犯,皆发门监羁禁。如封印后,步军统领衙门监内人犯过多,亦发门监羁禁。"②

八门门监监禁枷号人犯,俱依京师八旗旗分分配,每门分配一旗。《大清会典》定曰:"崇文门监禁镶白旗人,宣武门监禁镶红旗人,朝阳门监禁正蓝旗人,阜城门监禁镶蓝旗人,东直门监禁镶黄旗人,西直门监禁正黄旗人,安定门监禁正白旗人,德胜门监禁正红旗人。"③

(二)宗室觉罗犯罪之易刑处分

宗室为清皇室之近支亲族,觉罗为清皇室之远支亲族,均属"天潢贵

---

① 《大清会典事例》卷723,7~8页。
② 同上书卷1158,2页。
③ 同上书卷87,15~16页。

胄",犯罪时,得易以他刑。《大清会典》定曰:"宗室觉罗犯罪,应笞杖者,折罚养赡银,免其笞杖。"① 又曰:"宗室觉罗犯罪,应枷及徒以上至军流者,皆折以板责圈禁。板责以本府(指宗人府)堂官监视,效力笔帖式掌板。监禁皆于空屋,枷罪徒罪拘禁,军流罪锁禁。"②

"国初定,王以下及宗室有过犯,或夺所属人丁,或罚金不加鞭责,非叛逆重罪,不拟死刑,不监禁刑部。"③

康熙八年题准:"宗室有过犯者,分别轻重议处。"④ 康熙十年议准:"觉罗因罪应发遣宁古塔、黑龙江者,永远圈禁空房。"⑤ 康熙十二年以前,"旧例宗室等如犯枷责之罪,皆准折赎。觉罗等照平人例的决。"⑥

宗室觉罗之易刑处分,至康熙十二年始行确定。是年议定:"嗣后除宗室觉罗犯军流以上之罪者,由宗人府酌其情罪之轻重,另行请旨定议外。其犯笞罪,有品级者,照官员降级罚俸例议处。无品级者,笞十至二十罚养赡银一月,笞三十罚二月,笞四十罚三月,至满笞五十罚四月止。杖六十罚养赡银六月,杖七十罚七月,杖八十罚八月,至杖九十罚十月,杖一百罚一年止。犯徒罪者于空室拘禁,犯军流罪者于空室锁禁。均照旗人折枷日期。以二日抵一日,俟限满日释放。重罪临时请旨。"⑦

上述康熙十二年议定之例规定,宗室觉罗犯徒、流、军罪者,均照旗人折枷日期,以二日抵一日。此项易刑处分显然太轻,不足以示惩。乾隆四十七年始加重其处分。是年奉旨:"宗室官员人等,嗣后如有犯边远及极边烟瘴充军者,应折圈禁三年,始准释放。即犯近边及附近充军之罪,亦折圈禁二年六个月释放,如犯流三千里及二千五百里者,应折圈禁二年,始准释放,即递减至二年之罪,亦以圈禁一年六个月为限,至徒罪自三年递减至一年,计有五等,其间拟三年满徒及徒二年半者,遵旨俱改为圈禁一年,其徒二年及徒一年者,应行量减,俱以半年为限,其余笞杖之罪,仍照向例办理。"⑧

上述乾隆四十七年谕令之圈禁期间最长可达三年,嘉庆十三年将圈禁期间分别减少六个月至三个月,但各加责四十板至二十板。是年议准:"凡

---

① 《大清会典事例》卷 1,14 页。
② 同上。
③ 同上书卷 10,1 页。
④ 同上。
⑤ 同上书卷 723,7~8 页。
⑥ 同上书卷 10,2 页。
⑦ 同上。
⑧ 同上书卷 10,7~8 页。

宗室犯边远及极边烟瘴军罪者,折圈禁三年。犯近边及附近军罪者,折圈禁二年六个月。俱改为加责四十板,减圈禁日期六个月。犯流三千里及二千五百里者,折圈禁二年。犯流二千里罪者,折圈禁一年六个月。均改为加责三十板,减圈禁日期四个月。犯徒三年及二年半罪者,折圈禁一年。犯徒二年及一年罪者,折圈禁半年。均改为加责二十五板,减圈禁日期三个月。犯枷罪者,折圈禁二日抵枷一日,改为加责二十板,减为圈禁一日抵枷一日。"①

《大清会典》规定:"宗室觉罗犯罪,应笞杖者,折罚养赡银,免其笞杖。笞二十以下者罚一月,笞三十者罚二月,笞四十者罚三月,笞五十者罚四月,杖六十者罚六月,杖七十者罚七月,杖八十者罚八月,杖九十者罚十月,杖一百者罚一年。"② 此项规定与康熙十二年议定之罚养赡银数额相同。

又《大清会典》规定:"宗室觉罗犯罪,应枷及徒以上至军流者,皆折以板责圈禁,……其应枷罪者责一十,圈禁一日,抵枷一日。徒一年徒一年半徒二年者责二十五,圈禁三月。徒二年半徒三年者责三十,圈禁九月。流二千里者责三十,圈禁一年二月。流二千五百里流三千里者责三十,圈禁一年八月。附近充军近边充军者责四十,圈禁二年。边远充军极边烟瘴充军者责四十,圈禁二年六月。"③ 此项规定与嘉庆十三年议准之圈禁期间相同。

宗室觉罗如犯军流徒罪多次,则应分别情况处罚。《大清律》第4条(应议者犯罪)附例规定:

> 凡宗室、觉罗,除犯笞、杖、枷,及初犯军、流、徒,或再犯徒罪,仍由宗人府照例分别折罚责打圈禁外;如有二次犯流,或一次犯徒、一次犯军,或三次犯徒者,均拟实发盛京。如二次犯徒,一次犯流;或一次犯流,一次犯军者;均拟实发吉林。如二次犯军,或三次犯流,或犯至遣戍之罪者,均拟实发黑龙江。(道光四年定例)

(三) 特殊易刑处分——入辛者库

辛者库为满语 sin jeku 之音译,sin 为金斗之意,jeku 为粮食之意,sin jeku 合译为一金斗粮食(一金斗为一斗八升)。辛者库是满语"辛者库者特勒阿哈"(sin jeku jetere aha)的简称,汉语译为"内务府管领下食口粮的人",此种人实

---

① 《大清会典事例》卷10,8~9页。
② 《大清会典》卷1,14页。
③ 同上。

系内务府管领下食口粮的罪籍奴隶。

辛者库之名,清入关前已有之,天命七年正月初五日即见"辛者库牛录"之名。① 顺治年间,内务府已有辛者库人。辛者库人多系犯罪之旗人官员及其家属,仅极少数并非旗人官员犯罪者。旗人官员犯罪多系于职官任内侵蚀亏空钱粮,亦有少数因政治犯罪或其他罪行者。触犯此类犯罪者原应处以斩绞死罪。康熙以后,"入辛者库"逐渐成为旗人官员触犯侵蚀亏空钱粮等犯罪之易刑处分。康熙及雍正年间,此类人犯颇多。乾隆初年亦有此类人犯,后因八旗人口日繁,乾隆曾数度谕令准许八旗奴仆出旗为民,乾隆二十一年上谕即曾明示此旨。② 自此以后,遂不再有辛者库人。

《大清律》第 24 条(给没赃物)附例规定:"凡八旗应入官之人,令入各旗辛者库,其内务府佐领人送入官者,亦照比例入辛者库。辛者库人犯入官之罪者,照流罪折枷责结案。"(雍正三年定例)清代中期以后,本项附例实系具文,不具实质意义,因当时已无辛者库人。

此外,须附言者,京师案件人犯其他刑罚之执行,如刺字、枷号、罚金、入官及追赃等刑之执行,前已详述,兹不赘述。

---

① 《满文老档》(汉译本),页 292。
② 《大清会典事例》卷 114,4~5 页。

重要参考书目

一 律例典章部分

长孙无忌等撰:《唐律疏议》,台湾,弘文馆出版社,1986年3月。
窦仪等撰:《宋刑统》,台湾,文海出版社,1964年8月。
高举发刻:《大明律集解附例》,台湾,学生书局,1970年12月。
戴金编次:《皇明条法事类纂》,台湾,文海出版社,1985年8月。
黄彰健编著:《明代律例汇编》,台湾,中央研究院历史语言研究所,1979年3月。
弘昼等撰:《大清律例》(乾隆年间编,载《四库全书》中),台湾,"商务印书馆",1986年3月。
昆冈等撰:《大清律例》(光绪年间编,载《大清会典》中),台湾,新文丰出版公司,1976年10月。
姚润原纂、胡璋增辑:《大清律例会通新纂》,台湾,文海出版社,1964年4月。
李瀚章等纂:《大清律例汇辑便览》,台湾,成文出版社,1975年。
文孚等修:《六部处分则例》,台湾,文海出版社,1969年。
佚名:《蒙古律例》,台湾,成文出版社,1972年1月。
昆冈等撰:《大清会典》,台湾,新文丰出版公司,1976年10月。
昆冈等撰:《大清会典事例》,台湾,新文丰出版公司,1976年10月。
嵇璜等纂:《清朝通典》,台湾,新兴书局,1987年12月。
嵇璜等纂:《清朝通志》,台湾,新兴书局,1987年12月。
嵇璜等纂:《清朝文献通考》,台湾,新兴书局,1987年12月。
刘锦藻等撰:《清朝续文献通考》,台湾,新兴书局,1987年12月。
铁保等纂:《八旗通志》,台湾,学生书局,1968年。

二 档案部分

中国第一历史档案馆、中国社会科学院历史研究所译注:《满文老档》

（汉译本），北京，中华书局，1990年3月。
中国第一历史档案馆编、清初内国史院满文档案译编：北京，光明日报出版社，1989年10月。
中国人民大学清史研究所、中国第一历史档案馆译：《盛京刑部原档》（汉译本），北京，群众出版社，1985年3月。
"中央"研究院历史语言研究所编：《明清史料》，台湾，中央研究院历史语言研究所，1972年3月。
张伟仁主编：《明清档案》，台湾，联经出版公司，1986年1月至1988年5月。
关嘉禄译：《雍乾两朝镶红旗档》，沈阳，辽宁人民出版社，1987年2月。
中国第一历史档案馆、中国社会科学院历史研究所编：《清代地租剥削形态》（乾隆刑科题本租佃关系史料之一），北京，中华书局，1982年11月。
"国立故宫博物院"编辑，《宫中档康熙朝奏折》，台湾，"国立故宫博物院"，1976年至1978年。
"国立故宫博物院"编辑，《宫中档雍正朝奏折》，台湾，"国立故宫博物院"，1977年至1978年。
中国第一历史档案馆编：《清代档案史料丛编》（第一至十辑），北京，中华书局，1984年4月。
"国立"故宫博物院编辑：《袁世凯奏折专辑》，台湾，"国立故宫博物院"，1970年10月。
全士潮等纂辑：《驳案新编》，台湾，成文出版社，1968年6月。
祝庆祺等编：《刑案汇览》，台湾，成文出版社，1968年6月。
刚毅辑：《秋谳辑要》，台湾，文海出版社，1969年。

三 官修史书部分

《大清满洲实录》，台湾，新文丰出版公司，1978年7月。
《大清太祖高皇帝实录》，台湾，新文丰出版公司，1978年7月。
《大清太宗文皇帝实录》，台湾，新文丰出版公司，1978年7月。
《大清世祖章皇帝实录》，台湾，新文丰出版公司，1978年7月。
《大清圣祖仁皇帝实录》，台湾，新文丰出版公司，1978年7月。
《大清世宗宪皇帝实录》，台湾，新文丰出版公司，1978年7月。
《大清高宗纯皇帝实录》，台湾，新文丰出版公司，1978年7月。
《大清仁宗睿皇帝实录》，台湾，新文丰出版公司，1978年7月。

《康熙起居注》,北京,中华书局,1984年8月。
赵尔巽等撰:《清史稿》,台湾,鼎文书局,1981年9月。

四 著作部分

杨鸿烈著:《中国法律发达史》,台湾,"商务印书馆",1967年1月。
杨雪峰著:《明代的审判制度》,台湾,黎明文化事业公司,1988年4月。
张晋藩、郭成康著:《清入关前国家法律制度史》,沈阳,辽宁人民出版社,1988年11月。
刘景辉著:《满洲法律及其制度之演变》,台湾,嘉新水泥公司文化基金会,1968年10月。
张伟仁辑著:《清代法制研究》,台湾,研究院历史语言研究所,1983年9月。
薛允升著:《黄静嘉编校》,《读例存疑》重刊本,1970年。
郑秦著:《清代司法审判制度研究》,长沙,湖南教育出版社,1988年5月。
陶希圣著:《清代州县衙门刑事审判制度及程序》,台湾,食货出版社,1972年1月。
那思陆著:《清代州县衙门审判制度》,台湾,文史哲出版社,1982年6月。
王其榘著:《明代内阁制度史》,北京,中华书局,1989年1月。
李鹏年等编著:《清代中央国家机关概述》,哈尔滨,黑龙江人民出版社,1988年6月。
傅宗懋著:《清代军机处组织及职掌之研究》,台湾,嘉新水泥公司文化基金会,1967年10月。
缪全吉著:《清代幕府人事制度》,台湾,"中国人事行政"月刊社,1971年5月。
庄吉发著:《清代奏折制度》,台湾,"故宫博物院",1979年9月。
张晋藩著:《法史鉴略》,北京,群众出版社,1988年4月。
昭梿著:《啸亭杂录》,台湾,弘文馆出版社,1986年11月。
于敏中等编纂:《日下旧闻考》,北京古籍出版社,1983年5月。
梁章钜、朱智撰:《枢垣记略》,北京,中华书局,1984年10月。
陈康祺著:《郎潜纪闻》,北京,中华书局,1984年3月。
章乃炜著:《清宫述闻》,北京,紫禁城出版社,1990年5月。

伍承乔编：《清代吏治丛谈》，台湾，文海出版社，1969年。
赵雅书著：《清末四大奇案》，台湾，文镜文化公司，1982年9月。
中国第一历史档案馆编：明清档案论文选编，北京，档案出版社，1985年8月。
中国第一历史档案馆编：明清档案与历史研究，北京，中华书局，1988年5月。
庄吉发著：《故宫档案述要》，台湾，"国立故宫博物院"，1983年12月。
潘喆等编：《清入关前史料选辑》（第一辑、第二辑），北京，中国人民大学出版社，1984年11月。
孟森著：《明清史论著集刊》，台湾，南天书局，1987年5月。
陈捷先著：《清史杂笔》（第一辑至第八辑），台湾，学海出版社，1977年8月至1987年2月。
庄吉发著：《清代史料论述》，台湾，文史哲出版社，1979年10月。
孟森著：《明清史讲义》，台湾，里仁书局，1982年9月。
陈捷先著：《明清史》，台湾，三民书局，1990年2月。
杨学琛、周远廉著：《清代八旗王公贵族兴衰史》，沈阳，辽宁人民出版社，1986年3月。
杨启樵著：《雍正帝及其密折制度研究》，台湾，源流出版社，1983年9月。

五　其　他

李成华编著：《中国古代职官辞典》，台湾，常春树书坊，1988年5月。
孙文良主编：《满族大辞典》，沈阳，辽宁大学出版社，1990年5月。
商鸿逵等编著：《清史满语辞典》，上海古籍出版社，1990年5月。
佚名：《六部成语注解》，杭州，浙江古籍出版社，1987年7月。
张伟仁主编：《中国法制史书目》（第一册、第二册、第三册），台湾，"中央"研究院历史语言研究所，1976年6月。

法史论丛已出书目

- 晚清各级审判厅研究　　　　　　　　　　　　　　　李启成　著
- 礼与法：法的历史连接　　　　　　　　　　　　　　马小红　著
- 清代中央司法审判制度　　　　　　　　　　　　　　那思陆　著
- 明代中央司法审判制度　　　　　　　　　　　　　　那思陆　著
- 民初立嗣问题的法律与裁判——以大理院民事裁判为中心（1912—1927）　卢静仪　著
- 唐代律令制研究　　　　　　　　　　　　　　　　　郑显文　著
- 民国时期契约制度研究　　　　　　　　　　　　　　李　倩　著
- 国际化与本土化——中国近代法律体系的形成　　　　曹全来　著
- 中国讼师文化——古代律师现象解读　　　　　　　　党江舟　著
- 中国传统法学述论——基于国学视角　　俞荣根　龙大轩　吕志兴　编著
- 民国初年"契约自由"概念的诞生——以大理院的言说实践为中心　周伯峰　著
- 帝国之鞭与寡头之链——上海会审公廨权力关系变迁研究　杨湘钧　著